When Asia Was the World

极简亚洲千年史

当世界中心在亚洲

（618—1521）

［美］斯图亚特·戈登（Stewart Gordon） /著

冯奕达 /译

湖南文艺出版社
HUNAN LITERATURE AND ART PUBLISHING HOUSE

博集天卷
CS-BOOKY

图书在版编目（CIP）数据

极简亚洲千年史 /（美）斯图亚特·戈登（Stewart Gordon）著；冯奕达译. —长沙：湖南文艺出版社，2017.1
书名原文：WHEN ASIA WAS THE WORLD
ISBN 978-7-5404-7768-4

Ⅰ.①极… Ⅱ.①斯… ②冯… Ⅲ.①亚洲–中世纪史 Ⅳ.①K303

中国版本图书馆CIP数据核字（2016）第197680号

著作权合同登记号：图字18-2016-173

JIJIAN YAZHOU QIANNIANSHI
极简亚洲千年史

作　　者：	[美]斯图亚特·戈登
译　　者：	冯奕达
出 版 人：	曾赛丰
责任编辑：	薛　健　刘诗哲
监　　制：	蔡明菲　潘　良
策划编辑：	李　荡
特约编辑：	温雅卿
版权支持：	闫　雪
封面设计：	张丽娜
版式设计：	李　洁
出版发行：	湖南文艺出版社
	（长沙市雨花区东二环一段508号　邮编：410014）
网　　址：	www.hnwy.net
印　　刷：	三河市鑫金马印装有限公司
经　　销：	新华书店
开　　本：	787mm×1092mm　1/16
字　　数：	210千字
印　　张：	16
版　　次：	2017年1月第1版
印　　次：	2017年1月第1次印刷
书　　号：	ISBN 978-7-5404-7768-4
定　　价：	42.00元

质量监督电话：010-59096394
团购电话：010-59320018

目 录／Contents

———— 极简
WHEN 亚洲千年史 ——
ASIA WAS THE WORLD

序

有一回，我和斯科特·修勒（Scott Huler）聊了起来。他
是名记者，而这本书就是从这次聊天起的头。我问他对中世纪
有何认识。他回了一连串不出所料的答案：城堡，骑士，女人
头上顶着圆锥形的帽子、拿着手帕从高塔探出身来。我又问他
是否知道，在同一个时代有某个地方早已在数学、天文学、医学、
哲学、令人屏息的工艺、高雅的宫廷与长距离的信用网络上有
了突破。他一无所知。于是我详细告诉他，这一切亚洲全都拥有，
甚至拥有更多。但在今天，只有专业的历史学家才知道这个伟
大的亚洲世界。

于是修勒要我来挑战写一本书，让西方与亚洲的读者、学生
们得以见识这个伟大的亚洲世界。结果这却成了我所写过的书当
中最难写的一本。光是为了详细了解中世纪亚洲的地理形势，我
就花了超过一年的时间。选定书中的八个章节之前，我还细读了
五十本回忆录。这本书的架构在超过五年的时间里被重新安排了
五次，我还写了十三份草稿。最终让我坚持下去、让这本书得到
生命的，不是君王，不是欧洲人，而是来自寻常人、来自亚洲人
的回忆录与信件。

这本书并非一部传统的亚洲史，而是通过诸如使节、军人、

商人、朝圣者或哲学家的双眼，对中东、中亚、中国与印度所拍摄的一系列街头摄影。有好几个主题一再出现，包括海盗劫掠、奴役、政治联姻、海上之旅的危险、名誉在信用网络中的重要性，以及王权象征的共通点。

这些共同特色也将中世纪的大亚洲世界与我们这个时代联系在一起。我在此举个例子：整个亚洲的商人与统治者都不愿意信任相去千里或缺乏亲戚关系的人。这种心态在今日的亚洲仍然随处可见。想想看，有多少公司是家族公司？在大企业里，又有多少决策顶层是由伯叔与侄甥甚至孙辈的人所组成？现在的企业家经常无意间了解到中古王侯深有体悟的事——最狡诈、最强大的敌人常常是最亲近的人。我们后面会读到，贸易商发展出各种做法，把重责大任交给至亲家人以外的人。这些方法并不完美，但足以发挥作用，维持整个体系。统治者也开发出家族纽带的替代品，诸如买奴隶士兵、雇用当地的行政人才，并发展出超越共同语言甚至是超越族群认同的效忠仪式。

本书所力陈的，是一种交流密切而广泛的亚洲史观点。印度与中国过去曾有过关系紧密的时代，其学生、教师、书籍、艺术与思想都互有往来。中亚地区的人从波斯学来行政管理的方法。国王们跨越了我们今日认为壁垒分明的"诸文化"，从中挑选能发挥作用的象征符号。无论统治的是中东还是柬埔寨，这些国王都坐在同样的麾盖底下。这类交流从来就不是单向的。阿育吠陀医学（Ayurvedic medicine）❶能从穆斯林的优那尼医学（Unani

---

❶【译注】印度文化中的传统医学，包含药草、推拿、瑜伽等疗法，将人体视为风、火、水、土与以太（ether）聚合而成。

medicine）❶中学到许多，而13世纪时来到德里的波斯医生同样能从阿育吠陀医学中获益匪浅。成千上万的马匹被人从中亚带到印度，在印度，这些马匹对于作战与彰显地位都不可或缺，一如中国的情况。到了中国，若要向死者表达敬意，同样也少不了来自于东南亚的香木。

帝国会扩张、会收缩，有起也有落，但许多跨越宗教、族群认同与语言的纽带却始终不变。人与人之间的关系、交流网络、相互尊重与共同智慧，是我们能留给未来几代人最重要的遗产——而这种想法，或许就是能从本书中得到的最重要的东西。

斯图亚特·戈登

2015年12月1日

❶【译注】波斯与阿拉伯地区的传统医学。阿拉伯语中的 Unani 指的是古希腊，这是因为当地的医学知识主要来自于古希腊医学家希波克拉底（Hippocrates）。

极简
WHEN 亚洲千年史
ASIA WAS THE WORLD

引子

从公元500年到1500年这千年之间，亚洲无疑是块令人赞叹、凝聚且充满创造力之地。它拥有世界上最大的五座都市，而且它们全都位于大帝国的心脏地带。诸如德里、北京与伊斯坦布尔等少数都市至今仍是重要城市。至于其他，像印度南方的毗奢耶那伽罗（Vijayanagara），则已荒草埋幽径。亚洲的数学家发明了"零"的概念与代数学。天文学家远比以往更能准确追寻天上繁星，并发明了领航用的星盘。诗人与作家创作的文学作品依旧撩拨心弦。哲学家创造了至今仍影响我们的思想与法律体系。这些成就，再加上古希腊、罗马知识的翻译，一同组成了大图书馆的核心馆藏。

佛教与伊斯兰教顺着遍及亚洲各地的商路兴起、传布。而丝绸、珍珠、香料、药品与玻璃等贵重物品，以及米、糖这样的寻常商品也沿着同样的路径而来。亚洲发明了商人知之甚详、通行于中东至中国之间的钱币与信用制度，更创造出充实着今日世界各地博物馆馆藏的艺术品。亚洲建筑的优雅与精细也让现代世界的旅人们为之惊艳。

本书里的每一章，正是以公元500年至1500年间，在这个浩瀚的亚洲世界里生活、工作与行脚的人的真实回忆为本。他们航向大海，穿过大漠，攀越世界上最高的山峰。他们懂得运用未知的语言，在变化万千的人群间游刃有余，从俄罗斯南方的保加尔人（Bulgars）到东南亚的布吉人（Bugis）都不在话下。

那么，这群人又是如何生存与飞黄腾达的呢？有些人的亲朋好友早已在大半个亚洲开枝散叶。其他人则是在自个儿的旅途中得到一连串修道院与民居的支持。许多人发现，亚洲各地的宫廷拥有相似的风俗、服装样式以及道义。学习这些风俗也让他们更容易与人打成一片。一路上，这些人了解到人们对他们带来的学问十分渴望，无论那是热带作物、司法观念、各式发明还是建筑知识。而他们的追忆则能让我们跟着商队与船只前进，体会寒冷与疲惫，感受希望与恐惧，见识壮阔的中古亚洲世界的华美与稀奇。[01]

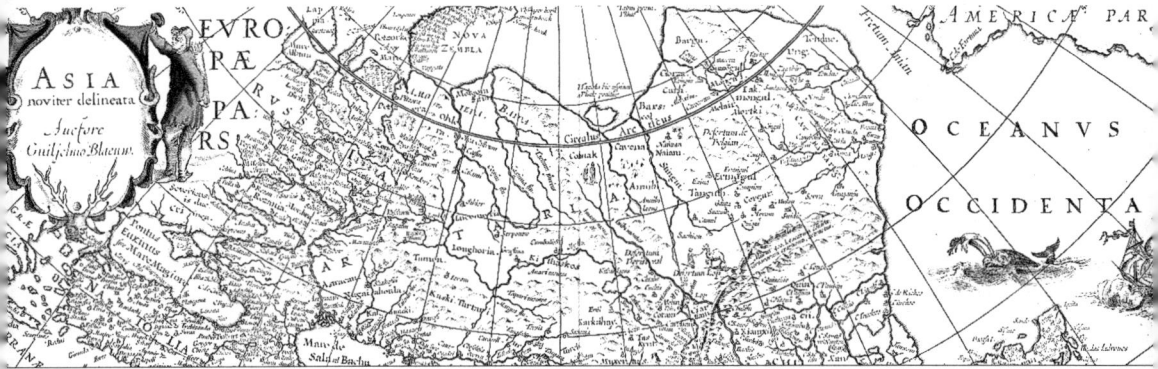

第一章

寺院与王者：玄奘

公元 618 年至 632 年

对小兄弟逃进了黄河边茂密的稻田里，他们是从自己的寺院里逃出来的小沙弥。兄弟俩从帝国的东都洛阳出发，前往上游六百多里处的长安。他们听人说，长安这里还有王侯和军队坐镇。公元 618 年的中国容不下爱好和平的佛教僧人。❶这对兄弟环顾四周，见证了隋朝最后的崩溃。兄弟中的一人，玄奘，对着为自己作传的人忆述了那个时代："帝城为桀、跖之窟，河、洛为豺狼之穴。衣冠殄丧，法众销亡，白骨交衢，烟火断绝……是时国基草创，兵甲尚兴，孙、吴之术斯为急务，孔、释之道有所未遑。"[01]

但这趟险阻重重、让人筋疲力尽的长安之行却一无所获。兄弟俩找不到王侯也遇不上军队。于是玄奘和哥哥又往南走了约一千里路，走到位于今日四川省的成都。他们终于在那里松了一口气，也找到了还坚持着的佛教僧团。"唯蜀中丰静，故四方僧投之者众，讲座之下常数百人。"[02] 玄

---

❶【原注】玄奘从所在的寺院出逃时，已经有三个彼此承续的王朝涉入了延续超过五十年的征服战争中。它们对中国南方地区的征服相当成功，中国南北也在三个世纪中首次统一了起来。而唐朝则是在玄奘去国时龙兴。

奘就和自己的兄弟留在寺院里研读佛典与仪轨。

这个小沙弥玄奘究竟是何许人也？就出身与学养来看，玄奘出身于为皇帝效劳的士人精英阶层。他的祖父曾是北齐国子博士，当时在位的皇帝赐给这家人一个中型城镇的岁入。承平时期，这种家庭背景的子弟理应在帝国的官僚体系里入仕发达才是，但那个时代却跟承平相去甚远。在隋朝以前，有三百年的时间没有王朝能统一中国。世家大族建立了一个个互相对垒的短命王朝。胡人——来自草原东部的游牧民族——占领、统治了中国的北半部，而玄奘的家族就住在这里。玄奘的父亲决定从国都的乱局里抽身："隋政衰微，遂潜心坟典。州郡频贡孝廉及司隶辟命，并辞疾不就。" 03

玄奘的父亲在他成长时领着他念经读典。玄奘的哥哥则成了沙弥，他一发现玄奘"堪传法教"，就带着玄奘到帝都洛阳自己安单的寺院里，教玄奘基本的佛教教义。十三岁那年，玄奘在这寺里出了家，他就这么读经、听讲、禅修，直到七年后不得不逃难为止。04

到了玄奘生活的年代，佛教已经至少有一千岁了。历史上真实存在的佛陀，生活在公元前 6 世纪至公元前 5 世纪间的印度恒河河谷靠近喜马拉雅山麓的地方。佛陀看着周遭人的生活，思索着生命，从而开始相信人们想得的却不可得，而得到的却又是他们所不愿得的。世间一切无所逃于生老病死。众生误以为自己拥有某种不变的本质、某种灵魂，却料想不到自己是如何随着时间过去，或是随着不同的情境而转变。佛陀将众生无尽的欲求、没有任何延续性的自我与免不了的死亡，都视为人世间的现实情境。在超脱语言、信仰、职业及种族的普世宗教经验里，这样的剖析是最早的主张。

佛陀找不到哪一种信仰体系，也找不到哪一种超自然的存在能改变这样的情况。他亲身体验乐道与苦道以克服这个情境，却发现这两条路都不能成功。最后，他在今印度比哈尔（Bihar）菩提伽耶的一棵树下入定，找到了答案。人受苦的原因就是欲望，特别是那种注定会失败，想去阻止人、我、人我之间甚或是万物无常变化的欲望。

佛陀针对人类普世的问题提供了不止一种辨析。他铺陈出一条解脱之路，不仅无须逸乐，也不假极端的苦行。佛陀称之为中道，虽然行中道并不容易，但无论性别、语言、地方、职业、社会阶级是否相同，每个人都能受用。不过行中道难免要跟人们生活的常态有极大的断裂。一个人若要开始行中道，就得放弃所有财产，离开家人与朋友，只留下一件单衣和一个乞食用的钵。刚出家的人有必要加入佛教徒所组成的团体——被称为"僧伽"，以求修行与受人护持。而安贫守道的寺院誓词则是用来帮助初发心的人不受欲望影响的。佛教把弃绝财产和入寺安居当成精进的重中之重。游方寻求教诲与智慧也是行中道固有的一部分。虽然每个人都能成为佛教僧人，但只有僧人——而非一般信徒——才会追求智慧与解脱。信徒则借由供养僧人来获得福报。[05] "从受苦受难的世间解脱"的理念，必然是玄奘与其兄长，以及其他许许多多的僧人和信徒们在长安寺院里参与日常僧辩与开示的核心。

公元 623 年，也就是那对弱不禁风的小兄弟抵达成都的五年之后，新起的唐朝在中国许多地方建立起了堪堪所需的社会秩序。这时，已经正式成为比丘的玄奘违逆了哥哥的意思，离开寺院，重新踏上了寻求口传教诲的游方之行。玄奘沿长江（金沙江段）而下，前往某间香火鼎盛的寺院待了一季，接着穿过故土河南往北行脚，一路听人开示、自己讲道，也因此得了些名声。[06]

在佛教中，各比丘都要为自己的修行开悟负责。是否要寻求知识、学习和寻找正道，都要由自己决定。在玄奘的时代，遍布中国各地的一系列寺院就是用来求道的制度性组织。中国寺院的住持都是高僧，而寺院的风格、禅修的方法与对佛法的诠释也都各不相同。游方僧得根据住持出的题，在众僧与信徒面前参与日常的讨论与辨析。一个比丘想要有所成就的话，就必须熟读经书，懂得如何讲出好的论点，还要从适合的故事中找出关键。

佛陀入灭后，也就是玄奘出生的一千年前，佛教便已通过海陆贸易路径，在印度内外稳定传播。到公元 1 世纪，佛教已经是贵霜帝国（Kushan Empire）里盛行的宗教，而这个帝国的势力更是从中亚经巴基斯坦与阿富汗，遍及印度。从阿富汗以东一直到中国，寺院都是商旅路线上每一个绿洲城镇中重要的一部分。还有些佛寺盖在遗世独立的地方来接待商队，商队里的商人则回过头来捐钱供寺院营运。佛教也沿水路从印度传到斯里兰卡，直至东南亚，最终到达中国沿海地方。早在公元 2 世纪，文人兼自然科学家张衡就曾记录过中国境内的佛教僧人。佛教在漫长的传布过程中，分裂成好几套着重于不同经典且相互竞争的体系。[07] 但即便如此，所有寺院都还是遵循着核心的教诲，视印度为佛教的发源地，接纳所有派别的佛教游方僧。许多信佛的文人对上述的游方僧与佛教寺院网络的拓展范围都有所关注。

近年来一次让人叹为观止的考古发现反映出玄奘在世时多姿多彩的佛教意象与习俗。1996 年，挖土机在距离玄奘的寺院以东约五百公里的青州市，挖出了一个装有超过四百尊石雕佛像的地窖。[08] 多数佛像能上溯到的时代，恰巧就比玄奘所处年代早了几十年而已。佛像保留的原始色彩鲜艳动人，而佛像风格之多变也令人赞叹。建立王朝的游牧民族仿佛偏好阿富汗当地以及中国的商路绿洲里常见的风格。其他的出资者则似乎更喜欢类似当时东南亚所雕刻的佛像那样的。有些雕像雕的是传统的印度罩衫，其余则雕上了当时的中国袍服。所有这些雕像都一度为遍布当地的神龛或寺院所有，显然是因为旧了、坏了，才会在 12 世纪的某个时候被仪式性地埋在一块儿。[09] 二十六岁那年，玄奘似乎感觉少了什么。"既遍谒众师，备餐其说"，他"详考其义，各擅宗涂。验之圣典，亦隐显有异，莫知适从"。[10] 就一个年轻人而言，这可是对佛教在中国地区的发展一次甚为精辟的总结。

玄奘"乃誓游西方以问所惑",要把重要经书从印度——佛教的中心——带回中国。玄奘知道自己并非第一个有此诉求的人,而是跟随类似 2 世纪前法显冒险前往印度求道的路走去;这也大大表现出了延续到他那个时代的僧人传统。在玄奘之后的几百年间,也有好几位僧人踏上了同样的旅途。

此行伊始,困难重重。大唐官府因为国家核心地区外横行的贼人与骚乱而禁止平民往西前进。一看到政府打击违法出行的迹象,玄奘的两位同伴就没了勇气,掉头离开返回长安。玄奘则躲过了追捕,独自前进,趁着夜色而行,常常还能得到佛教僧人和信徒不露痕迹的支持。他雇了一名曾多次西行的向导,这位向导如此形容前头的险阻:"西路险恶,沙河阻远,鬼魅热风,过无免者。徒侣众多,犹数迷失,况师单独,如何可行?"[11]

头一项困难,是西行路上七个相去百里的官府哨站。❶玄奘心知肚明,官府已经下令捉拿他回国,但他仍然决心继续前进。他跟自己的向导顺利绕过了前四个哨站,但接下来向导就抛弃了他,他也迷失在沙漠里。迷了三天的路之后,没水没食物的玄奘想方设法找到了第五个烽候。玄奘被人认了出来,但烽候的校尉是个佛教徒,于是不顾遣送他回寺里的命令,还给了玄奘能继续旅程的给养。[12]

不出几天,玄奘便时来运转。官府对第七个烽候显然已经没了控制。就在兰州以西不到七百里之地,玄奘到达戈壁沙漠南缘商路沿线一个独立

---

❶【原注】这些烽候里最东边的是敦煌,丝路沿线最有名的佛教圣地之一。敦煌位居中国西部塔克拉玛干沙漠南北路交会之处,其蓬勃发展的寺院得到国王、贵族和富有旅人的捐献。20 世纪时,人们重新发掘了敦煌,敦煌也成为古代绘画、书籍惊人丰富的出土来源。目前有关敦煌正在进行的研究计划就包括了把当时流落到欧洲、美洲等地博物馆的文献重新拼凑出来。

玄奘西行图

王国里的佛寺。这个王国虽然在政治上是独立的，但国王麴文泰曾经去过唐朝的前朝隋的宫廷，也曾在寺院里听过佛法的开示。麴文泰自己的国家就供养了上百位僧侣。这位国王知道该怎么招待来自中土的佛教高僧。"法师入城。王与侍人前后列烛自出宫，迎法师入后院，坐一重阁宝帐中……（到了早上）遂设食解斋讫，而宫侧别有道场，王自引法师居之，遣阉人侍卫"。[13]国王麴文泰想把玄奘留在自己的国家当国师，甚至强留他也在所不辞，但这位比丘拒绝了。"法师既被停留，违阻先志，遂誓不食以感其心。于是端坐，水浆不涉于口三日。至第四日，王觉法师气息渐惙，深生愧惧，乃稽首礼谢云：'任法师西行，乞垂早食。'"[14]这个非暴力抵抗成功的古老例证，也为玄奘面对国王时的道德力量更添底气。

根据佛教传统，传播佛法能让人得到不可思议的福报。当时，大半个亚洲的国王、贵族和富商大贾都会定期捐助寺院，为游方僧人提供住所与宣讲所需，如佛经、佛钟与画像。[15]麴文泰国王决定全额赞助玄奘印度之行。他做好安排，任命四名见习僧为玄奘的随从，并缝制了三十件僧袍。"以西土多寒，又造面衣、手衣、靴、袜等各数事。黄金一百两，银钱三万，绫及绢等五百匹，充法师往返二十年所用之资。给马三十匹，手力二十五人。"[16]卫队护送玄奘前往下一个王国，玄奘还拿到了二十四封介绍信，能用在旅途上的其他国家那里。玄奘有了这些随员相伴左右，在接下来十四年的行旅间，无论所到何处，他都是一位声名赫赫的法师。

这就是在 7 世纪的草原上旅行的模样。长路迢迢，冬寒，缺水，人烟更是稀少；不过，从宫廷到宫廷、从寺院到寺院，以及从绿洲到绿洲的旅行虽然并不容易，❶可一旦有了权威人士适当的协助，就有可能实现。玄

---

❶【原注】从绿洲城市往东走的商队会带着马匹，以及像玉这种昂贵的商品，甚至还有从中东而来的玻璃器皿。

奘的随员就是这个大商队的核心。告别麹文泰国王还没几天，玄奘便难过地发现一小群商人被残杀后的尸体；这群商人走在主要的商队之前，独自往前推进，打算走到下一座都城。在各个王国的边界之间，除非组织出商队，不然旅行并不安全。"等到大队人马抵达国都，玄奘遇到好几十位僧人。当玄奘在前几年的乱世里南逃四川时，他们则是从自己的本寺里向西逃难。"[17]

玄奘走到了塔克拉玛干沙漠北边。山脉绵延，严寒险阻。对一个在河南长大的比丘来说，如此风寒肯定也考验着他的决心。"……冰雪所聚，积而为凌，春夏不解。凝沍汗漫，与云连属，仰之皑然，莫睹其际。其凌峰摧落横路侧者……加以风雪杂飞，虽复屡重裘不免寒战……徒侣之中殭冻死者十有三四，牛马逾甚。"[18] 再往西走六百多里远，走到位于今吉尔吉斯斯坦的伊塞克湖（Issyk Kul）北岸，有个当地王国的国王邀请玄奘来到自己的营地里。这个水源丰沛之地得到一大片山区的挹注，虽然位于多半干旱的草原地带，却拥有持续的供水，更有着足以喂养一大群草食动物的青草地。这种地点正是某些草原大国的心脏地带。玄奘谢世约六百年后的公元 1275 年，马可·波罗曾经拜见过伟大的蒙古王忽必烈，而忽必烈就把伊塞克湖置于帝国的中心区域。

这个半游牧❶的国王虽然和这位汉地佛教比丘信仰不同宗教，但他们对上层文化却有相同的认知。穿戴、分享丝绸就是社会高层人士显摆身份、联络感情的一种仪式。国王与其下贵族穿着中国的丝绸，在接见客人用的帐幕里收下了玄奘的通行证，他喜上眉梢，细细读着玄奘的介绍信。接着，国王还致赠了三十件丝袍，向这位僧人表示敬意。

---

❶【译注】半游牧生活仍然以游牧为主要的生产方式，同样会随着季节迁移到不同草场，但在草场扎营时则会在营地周围简单种植其他作物作为补充。

　　这几件用中国丝绸做的袍服可是贵重得很。早在玄奘抵达伊塞克湖的几百年以前，丝绸就已经成了中国中原地区跟长城西北的游牧民族间共通的货币了。而丝绸之所以这么重要，则是因为中原定居农业地区与西北游牧民草场在生态上的差异。草原游牧民族养育了中原社会上层与军队需求不断的马匹，他们的牲口对定居农业而言也同样重要。中原地区则生产着谷物，而产丝的也只有中原。这四样物品就是战争的主要起因。凯旋的汉人军队从败在他们手下的游牧民族那里抢来牲畜与马匹，而战胜的游牧民族也同样会劫掠中原，带回谷物和丝绸。中原王朝为了终结游牧民族的劫掠，时不时就尝试跟他们的领袖和亲，这时丝绸跟粮草就成了和亲的嫁妆。[19]

　　但对草原游牧联盟来说，谷物与丝绸之所以重要，却是因为它们能将脆弱的结盟关系维系住。谷物让一群人能聚在一块儿，熬过困顿、漫长的冬日时光。丝绸的情况则复杂得多。游牧领袖虽然会拿贵重的织品去交换类似铁这样的生活必需品，但其主要的用途还是褒奖、掌握追随者的忠诚。馈赠丝袍的举动，可是个让贵族们在强大的领袖底下表现团结的重要仪式。只有从领袖的手上才能拿到"荣袍"，而这也是一个人觐见时的正式服装。接下来的几百年间，草原东西的王者都采用这样的仪式，此仪式也传遍了整个亚洲。即便是在玄奘和这位半游牧王者这么早的时代，他们俩也都了解丝袍的意义与重要性。多年以后，玄奘从印度回到中国，当时的皇帝同样用了华衮为他增添光荣。唐朝皇帝也是这套四海皆准的荣誉体系中的一分子。

　　接见会上的贵族吃的是肉，喝的是酒，但国王为玄奘特别准备了食物：奶油、蜂蜜、葡萄、大米和糖。米饭和糖虽然出现在国王的这张餐桌上，但草原既不产米也不产糖。米很有可能来自中国，玄奘正是跟米沿着同一条路来到此处。而在玄奘的时代，只有印度才种植制糖用的甘蔗，且八成是经由开伯尔山隘（Khyber Pass），接着往北越过阿富汗，然后沿商队行进路线东向而来。

　　关于国王确切给玄奘上了什么菜，我们并不清楚，但糖、奶油、米和水果倒是暗示了这有可能是我们今天所说的抓饭（pilaf）。从中国到土耳其，一路上都有人会做这道菜，而在许多语言里，人们也都用一组关系密切的词来称呼这种料理：在伊拉克与土耳其称被为 pilaf，在伊朗与南俄罗斯则名为 polow，在亚美尼亚是 pilavi，在阿富汗叫 pilau，而在北印度唤作 pulao。无独有偶，不包馅儿、像面包的面团在中国叫作馒头，在北阿富汗与伊朗则叫 mantu，在朝鲜一地被称作 mandu，到了中亚则是 manti，而中国西藏称之为馍馍。[20] 威尼斯、热那亚等城市是当时商路在西方的终点站，而意大利面食（pasta）和脆饼（biscotti）同样沿着亚洲世界的商路而来，在意大利找到了下家。商人们把番红花等各种香料以及类似苦橙这种水果带到欧洲，也带去了会用上这些食材的烹调法。

　　玄奘和随员一行沿着商队路线西行，途中穿越了讲各种语言的地方，比如突厥语、蒙古语以及回鹘语。这也是"要跟大商队一块儿旅行"的另一个原因，如此才能确保有人做向导，也才有多种语言的翻译。某件发生在伊塞克宫廷里的事，让我们了解到当时不是只有专家才会学习一种以上的语言。在国王的仪仗队中，就"遂得年少，曾到长安数年通解汉语"。他也成了玄奘的翻译。[21]

　　这群僧人后来还到了塔什干（Tashkent）、撒马尔罕（Samarkand）与布哈拉（Bukhara）等城市。他们一路上不时得到各寺院的招待，玄奘也遇到好几个为追求佛法而动身的比丘。他经常投身佛理的讨论与辩诘。玄奘接着沿阿姆河逆流而上，僧人们就从那里改走陆路，往东南推进到巴尔赫（Balkh），再向南穿过阿富汗。旅程中的这一段都是信奉佛教之地，四处都是佛寺、佛像与舍利。"伽蓝内佛堂中有佛澡罐……又有佛齿……又有佛扫帚，迦奢草作……此三事，斋日每出，道俗观礼，至诚者感发神光。"[22]

到了阿富汗北方的巴米扬（Bamian），山壁上雕出的大佛更是让玄奘惊叹不已。

"王城东北山阿有立石像，高百五十尺。像东有伽蓝，伽蓝东有鍮石释迦立像，高一百尺。"[23] 而这些佛像，却在公元 2001 年被塔利班（Taliban）❶政权给毁了，让人痛惜不已。

玄奘一行人继续走过了开伯尔山隘，往东进入克什米尔与喜马拉雅山谷。除了顶礼舍利、听佛法、拜佛龛、追寻佛陀的行迹之外，玄奘还经常论辩教义。各国国王也时常赞助或到场来听辩论。在克什米尔西边的佛寺里，辩论"五日方散。王甚喜，以纯锦五匹别施法师"。[24]

从公元 500 年到 1500 年这一千年间，玄奘前往印度得翻越的这座世界最高山脉——喜马拉雅山——算不得什么宗教上或经济上的边界。山脉两侧的地方都是同一个世界里不可或缺的一部分。两边都有类似的佛寺，也都欢迎旅人。讨论宗教观点的人包括印度的婆罗门、波斯的琐罗亚斯德教（Zoroastrianism）信徒，以及其他宗教的支持者。大型王国的版图通常都囊括了部分的中亚、阿富汗以及印度北方的平原区，在山的两侧也都有人会往另一个方向去做生意。

---

❶【译注】1989 年苏联势力撤出阿富汗后，阿富汗陷入内战。1994 年，穆罕默德·奥马尔（Mohammed Omar）召集伊斯兰学校学生与当地难民，组成伊斯兰原教旨主义的塔利班组织，并于 1996 年完全统治阿富汗，但并未获得多数国家承认。2001 年，基地（al-Qaeda）组织对美国发动恐怖袭击，美国要求塔利班引渡人在阿富汗的基地领导人奥萨玛·本·拉登（Osama bin Laden）遭拒，北大西洋公约组织与阿富汗北方联盟（Northern Alliance）发动阿富汗战争，推翻塔利班政权。塔利班组织仍旧存在。

　　玄奘之所以会在中国到印度这一路上遇到许多信佛的国王，是有个中奥妙的。当时的国王最烦恼的问题，就是如何建立起超越族群或语言纽带的忠诚心，而佛教正可以派上用场。[25] 佛教教义诉诸普世共通的人性，能够缩小亲属关系或族群上的差异。佛教不仅让国王和他信奉佛教的子民一同成为僧人与寺院的支持者，还能为身为最大赞助人的国王带来崇高的地位与福报。

　　佛寺同样也为国王及其子民带来实际利益。一连串的寺院就是促进贸易的基础建设。无论佛教在何处蓬勃发展，商人都是佛堂和寺院最重要的赞助人。而佛陀的其中一个化身——大慈大悲的观世音菩萨——也成了商人和旅人们有如主保圣人❶般的存在。在这个满是疾病与死亡的世界里，寺院也是座医学宝库。僧人们时常照顾着国王与普通老百姓的健康。

　　踏上了北印度的亚穆纳河—恒河（Jumna-Ganges）平原，玄奘也到达了他长久追寻的佛教重镇。远在玄奘千年以前，佛陀与众弟子就是在这里经行、讲道与禅修。当地一根根的纪念柱上歌颂着佛陀的生平大事。佛陀舍利所在佛塔则是上百座佛塔的重中之重。数以千计的朝圣者早已用赤足磨穿了塔庙的门槛与台阶。玄奘前往了好几所住着上千僧人的发达寺院。"自古已来诸王豪族仁慈惠施，皆至于此。因号其处为大施场。"[26] 但过了平原的中心，许多古老的佛教场所都已成了废墟。"昔为伽蓝，今已颓毁。"[27] 放置佛舍利的佛塔也无人闻问。古代的佛教王国迦毗罗卫国（Kapilavastu）"并皆颓毁"。[28] 玄奘了解到，不单是佛教的两大派别——人们所说的大乘佛

❶【译注】天主教信仰中，某些在世时信仰高洁的人会被视为圣人，其中又有一些圣人被信徒视为某个民族、国家、地方、行业、活动或个人在天上的代言人，被称为主保圣人，俗称守护神。祈求主保圣人向神转祷也更能够得到回应。

教与小乘佛教——之间有着竞争，佛教及其所谓的"外道"，也就是不信佛的婆罗门教间也有竞争。千年来，这些教派互有龃龉，且多半并不友好。佛陀在今比哈尔境内菩提伽耶的一棵树下悟道，但这棵树"比频为恶王诛伐，今可五丈余"。[29]

三年来越过山川、遇见王侯，并经历了盛情款待之后，玄奘在盛名远播的那烂陀（Nalanda，位于今比哈尔）寺得到隆重的接待；是时，有一万名比丘住在那烂陀寺中的各个住所里。[30]寺方为玄奘提供了安静的住所与极为丰盛的食物，还让一名见习僧来协助他。他拜自己向往的法师为师，接着在寺里待了五年。玄奘的日常生活包括学习与抄经，听闻佛教与婆罗门教的教义，参加仪式与讨论，以及拜访整个地区的佛教场所。在那烂陀寺待了五年以后，玄奘又花了四年旅行，去往孟加拉的佛寺，之后沿印度半岛的东半部南下，再往北走过印度的西部地区，然后才回到那烂陀寺。

玄奘的故事是个功成名就的故事。又学习了两年后，他决定回到中国。"自到已来……礼见圣迹，及闻诸部甚深之旨。私心慰庆，诚不虚行，愿以所闻，归还翻译。"[31]

手握那烂陀寺所在地区的鸠摩罗王（King Kumara）提供了资金，作为玄奘回程跨越中亚这段重要行程所需之用；这一程可是带了六百五十七本书，外加好几打的舍利与佛像，每一件都成了中国当地佛塔里受人敬拜的对象。玄奘也为了延续僧人济世的责任，而从印度带回了许多植物与种子。

到了塔克拉玛干沙漠南边，玄奘写了封谢罪的信，寄给中国的皇帝。他为自己十七年前抗命离国致歉，但也带着些许自豪之情总结了自己的旅程：

始自长安神邑，终于王舍新城，中间所经五万余里。虽风俗千别，艰危万重，而凭恃天威，所至无鲠。仍蒙厚礼，身不辛苦，心愿获从。遂得

观者闍崛山，礼菩提之树，见不见迹，闻未闻经，穷宇宙之灵奇，尽阴阳
之化育。[32]

皇帝的回信在三个月后寄到，他在信上原谅了玄奘，还为余下的旅途
派了护卫。

玄奘走了约五万里路，且一路上始终都有信佛的大人物伸出援手。他
身历其境，不仅体验过干冷草原世界里的佛寺与各种住所，还听闻了东南
亚温暖的海洋世界里寺院与僧侣之数的说法。无论在哪儿兴盛发展，佛教
都得到了王室与贵族的赞助，商人、信女也有功于斯。[33] 法师、法器、佛典、
医药、思想与商业买卖，也随着一连串遍布各地的佛教寺院而流动。好奇
心与好客的态度，就是这套体系的标志。虽然特定的习俗有可能不同，但
无论是僧人还是信徒，所有佛教旅人都能在佛寺与客舍中看到类似的格局
与象征符号。

玄奘的旅途正好与中国唐朝的辉煌开创互相辉映。汉人的影响力不仅
很快就超越了玄奘这一路上经过的七座烽候，更沿着商路延伸超过六千里
路，同时也向东及于朝鲜与日本。玄奘曾用一段扣人心弦的话，向那烂陀
寺的僧侣描述中国的美好，也曾向印度的鸠摩罗王诉说唐皇的德泽。[34] 他
在自己的追忆中，将自己遇见的各国国王形容得既尔雅又世故，而且重视
心灵。异国的风土人情勾起了唐皇的兴趣，皇帝于是令玄奘将其旅途见闻
记录下来。

玄奘的朝圣之行也开启了中印之间一连串的外交任务——在接下来的
一百年中甚至超过了五十次。许多次外交行动都采用佛教的辞令，比如捐
献特别的中国袍服给某个印度寺院，或是接待印度国王派来的为先前的捐
献致谢的使节。不过，印度诸国王与中国朝廷之间的这些接触其实也有宗
教以外的作用。[35] 双方也感受到贸易的可能性。异邦人在帝国首都大受欢迎，

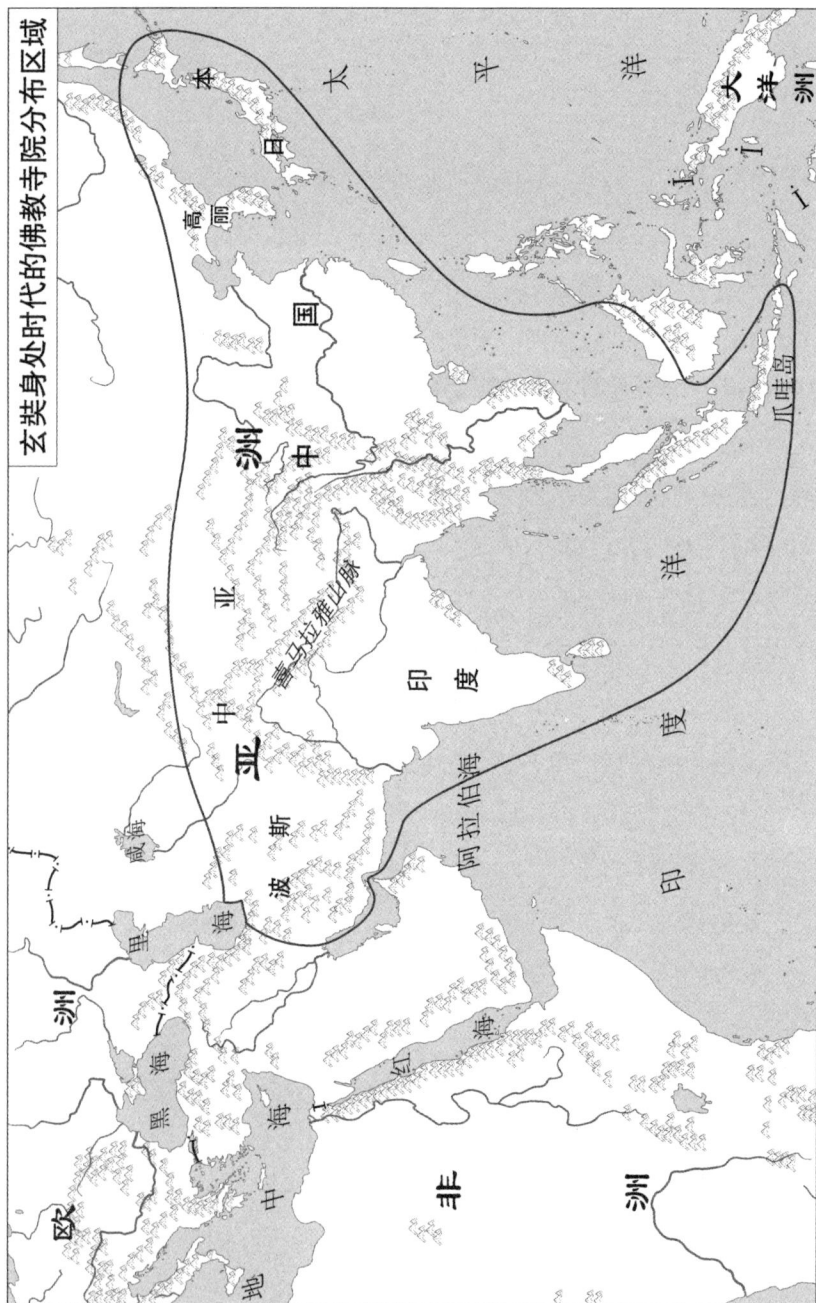

玄奘身处时代的佛教寺院分布区域

日本

太　平　洋

高丽

中　国

亚　洲

大
洋
洲

中　亚

喜马拉雅山脉

印　度

爪哇岛

印　度　洋

咸海

波　斯

阿拉伯海

里海

黑海

红海

欧　洲

地中海

非　洲

他们的服饰也影响了宫中的风尚。[36] ❶ 在玄奘之行后不到十年的时间，第二次前往印度的唐使便把甘蔗以及榨甘蔗的技术一起带了回来。印度与中国间频繁的外交接触，就在捐献与朝圣的佛教脉络中持续了超过四个世纪。

佛教对中国影响深远。佛教的重镇在印度而非中国。每一个圣地距离中国都有几千里之遥。最大的寺院、保存最好的经典和最有名的法师都在印度。那些佛经也都是用梵文写成，而非汉字。对中国经常出现的那种自给自足、自尊自重的心态来说，佛教成了一种心灵上与智识上的挑战。而佛教也以比贸易更为深刻的方式，将中国与外界联系在一起。

佛教不仅在中国与道教、儒教互相竞争，也和中亚的琐罗亚斯德教以及印度与东南亚的婆罗门信仰一较高下。玄奘常常跟他在佛教教义上的对手，也就是小乘信徒辩论，而他也做好了准备，要与其他教派或宗教的经典、习俗切磋。中亚各国国王的宫廷经常成为发生这类论辩的场所，而参加辩论的人也为了真理、荣誉与赞助而竞争。

对立的宗教此起彼落，这是个不难想见的现象。玄奘已经观察到，恒河河谷中心地带的佛教寺院得到的捐献正在衰退。在玄奘之后的一百年，有两名中国僧人旅行到印度，他们发现印度诸国的国王对印度教神祇与庙宇的捐献愈来愈多，而佛教则逐渐消失于印度的大部分地区。[37] 正当此时，佛教在孟加拉与斯里兰卡仍然拥有强大的影响力，而且扩张到了东南亚。几百年后，当佛教几乎就要从印度的心脏地带消失得无影无踪时，西藏却正大规模地改信佛教。即使有这些地区性的消长，佛教推动普世理念与寺院场所，借以让地方文化改头换面与促成贸易的力量也是有目共睹的。亚

❶【原注】官府文书与文学作品里，对各种造访唐代宫廷的珍稀的人或物都有详细的叙述，包括侏儒和舞者，狮子与大象，老鹰跟孔雀，椰枣及水仙，还有虫胶（lac）与青金石。

洲正在以一种前所未见的方式转变、交流。

那么，玄奘回到中国之后呢？虽然皇帝数次敦请他出任高官，但玄奘还是决定继续当一个佛教比丘。他得知自己的哥哥尚在人世，而且也仍旧是个僧人。玄奘就在长安，就在这座少时曾和自己的哥哥躲避盗匪劫掠、寻求庇护的城市里领着一批译经的人，讲授佛经，终其一生。此外，他也成了一座发心奉献的新建佛寺里的住持，而且设计、协助建造了一座藏经阁。这座七层佛塔建筑也留存到了今日。[38]

第二章

哈里发的大队人马：伊本·法德兰

公元 921 年至 922 年

逐水草而居的保加尔人住在今日俄罗斯境内的伏尔加河河畔。公元
921 年春天，某个保加尔大部落的领袖阿尔米许（Almish）请巴格达
的哈里发（Caliph）❶ "给他派个人在宗教上指点他，让他熟悉伊斯兰律法，
为他盖一座讲坛，好让他从讲坛上大声讲出他（指哈里发）的名讳，响彻
这座城市和他的王国"。⁰¹ 接着，阿尔米许不单是请求成为一名穆斯林，
而且也希望能正式结盟，依附哈里发这位伊斯兰帝国的政治领袖。等周五
礼拜时念出哈里发的名讳，就算是公开宣布结盟关系了。阿尔米许还索要
了一笔经费，以"建造一座堡垒自保，抵抗敌对的国王"。⁰² 哈里发同意
了阿尔米许的请求，还选了个叫伊本·法德兰（Ibn Fadlan）的人来带领这
次远行。

伊斯兰信仰在发展的头几十年（公元 620 年至 680 年），是以穆斯林
应有的行为来决定谁能成为"乌玛"（umma，信徒社群之意）的一分子：

---

❶【译注】意为"继承人"。先知穆罕默德离世之后，岳父阿布·贝克尔（Abu
Bakr）继承了政教双方面的权力，哈里发因此成为统治者的头衔。

要表明接受一神信仰，还要祈祷、斋戒、朝圣，扶助贫困的穆斯林，更要有合宜的饮食、衣着以及个人仪态。[03] 在伊斯兰信仰里，无论氏族、家族还是地方，所有顺服神的信徒在神的面前一律平等；事实也证明这种想法很能吸引人。[04] 依法而治的做法不仅支配着整个"乌玛"，也适用于男人和妻子、奴隶主与奴隶，以及买卖双方之间等各式各样的道德与名分关系。比方说，法律就禁止穆斯林杀害或奴役另一位穆斯林，甚至还禁止跟别的穆斯林结怨。

这条法律为终结阿拉伯游牧氏族间不时出现的血海深仇带来了可能。[05] 伊斯兰信仰有更辽阔的眼界，要转化过去只以亲属关系为基础的忠诚；这一点能与佛教为中亚、东南亚商路沿线以及中国的王者所提供的视野相提并论。而同一套法律也为非伊斯兰信徒明确划定了分际，整体而言，他们的日子远比在前一个帝国治下来得轻松。[06] 只要缴纳特定且有限额的税，非穆斯林就能继续过自己的生活。政治跟宗教在伊斯兰信仰里是永远分不开的。打从穆罕默德那时起，伊斯兰就同时既是一套个人的信仰，也是个信徒的社群，更是个囊括了一大群非信徒且不断在扩张征服的国家。

到了伊本·法德兰的时代，伊斯兰信仰发展还不满三百年，但伊斯兰统治者却统有一大片领土。10 世纪时，伊斯兰帝国阿拔斯王朝（Abbasid dynasty）的首都巴格达便与德里、北京以及君士坦丁堡并列为世界上最大、最富有，也最精雕细琢的城市之一。新建于公元 750 年的巴格达是一座包围在城墙里的环形城市，而花园与宫殿很快就延伸到了城墙外，还跨越了底格里斯河（Tigris River）。城里的市集、图书馆与各种盛会也都是欧洲地区传奇里的题材。[07] 丝袍在宫廷里可谓司空见惯，哈里发在王宫边甚至还有个仓库，用来放他要赐给臣下的袍服。[08] 权贵们赞助了各种学术活动与创新活动，其中就包括翻译那些谈科学、数学、地理、天文、农业以及医学的古希腊文献。宗教评论活动同样也很活跃。[09]

但在政治上，哈里发这位伊斯兰帝国领袖的位子却并不安稳。边远省份老是出乱子。路途遥远，讯息传递也慢，反抗活动又多。回到离家近一点的地方，多数的哈里发还有敌对的亲戚在虎视眈眈。政治派系与教派冲突在伊斯兰信仰发展初期就已经开始了，而且还持续到三百年后伊本·法德兰的时代，其间未曾稍减。由于伊斯兰信仰将世俗与宗教领导权合而为一，"由谁来领导伊斯兰帝国"的问题不仅会影响政策的有效推动，更关系到"谁才是真正能领导信徒上天堂的道德领袖"的争论。

由于穆罕默德死前没有定下选择领导人的方式，领导权问题让氏族与氏族间、阿拉伯人与非阿拉伯人间，以及牧民与城里人间结下梁子。这些宿怨的结果，就是对伊斯兰教义的不同诠释。[10] 前四个哈里发里，有三个被人谋杀。战争也随之而来。[11] 人们在穆罕默德身后的头一个世纪中，就见证了几个主要派系的诞生。逊尼派（Sunni）的信念是，即便有过王朝更迭与其他冲突，但所有哈里发都是穆罕默德精神权威与俗世权威的合法传人。什叶派（Shia）则偏好自穆罕默德的堂弟，也就是公元 661 年被暗杀的阿里（Ali）而来的继承线。有些什叶派的人只接受前五个或前七个哈里发为合法继承人，也有人接受前十二个哈里发。排斥逊尼派诠释的几个派系，在像波斯这样的边远地区势力都比较强大。[12] 哈里发不断寻找新的盟友，尤其是会为伊斯兰而战、奉献生命，并制衡巴格达周遭各股称不上可靠的势力的新入教者。到了公元 800 年，阿拔斯王朝的哈里发用自个儿以为会更忠心的奴隶士兵取代了首都周边的氏族部队。可惜事与愿违，奴隶军队迅速成为一股自行其是的政治势力，到了公元 850 年时，更是常常扶植或撤换统治者。[13] 哈里发需要所有他能动员的盟友，不时还会派遣使团到伊斯兰边界外的非信徒那里去。下面要说的故事，讲的就是其中一趟艰险的任务。

哈里发为代表团选了伊本·法德兰，而后者最有可能是个习惯了巴格达城内舒适生活的中阶廷臣。当时的传记名单上以及现存的官方文书里都不曾提到他，到了历史舞台上，他肯定也不是什么大人物。[14] 我们会知道他，完全是因为他所写的出使任务的回忆录，但这份回忆录写得实在了不起。对于他一路上见识到的风俗与人民来说，伊本·法德兰是个好奇心与细心兼备的观察家。气候、作物、食物和买卖，他都感兴趣。有时候，他会描述自己面对陌生情境时的感受。不过，虽然回忆录里有些个人意见显示伊本·法德兰受过伊斯兰律法的训练，但他从来不会墨守成规。他更像个人类学家，富有求知欲、聚精会神，为返回巴格达之后的听众记录其见闻。伊本·法德兰很可能曾注意到不断涌入首都的地理相关知识，也希望这份回忆录能在这些知识中添入几笔他在路上看到的风土人情。

公元 921 年 6 月中，伊本·法德兰带着一小群随员离开了巴格达，团员里有一位宗教讲师、一名法学家，还有一位大使。带给保加尔王阿尔米许的礼物则有丝袍、旗帜，以及一副制作精美的马鞍。[15] 镖人则会在路上跟他会合，负责带去足够盖座大小差不多的堡垒的银币。

政治上与宗教上的现实让伊本·法德兰无法选择往北直达阿尔米许处的路。北路横跨了信奉基督教的亚美尼亚以及拜占庭帝国的几个部分，而这两个国家都是与巴格达缠斗不休的宿敌。伊本·法德兰为了完成任务，只好多走几千英里（1 英里合 1.6093 公里）的路，先往东走，接着往北，然后再回头向西绕过这些敌人。

整个使团的人骑着骆驼，离开了底格里斯河谷的繁荣农业，攀上更干燥的西波斯高原，接着"在直达的路上行脚"，往东北穿越丰饶的农业地区克尔曼沙阿（Kermanshah），爬过哈玛丹（Hamadan）的山区，抵达雷伊（Rey，靠近今德黑兰）。[16] 使团的人是大队伍中的一部分，而且这样的庞大队伍几乎肯定在日出前就得起身，一边听着驼铃与车夫的骂骂咧咧，一边为白天的行程集合起来。这样的大队伍就算没有上千头骆驼，至少也有个百来头，在风尘仆仆的来路上绵延一英里，甚至更长。一般来说，这样的大队伍一天大概要走二十英里的路，从一个绿洲到下一个绿洲，通常还会在下午中段时停步，好避开一天最热的时候。

使节团的人通过了更干燥的草原地带，经内沙布尔（Nishapur）、沙卡（Sarkh）与梅尔夫（Merv）向东穿过波斯，这几个地方都是绿洲，也都是商队路线上的贸易都市。当时的波斯地区就像块宗教信仰百衲布，而且宗教多半跟当地的政治势力紧紧交织在一起。有几个孤立的琐罗亚斯德信仰群体，也有各式各样的非逊尼派信徒，其中包括早期形式的什叶派伊斯兰信仰。伊本·法德兰记述说，在通过由栽德派（Zaidi）教派所掌控的领土时，身为逊尼派穆斯林的他们都得"把我们的身份藏在篷车里"。[17]

到了921年秋天，伊本·法德兰和手下的人已经走了两百英里的沙漠，渡过阿姆河，抵达了近乎独立的伊斯兰帝国呼罗珊（Khurasan）省的省会布哈拉。他说，那里的埃米尔（emir）❶"确保我们的房子安全无虞，还指派了个人来照料我们"。[18]当伊本·法德兰还在等待信使，以及要给阿尔米许盖堡垒的现金送到时，他才得知旅途的前头还有什么——超过两千英里长的大片空旷草原，以及草原地区无情的冬日。欧亚草原上这一大片少雨的草地从中国的边境开始，向西延伸到高加索与俄罗斯，往南则到波斯与土耳其。这片大草原上的人也凭借贸易与征服，将影响力拓展到中国北方、印度平原、中东地区以及地中海东部。伊本·法德兰必须走超过两千英里的路，以穿越草原的西部。

---

❶【译注】意指"统帅"或"领导人"，可以作为总督或统治者的头衔，通常用在较小的政治体上。

伊本·法德兰决定，就算建堡垒的资金还没有送达，也要先往大草原推进，而且秋天就走。[19]❶ 使团返回了阿姆河。伊本·法德兰雇了条船，往北航行超过四百英里，抵达花剌子模市。"因为天气严寒，我们习惯只有在一天里的某段时间才往前走。"他们在伊斯兰世界的北缘遭遇了阻碍。花剌子模的埃米尔警告伊本·法德兰，"从你现在的所在地到你说要去的地方之间，有上千个部落的人都不信神。"[20] 他告诉伊本·法德兰，哈里发受骗了，阿尔米许的信不过个圈套，要骗手无寸铁的使团团员走进危险之地。

这笔钱是从巴格达宫廷政治漩涡中被没收的庄园里拿来的。而这片庄园就位于距离巴格达有千里之遥的花剌子模，正好在伊本·法德兰的路线上。但庄园的代管人却拒绝交出任何东西，始终忠于被剥夺财产的贵族。

虽然花剌子模形式上是哈里发国的省份，但实际上却不受控制。对哈里发的新盟友——阿尔米许——来说，花剌子模统治者在其地盘上可以说是一无是处。而一旦有阿尔米许这个盟友，哈里发也就有可能南北夹击花剌子模。如此，花剌子模统治者为何希望伊本·法德兰的使节团走不下去，也就不难理解了。伊本·法德兰则在接下来几次会面中一再恳求，才终于说服埃米尔让他们一行人离开。

伊本·法德兰离开伊斯兰领域，并前往"不信神的人"的土地——这意味着什么？花剌子模首都虽然不是巴格达，但城市里的法律、宗教架构以及建筑对他来说一定不陌生，也跟当时其他许多伊斯兰城镇相去不远。花剌子模的中心就是座大清真寺。人人都会参加周五祈祷，主持的教士还

---

❶【原注】哈佛大学阿迦汗伊朗研究荣誉退休教授弗莱（Richard N. Frye），就这些下落不明的钱提出了一种能言之成理的解释。这些钱本应该来自于在巴格达宫廷政治漩涡中被充公的房产。这些房产位于距离巴格达一千英里的花剌子模，伊本·法德兰沿线。然而，这些房产的法警仍然忠于被取代的贵族，拒绝移交任何东西。

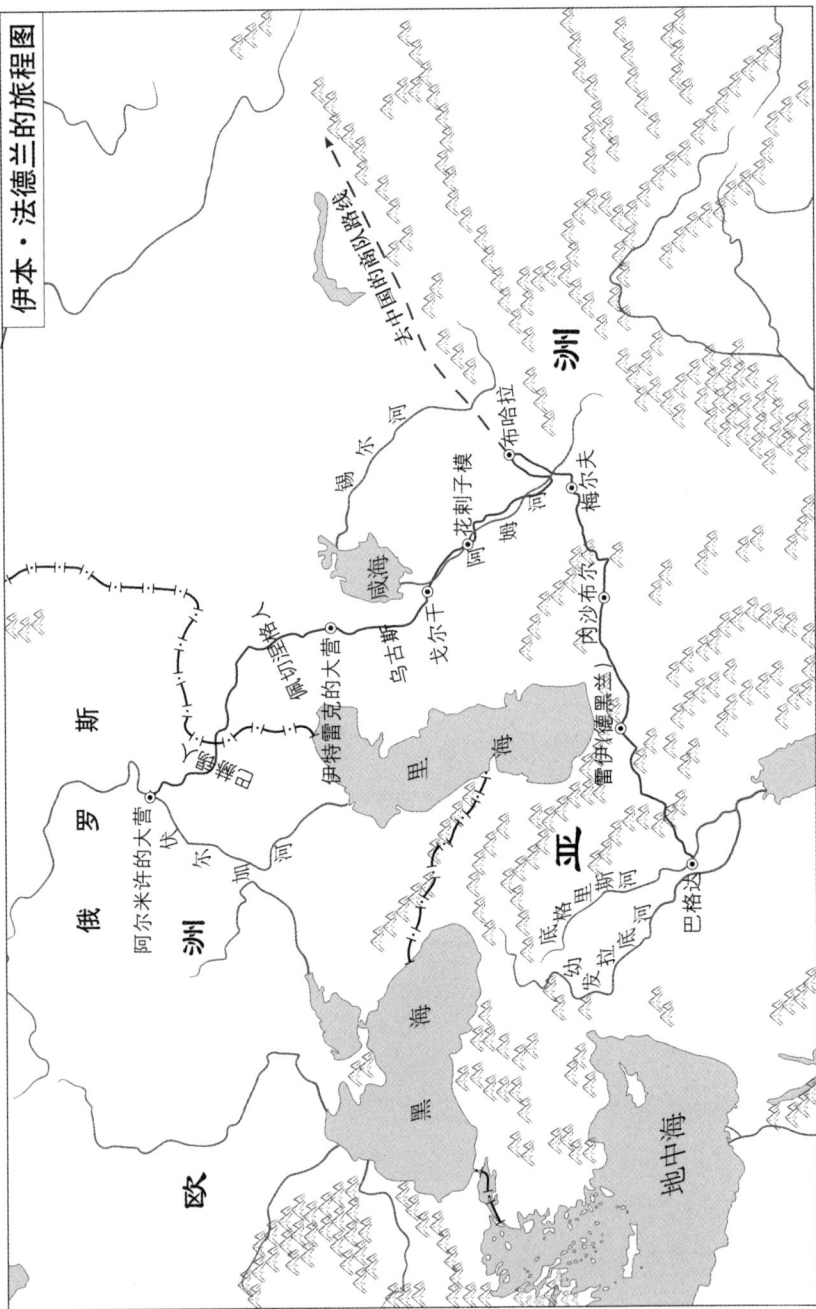

伊本·法德兰的旅程图

会为统治者的名号祈祷，这个举动对国王的正统性也很重要。伊本·法德兰说不定还能在这里找到来自麦加或巴格达的教士。这两座城市有最好的宗教训练，教士也会定期从那里出发，跨越整个伊斯兰世界，到边远地区的会众处。紧邻清真寺的就是国王的宫殿，有护卫和马房。类似花剌子模这样的伊斯兰城市，在王宫旁边还会有一片开放空间，以供军事操练和举行仪式之用。穆斯林社群里有各式各样的人：初期阿拉伯穆斯林征服者的后代、阿拉伯商人，以及当地的新信徒如地主、店铺老板、手艺人与工人。花剌子模跟其他伊斯兰都市一样，都有常见的澡堂（hamam）和一个中央市场，能同时满足日常生活必需与进口货的需求。诸多大客栈也是城里的一部分，让商队停驻，让商人歇息，也让转运中的货物得以存放。伊本·法德兰对花剌子模的法律界生态一定也很熟悉，这里有受过训练的职业法学家主持伊斯兰民事、刑事法庭，也有为总督效力的专业官僚班子。❶

　　晚秋，伊本·法德兰离开了花剌子模，沿阿姆河北上，正好在冬天逼近时抵达了戈尔甘（Jurjaniyah）。[21] 戈尔甘是阿姆河支流边的一个小镇，但还是在伊斯兰世界之内。这里的冬天相当寒冷。"我有次从公共澡堂出来，走回住的房子，这时我一看我的胡子，才发现都冻成冰块了。"[22]不过，伊本·法德兰也注意到柴火在戈尔甘卖得不贵，而且不难取得。欧亚草原并非完全都是草地。远方山区的雪水供应了几条常流河，像戈尔甘这样的河河岸地带都是森林，以及种了谷子、高粱和小麦的灌溉田。

　　等到 2 月底，阿姆河也融冰了。于是伊本·法德兰买了骆驼，造了可以拆装的船用来渡河，还雇了个当地向导。但法学家和老师们已经怕到不

---

❶【原注】当时多数"伊斯兰"城市的人口大部分是非穆斯林，这种情况也持续了几个世纪。

敢继续走了。吓倒他们的不光是冷冽的天气和遥远的距离。过了戈尔甘，就不再有公共澡堂，没有市场，没有清真寺，也没有伊斯兰律法的保护，更没有伊斯兰君王的庇护。

对从小生活在伊斯兰世界的人来说，外面的世界确实吓人。

伊本·法德兰决定自个儿继续前进。备好了"够吃三个月的面包、小米与腌肉"以后，他加入了某个超过一千人和三千头牲口的商队，朝北方前进。"镇里的人对我们很好……他们（强调）继续走下去的困难，还夸大这件事（的危险）。但等到我们身历其境，才知道情况比他们跟我们描述的还要糟糕好几倍。"[23]

早在伊本·法德兰穿过这个地区的两百年以前，伊斯兰世界的整块版图就已经在人类史上最迅速、面积也最大的一次征服中定了下来。就在公元 630 年至 680 年间，伊斯兰大军从麦加往北出发，横扫了今天的约旦、巴勒斯坦与叙利亚，朝东越过伊拉克，接着在波斯作战并南向攻打也门。截至公元 720 年，伊斯兰军队已经成功拿下了埃及、北非与西班牙，还征服了好几座商旅城市，如撒马尔罕、塔什干、布哈拉与花剌子模。然而征服行动就在这里止步了。[24] 伊斯兰信仰就和早先的佛教一样，都在商旅城市得到成功，但却匪夷所思地无法让欧亚草原游牧氏族与家族改信。

这些势如破竹的伊斯兰征服行动，主要都发生在玄奘这位佛教朝圣者生活的时代。巴勒斯坦、约旦与叙利亚，就是他在印度东部的那烂陀寺静静抄经时被攻陷的。他走过布哈拉与塔什干后不到一百年，伊斯兰军队也征服了这几座商旅城市。

通过 10 世纪的断简残编，现代的学者才了解到更多伊本·法德兰早已知之甚详的欧亚草原政治情势。在过去三十年当中，乌古斯突厥人（Oghuz Turks）中出现了某种部落联盟。虽然伊斯兰信仰引起了其他部落的兴趣，但却没有任何乌古斯人改信。某几股乌古斯人才刚跟阿尔米许打过仗，伊本·法德兰就是要把国书带去交给他。[25] 除了乌古斯人外还有可萨王国（Khazar kingdom），可萨王国一开始可能是一些突厥部落的集合体，产生时间大约是在伊本·法德兰之行的两百年前，而该王国的版图与力量也在不断扩张。可萨王国强烈抵抗伊斯兰信仰。有一小部分贵族改信了犹太教，但现代的学者对可萨王国的统治与组织也没能有什么发现。阿尔米许的王国深处可萨领土之内。他显然是可萨人的附庸，而他跟哈里发要钱盖堡垒，就是打算从可萨人控制下挣脱。伊本·法德兰后来才得知，可萨宫廷有阿尔米许的儿子当人质。[26]

伊本·法德兰的商队推进到"没有人烟、也没有地形起伏的草原"，还"经历了逆境与困苦，极端的酷寒让花剌子模的冷冽看起来都成了夏日"。从三百年前玄奘的时代到现在，商队旅行的方式或许没有太大的改变。商队里还是有脾气不好、爱咬人的骆驼，抵达绿洲时会受到热烈欢迎，营地里也会有各种煮食的气味。

离开戈尔甘后十五天，他们碰上了某个突厥部落的营地，"帐篷是用毛发做的"，这是乌古斯人的一个分支，伊本·法德兰称他们为古兹人（Ghuzz）。他们就跟伊本·法德兰遇见过的所有游牧群体一样，放养"骆驼、牛马和山羊"。"他们会在某个地方待一段时间，然后继续移动。你会在一个地方看到他们的帐篷，接着又会在别的地方看到和他们类似的帐篷，这都符合游牧民族的习俗和他们四处移动的生活方式。"[27]

伊本·法德兰或许会注意到当地与阿拉伯沙漠地带的相似之处。虽说阿拉伯很热，欧亚草原很冷，但若要在两地的稀少人烟与不毛生态中存活下来，同样都需要格外出色的技巧与坚忍。这两个地区都有以牲口为基础的经济，以及以血缘为根据的氏族结构。人们必须从小就懂得骑术、狩猎与战争。对于草场、水源的争夺，以及因血仇而起的战争都相当常见。阿拉伯的牧民也跟欧亚草原牧民一样，和绿洲城镇以及定居农民关系紧张。

他们都需要城镇供应铁、衣物与食物。城镇则需要游牧民族养的动物来拉车与提供肉品。各个城镇也会将放牧的动物的毛皮制成毛毯和布料。只是双方虽然如此互相依赖，但在阿拉伯与欧亚草原上，游牧民族与城镇之间仍然经常发生战争。

在穆罕默德创造"乌玛"的理念以前，"要在阿拉伯地区组织个王国"可是个政治上的难题；到了三百年后伊本·法德兰的时代，欧亚草原上的人遇到的问题也很类似。在游牧民族与镇民之间，亲族关系就是忠诚心仅有的基础。无论哪一个贵族，都有众多同样抱持正统性诉求的对手。打算结为同盟的两个氏族有可能找到或编造一个共同的先祖，但这对于维系联盟关系来说仍然是很脆弱、微不足道的纽带。游牧民族之间的同盟关系其实每年都在改变。

一群人里通常会有领袖、领袖的家人、男性亲属——兄弟、儿子、父母的兄弟和甥侄——和他们的家庭。群体里还包含一些没有亲戚关系的家庭，这些家庭通常是战败团体的幸存者，是来寻求庇护的。成功的群体有可能不断扩大，直到夏季与冬季草场无法再支撑群体为止，这时群体就会解体。人们不停地争夺水源更充足的草场，战争也因此肆虐；赶走一整群人与奴役手下败将的做法都很常见。如果亲族的财富（以牲口为准）与领导权主张能够相衬，或者几乎能跟群体的领袖匹敌，那么领袖就得常常面对亲族发动的夺权行动。这种环境生态与男性世系模式带来的结果，就是散布在上千英里宽的欧亚草原上一系列联系松散的群体。这些有所联系的群体通常也会彼此竞争，就像他们跟其他没有关联的群体竞争一样。

但就连在伊本·法德兰的时代以前，也还是有些领导人能凭借个人领袖魅力，把一个个群体结合成锐不可当的战斗力量。公元 1 世纪时的中国史书记载了匈奴的进攻，而匈奴就是个欧亚草原东部游牧氏族所组成的同盟。[28] 至于公元 5 世纪时，匈人（Hun）首领阿提拉（Attila）的草原游牧大军肆虐欧洲一事则更广为人知。

　　但伊本·法德兰的问题不是匈人，而是突厥人。接下来的三个月里，伊本·法德兰靠着哄骗与贿赂来开路，先是往北，然后再往西绕过里海，通过今天的哈萨克，进入南俄罗斯。有一回，他贿赂一位叫小伊纳尔（Yinal the Little）的氏族领袖，用来贿赂的东西里包括了一件不怎么贵的长袍，一件波斯式的衣服，还有一些"扁圆形的面包，一把葡萄干和百来颗核桃"。[29]

　　伊本·法德兰在自己的回忆录里像个人类学家那样，记录着一个阿拉伯穆斯林商人如何在这些充满敌意的游牧地区活下来的典型手法。商人需要有个当地的突厥担保人和朋友。通过担保人的势力范围时，穆斯林商人要跟突厥人一起行动，还要给他一件袍子"送给（突厥人的）妻子，还要一点胡椒、小米、葡萄干跟坚果"。❶要是商人的钱或马匹不够，突厥担保人或许还会借给他，等商人回程时再还。

　　突厥担保人对待所有穆斯林商人的方式，就仿佛他们都属于某个单一的氏族——穆斯林氏族——并假定整个氏族都为其成员负连带责任的义务，包括借款在内。比方说，如果有个商人死在半路上或是没有回来，那他的突厥担保人就会从任何一支走回程的商队里最富有的商人那儿，拿回尚未清偿的款项，必要的话还会动武。突厥担保人会把富商的货物开箱，"从商人那里拿回自己的钱，金额就跟他先前给那个（过世的）商人的一样，此外连一粒麦子都不会多拿。"[30]

----

❶【原注】这些礼物是舶来品和普通货的大杂烩。胡椒来自印度，葡萄干可能来自波斯，坚果来自中东，至于袍子和面纱则视其花纹和风格，远的话可能来自印度，近的话则可能出自巴格达的织工。小米则生长在高加索和波斯。

伊本·法德兰接下来到了伊特雷克（Etrek）的营帐，并称伊特雷克为古兹突厥大军的指挥官。他给伊特雷克的礼物也很贵重，有"五十枚第纳尔（银币）……三密斯卡尔（mithqal）的麝香（约十五克重），几件处理过的皮革，还有一件来自梅尔夫的衣服——我们就用这件衣服为他做了两件短上衣，还有鞣过的皮靴，一件织锦衣以及五件丝衣"，而且送给伊特雷克的妻子一方面纱和一枚戒指。[31] 伊特雷克披上了伊本·法德兰献给他的袍服，却不愿意为伊斯兰信仰或哈里发献身。接下来的几天，伊特雷克手下的贵族（多半反穆斯林，也反阿尔米许）就伊本·法德兰的命运展开激辩。他们向一位答剌罕（Tarkhan）❶　，也是宫廷里最年长的贵族征询意见。

答剌罕说："这事对咱们来说实在前所未见，前所未闻。打从咱们这一代，或是咱们父祖辈那一代起，从来都没有哈里发的使节经过咱们国家。我始终觉得哈里发是在耍诡计，派这（些人）去可萨，为的则是要举兵对付咱们。该把这些使节给砍成两半，他们随身的东西咱们就自个儿留着。"[32]

有个贵族提议说，现在该做的是把他们扒光，然后把他们往来时路上赶；另一个贵族则想拿他们当奴隶，用来交换可萨人手上的俘虏。过了七天"像死人的日子"以后，伊本·法德兰得知贵族们愿意让使团继续前进。于是伊本·法德兰送了袍子给所有贵族，再加上小米、胡椒与面饼当礼物。商队显然一直在等待着他，于是他就跟着商队离开了。

虽然伊本·法德兰亲身体验到这些游牧民族的粗野态度，但几个世纪

---

❶【译注】印欧语系民族、突厥人以及蒙古人常用的头衔。字源仍有争议，有"免于税赋""审判"之意，后来成为军队里将军的称号，也可赋予征服地区总督或军事领袖。

以来，阿拉伯与欧亚草原的人们都一样用献袍当作尊重、建立政治关系的仪式。在欧亚草原东部，早于伊本·法德兰三百年的时候，有位国王向朝圣的佛教徒玄奘致敬，而他用的就是丝袍。正是在同一时期，人在阿拉伯的穆罕默德也在一次类似的公开仪式里，将华丽的袍服赏赐给手下一位战功彪炳的将军。到了伊本·法德兰的时代，哈里发以及君士坦丁堡的基督教国王同样一再使用这套仪式来建立政治关系，这与整个欧亚草原上的王者并无二致。伊特雷克与伊本·法德兰两人对于"穿上哈里发送的袍服"的含义都知之甚详，但伊特雷克却闪烁其词，表示要等到伊本·法德兰回程经过时，他才会答复有关伊斯兰信仰与结盟的决定。这两人也心知肚明：伊特雷克收下了袍服，但他拒绝承认哈里发至高权威的做法却违背了这套体系。

春日，又一段上千英里的旅行，商队带着伊本·法德兰跨越了一整片不长树的大草原，往西渡过乌拉尔河（Ural River）与伏尔加河，来到阿尔米许的都城。和他先前走过的地方一比，春雨让阿尔米许的草原翠绿一片，看起来挺不错的。5 月初，阿尔米许先派自己的"兄弟与儿子们……带着面包、肉和小麦来见我们"，然后亲自过来，赏了一行人许多钱，还为他们搭好帐篷。伊本·法德兰虽然在巴格达宫廷经历甚丰，但他发现阿尔米许实在让人敬畏。"他这个人面目精奇，甚有威严，虎背熊腰，声音听起来仿佛他人是从大桶子里讲话。"[33]

公元 922 年 5 月 20 日，在阿尔米许那座大到足以住一千个人、铺满亚美尼亚地毯的观礼帐中，伊本·法德兰拿出了荣袍、旗帜以及那副华美的马鞍，接着终于通过口译宣读了哈里发的信。一场外交盛宴让事情得以顺利展开，宴会上阿尔米许还让伊本·法德兰尝了几小块肉。伊本·法德兰则把要送给阿尔米许妻子的香水交给了他。接下来的周五，阿尔米许就在宫廷旁的清真寺大声宣读了归顺哈里发的公开承诺。就连这样的宣读仪式也需要细密的磋商。根据巴格达的传统，周五祈祷要请上天赐福与目前在位的国王以及国王的父亲。阿尔米许的父亲一直都不是信徒，阿尔米许因而不想提及父亲。伊本·法德兰同意了他的要求。再者，由于阿尔米许与其父同名，于是为了周五祈祷之用，他要求得到一个新的穆斯林名字——他选了当今哈里发的名字。

但在三天后，情况却急转直下。阿尔米许发现，虽然哈里发的信里曾提到盖堡垒的钱，但钱却没有出现。阿尔米许出于盛怒，把哈里发的信朝伊本·法德兰丢去，跟他要钱。伊本·法德兰回答："现在不可能拿得到钱。因为时间不够…… 我们把钱留在了后头，之后才会赶上我们。"阿尔米许指控伊本·法德兰偷了这笔钱、背叛了哈里发，他说："你这个人吃了（哈里发给的）面包，穿他给的衣服，天天看到他的人，却背叛了他，背叛了这个任务……是他派你来的……你已经背叛了所有穆斯林。"在这位国王的"害怕与苦恼"之中，伊本·法德兰离开了现场。[34]

伊本·法德兰也同样伤透脑筋，因为他发现阿尔米许王一直有所隐瞒。阿尔米许和整个宫廷的人早就是娴熟的穆斯林了，但他在给哈里发的信里却没有提到这一点。他们礼拜时用的是那些呼罗珊人的习俗，而呼罗珊早已独立于哈里发的控制。这些"呼罗珊式"的习俗显示出国王非常了解当前伊斯兰世界的政治形势，同时也在找靠山——如果不是哈里发，那很有可能就是呼罗珊人。

阿尔米许拒绝了所有宗教上的建议，并实质剥夺了伊本·法德兰的使节一职。伊本·法德兰知道，少了用来盖堡垒的银子，他的任务就注定失败。后来他在自己的回忆录里写道：在哈里发的宫廷里有个偏好信奉犹太教的可萨犹太派系——也就是阿尔米许的敌人——而他们扣住了这笔钱。由于时代久远，我们不可能知道这些指控是真是假。任务失败了。阿尔米许没有收到钱来盖自己的堡垒，哈里发也结交不到新盟友。但阿尔米许发现伊本·法德兰的巴格达故事挺有趣的——或许就是讲故事的这个长处救了伊本·法德兰的命。

虽然这次任务的政治目的付诸流水，但伊本·法德兰仍然是个热情的观察家，观察着周遭的一切：云朵、蛇类、当地的水果和烹调法、服装，以及漫长夏日中穆斯林每日五次的繁复祈祷。回忆录的后半部还包括对一群被他称为罗斯人（Rus）的人的描述［也有可能是诺斯人（Norse），这个问题学者们已经争论超过一百年了］——也许是在这群人到阿尔米许的都城做生意时所写。伊本·法德兰同样提到他曾劝告都城当地的女人"在游泳的时候要遮蔽身体，但我的努力都白费了"。[35] 10 世纪时的亚洲世界是个宗教观五花八门、竞相争夺赞助与信徒的世界。无论是佛教传入印度，还是伊斯兰信仰传入中亚的行动，地方习俗与新宗教通常都会有一段长时间的混合过程。改变信仰牵涉层面复杂，但宗教分裂却很平常，信仰的堕落也是常有的事。以伊斯兰信仰来说，通常都是由地方上挑战旧有中心做法的派系在推广这个新宗教，而且宗教手法或武力手法的推广都有。地方领袖与当地人民会对改信可能带来的好处做出务实的判断，而这些判断通常都跟同盟关系、贸易、税收以及牵涉更广的利益连在一起。宗教与政治彼此盘根错节，无论是巴格达这样的大都会中心，还是阿尔米许这种较小的宫廷，情况都是如此。在中东与中亚地区，不管是大国国王还是小国国王，他们都早已共享同一套仪式与象征，以及同一套程度细密的政治同盟与归顺方式。哈里发与阿尔米许都很了解一套由旗帜、华丽的马鞍、跪拜礼、丝袍、亚美尼亚地毯、宴会与正式书信所组成的共通宫廷语言。

纵使伊斯兰信仰能够提供新的宗教、新的仪式与新的象征，但伊本·法德兰所带来的贵重物品却跟阿尔米许迫切想要的没什么关联。没有带来资金，没有带来商业利益，也没有带来与广大的外界实质性的接触。伊本·法德兰或许以为自己能将伊斯兰信仰与文明带到遥远的伏尔加河那一端，但他错得实在离谱。国王阿尔米许早就跟整个亚洲世界有了联系。他的都城坐落在伏尔加河畔。诺斯人的船只定期经过这里，用奴隶交换食物与黄金。阿尔米许试图掌握黑貂、狐狸与其他毛皮的赚钱生意，这些东西对巴格达与君士坦丁堡的宫廷可是价值不菲。为了成就这个目标，他或许就得从自个儿在伏尔加河下游的首都摆脱自己头上的统领——可萨人的国王。现在回想一下伊本·法德兰先前加入的那支规模超过千人与三千头牲口的大商队。阿尔米许不仅知道哈里发与呼罗珊人之间的龃龉，而且也早已被卷入自己的首领可萨王与罗斯人民之间的战争。通过同盟关系，他也和一套横跨欧亚草原西部两千英里范围，包括波斯、君士坦丁堡与巴格达在内的政治体系有了交流。贸易则让他往北联系到斯堪的纳维亚。[36]

伊本·法德兰抵达几个月后，阿尔米许的女婿举兵叛变。阿尔米许送了一封非常有说服力的信给支持女婿叛变的那一派人。

上天——威力与荣光归诸他——已经将伊斯兰信仰的祝福与统领虔信者的人（指哈里发）的力量赐给了我。我是哈里发的仆人，这个国家授权于我。无论谁反抗我，我都将用剑来对付他。[37]

阿尔米许诉诸与哈里发的关系，而这正是他几个星期前摆明拒绝了的关系。伊本·法德兰说，这项策略竟然奏效了。当阿尔米许"把他的信送到他们手上时，这可把他们吓坏了，于是所有人都站到他这一边来……"[38]

回忆录后面有个辛酸的段落：伊本·法德兰终于了解到阿尔米许统治范围之大、交流范围之广，最后他问了这个国王：建堡垒的钱真的有这么重要吗？阿尔米许回答说：

我早就知道伊斯兰帝国繁荣昌盛，到了情势紧急时，从帝国合法得来的钱或许能派上用场。我是为了这个原因才追求这笔钱。对我来说，假使我想用自个儿的钱盖座金碧辉煌的堡垒，要实现这个目标也不太难。我只是想从统领虔信者的人（指哈里发）的钱上所沾的神恩得到好处，为了这个缘故我才向他要钱。[39]

伊本·法德兰的任务关系到横跨整个亚洲世界西半部的政治、宗教同盟关系。堡垒只不过是个具体的象征，标志着哈里发对阿尔米许应有的责任。由于哈里发没有为这座堡垒出过钱，所以是阿尔米许在主宰这段关系。因为手握豁免权，他在当地的冲突中很快就打起哈里发的名号，但他心知哈里发实力没那么强，所以他也从来都没有实践自己这一方应承担的义务。情况也确实如此，就连十年后保加尔人一支前往麦加的王家朝圣团要经过巴格达，他们也都没带任何贡品过去。

那么，伊本·法德兰后来怎么样了？除了他自己讲述的故事以外，我们什么都不晓得。从他的回忆录流传至今来看，他应该安全回到了巴格达。至于在哈里发国的政治风暴中，人们是否认为他出使失败，哈里发是否只是在为可能的、便宜的盟友关系试试水温，以及新的地理与政治信息是否值得让使节们付出这样的代价、冒这样的险，那就不得而知了。

极简

WHEN 亚洲千年史

ASIA WAS THE WORLD

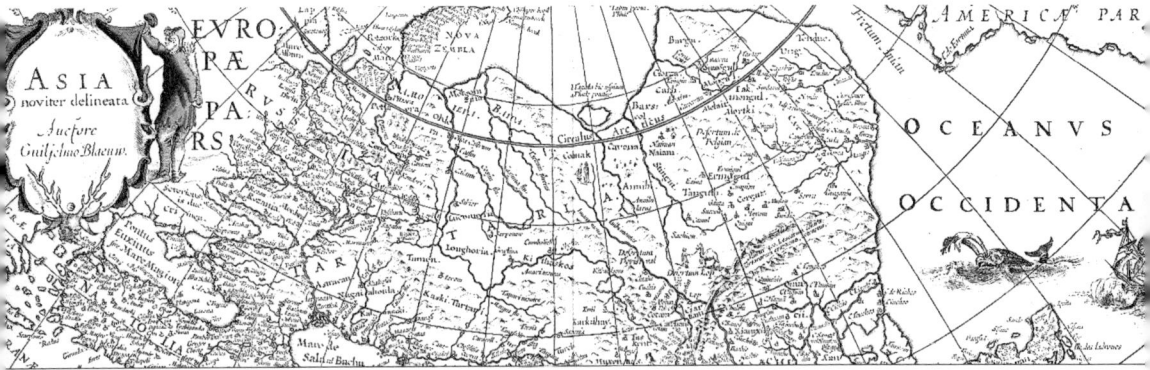

第三章

哲人医生：伊本·西拿

公元 1002 年至 1036 年

时间恰好在伊本·法德兰出使之行通过巴格达东北两百英里的波斯城市哈玛丹的一百年后，人在此地的伊本·西拿——一位早已家喻户晓的哲学家与医生——正被人抓进监狱。差人要带他走的时候，他还跟自己的学生开玩笑说："你看，我要进监狱啦，这没什么好惊讶的。至于还出不出得来，那可就不一定啰。"[01] 伊本·西拿被拘禁在哈玛丹城外的一座城堡，在那里度过了接下来的四个月。他在狱中写了两部重要的作品，一部是有关人类思维能力的寓言，另一部则是以绞痛为题的医学论文。监狱仿佛不过是伊本·西拿旅途上的休息站，而他的著作则是当时庞大的思想流动过程中的一部分，有它们自个儿的路要走。伊本·西拿的著作风格与内容将他跟三百年来人类学识与思想的精华联系在一起。公元 750 年，中亚的阿拔斯王朝在今天的伊拉克迅速掌权，取代了阿拉伯倭马亚王朝（Umayyads）居于伊斯兰权力中心的地位。阿拔斯人建设巴格达，作为伊斯兰帝国的首都。这个王朝旋即开启了大规模的翻译计划，将希腊文与拉丁文文献译为阿拉伯文，其中包括了上万本从哲学到数学、从戏剧到医药的书籍。一开始是由征服地区的非穆斯林学者来当翻译者，如犹太人、基督教聂斯脱利教派（Nestorian）信徒，以及琐罗亚斯德教徒。[02] 而这个计划也将包括波斯、印度、希腊、埃及与罗马……整个庞大世界的知识产出都集中了起来。

巴格达当地对学术的赞助很快就超越了单纯的经典翻译。学者们迅速打造了这个知识体。9 世纪与 10 世纪每一个重要的科学突破都是由亚洲的研究人员与学者所创造，而且主要是在穆斯林宫廷里。

早期的阿拔斯君主把印度数学家从印度延揽过来，这些数学家则将人们所说的记数体系——"阿拉伯数字"——带了过来。到了公元 850 年，数学大师阿尔·花剌子模（Al-Khwarizm）和他的学生将欧几里得（Euclid）的学说与印度数学相结合，带来了代数学与三角学的迅速发展，包括线性方程式与一元二次方程式、几何解法，以及正弦函数、正切函数与余切函数表。花剌子模的名字就是"算法"（algorithm，即计算的具体步骤）这个词的由来。而"零"——若非本地的发明，就是来自印度——也是在同一个世纪里首次出现在巴格达的数学书籍里。后来的宫廷数学家彼此间的交流更是创造了根号加减运算法、抛物线面积解法、圆锥曲线数学发展、高次方程式解法，并开拓了球面几何学的研究。这些数学上的进展，构成了"伊斯兰花砖"复杂、美丽图案的基础。在不到一百年的时间里，这些花砖艺术就出现在整个亚洲世界，清楚展现了中东地区优越的数学知识。[03]

导航技术也有所突破，尤其是平面与球体星盘，以及更准确的星表。阿拔斯人在巴格达建造了皇家天文台。知识随着穆斯林军队、大使与商人而来，各地的地理描述也跟着百花齐放。公元 850 年时，第一份谈中国的阿拉伯文文献就已传遍了整个中东地区。到了伊本·西拿的时代，也就是11 世纪初，至少有十一个地理学家写过对亚洲世界的描述，并流传于世，且有好几个学者以这些新信息写出了多部通史。[04]

医学上的研究同样令人刮目相看。在巴格达的宫廷里，有些学者翻译

出如盖伦 ❶ 和亚里士多德等人的著作。其他人则以自己执业外科医生的工作经验为根据来撰写论文。其中最了不起的则是波斯人拉齐 ❷ ——中世纪公认最伟大的临床医生。他的医学百科在欧亚流传了好几个世纪。

在欧洲，巴格达的名气就跟在亚洲一样有名。雅库比 ❸ 在 9 世纪时把巴格达描绘得活灵活现：

> 没有谁能比他们（巴格达）的学者更有学识，比他们的民俗学者更多闻，表达得比他们的文法学家更清楚，眼光比他们的校对员更精准，技术比他们的外科医生更高超，歌声比他们的歌手更动听，手艺比他们的工匠更精致，懂的字比他们的抄写员更多，头脑比他们的逻辑学家更清醒，比他们做礼拜的人更投入，比他们的隐修士更虔诚，比他们的法官更懂法律，比他们的传道师更滔滔不绝，比他们的诗人更有创造力，或是比他们的纨绔子弟更放荡。⁰⁵

重要的哲学思考同样也出现在这种富有创造力的氛围里，这些思索多半是以伊斯兰思想家、希腊文翻译作品，以及征服地区与周遭地区人民信

---

❶【译注】盖伦（Galen, 约 129—200），古希腊哲学家、医生。他认为人体有四种体液：血液、黄胆汁、黑胆汁和黏液，而疾病产生的原因就在于体液的不平衡。

❷【译注】穆罕默德·伊本·萨加利亚·拉齐（Muhammad ibn Zakariyā al-Rāzī, 854—925），波斯医生、哲学家、炼金术士与化学家，提倡医学实验，同时也是眼科与小儿科先驱。

❸【译注】艾哈迈·雅库比（Ahmad al-Ya'qubi, ?—897），历史学与地理学家。在伊朗地区统治者的赞助下前往印度、埃及与马格里布（Maghreb，阿拉伯以西之意，指今天的西北非）。著有《列国志》（*Kitab al-Buldan*）与《雅库比历史》（*Tarikh al-Yaqubi*）。

仰的交流为基础。有许多书籍都是对亚里士多德、柏拉图与托勒密等古希腊作家经典的评论与延伸。

重要书籍的抄写本向外流传，来到了波斯宫廷、丝路的商旅城市，东至阿富汗，西到北非与西班牙。大约到了公元 900 年，书籍与学者两者的流动已经创造出了一张无与伦比的学术网络。论文和书信从波斯来到开罗，论辩则从大马士革延烧到摩洛哥。

我们不能忽视纸张对此过程的重要性。造纸术起先来自中国。大约在公元 750 年时，基本的造纸技术随着阿拔斯人而沿丝路传入中东。有了巴格达王室的支持，人们重新创造了适合当地条件的造纸过程。中东地区不产制作中国纸所需的热带植物。但人们旋即发现亚麻与棉花纤维能制造出柔软而平顺的纸张。不到一个世纪，巴格达就有了人声鼎沸的纸市与许多造纸工坊。会运用纸的很快就不只是政府；现存最早来自中东地区的纸张文件，就是一封犹太人从巴格达寄到埃及的正式信件。[06]

其他像大马士革与福斯塔特（Fustat）[07]等城市很快就能与巴格达一较高下，提供不同大小与材料的纸张任君挑选。纸张不只让巴格达皇家藏书馆内数以万计的书卷得以成真，还能让这些文字流传在中东地区、中亚与西班牙等地的多个国都。15 世纪的历史学家伊本·赫勒敦（Ibn Khaldun）在其《历史绪论》（*Muqaddimah*）中写道："如此一来，纸就能为政府文件与公文所用。后来人们便拿一张张的纸用在官方文件和学术著作上，纸张的制造也达到相当精湛的程度。"[08]

到了伊本·西拿之前的一个世纪，这面庞大的智识网络甚至发展出了一套核心的教学课程。一个人如果没有按照特定顺序读这些特定的书籍，其他人还会觉得他没读过书。教授这些必读书目的老师则在城市之间移动——包括整个中东地区的伊斯兰城池，以及位于波斯、中亚，最西则到西班牙的一些都市。

伊本·西拿的父亲出生于北阿富汗的巴尔赫，属于受过教育的官僚精英。伊本·西拿出生之前，国王就指派其父亲去管理某个邻近布哈拉西北方两百英里、位于今乌兹别克的小镇。伊本·西拿的父亲已经在布哈拉找到了不错的《古兰经》老师，以及大家都在用的标准课程课本。十岁时，伊本·西拿就已经结束了他第一阶段的学业。[09]

伊本·西拿在自传里回忆道，他们家与标准受过教育的社会精英不同之处，在于对伊斯玛仪派（Ismaili）信仰的渴慕。"他们（伊斯玛仪派信徒）通过特别的方式谈论、体会灵魂与心智，而他（父亲）和我的兄弟就是从他们那儿听闻了这些东西。"[10]

11世纪时，布哈拉的这些伊斯玛仪派信徒是些什么人？过去几十年间，学者们找出了比已知的多上许多的伊斯玛仪派文献，拼凑出了伊斯玛仪派的信仰与发展。就伊斯兰信仰而言，政治权力、道德权威和宗教信仰的密切关联让"权力的正统性"成了信仰里最核心的议题。什叶派质疑所有非穆罕默德家族出身的哈里发有继承权；由于什叶派质疑11世纪从巴格达实施统治的哈里发拥有正统性，也质疑那些早于巴格达政权的哈里发国，诸什叶派别的人几乎从根本上就是反抗的中心。有些什叶派信徒提倡并从事公开反抗，其他人则资助台面下的政治抵抗。什叶派的人也倾向远离巴格达，远离哈里发的首都去发展。伊斯玛仪派是什叶派的一个派别，特别强调《古兰经》里写的真理所具有的"秘密"性质，并强调特别的灵性导师伊玛目（imam）对于学习那些隐藏真理的重要性。伊斯玛仪派也相信理性与思维能力是了解灵性真理的方式，相信世界有理性的基础。[11] 伊本·西拿年少时，伊斯玛仪派正秘密派遣受过教育的灵性导师前往外省城镇宣传教义。这些人多半能成功让上层阶级的家庭改变信仰，冒着失去自己在政府里官位的危险来坚持这些观点。在布哈拉，有些家庭会在私底下与导师们讨论伊斯玛仪理性主义，而伊本·西拿一家似乎正是其中一分子。[12]

伊本·西拿的自传中提到，当他还是个少年时，他父亲就送他去跟当地某位杂货商学习"印度算术"（会使用"零"），跟一位有名的老师学哲学，跟当地的法官学伊斯兰律法。伊本·西拿就像数学家花剌子模以及其他数以千计行走于亚洲世界的人一样，拿波菲利❶的《范畴篇导论》（*Isagog*）——从波斯流行到西班牙的亚里士多德逻辑学导论——来继续自己的学业。伊本·西拿针对标准的问题提出了优雅而出人意料的解法，显然他非常聪明。接下来，伊本·西拿迅速解决了欧几里得的《几何原本》（*Elements of Geometry*），很快就超越了自己老师的理解。他遥想那时："他（老师）对这本书更深奥的部分也没有什么了解。所以，我就开始自己读原典，自己研究那些评注。"[13]

伊本·西拿在更复杂的题材上，继续处理更多在巴格达城之前被翻译出来的古希腊、罗马经典。他深入托勒密谈天文数学的书，把演算一个接一个解决，更读遍了关于自然科学与形而上学的文献。[14]

有一点很重要：书虽然是在巴格达翻译的，但在巴格达以东超过一千英里外的布哈拉却很容易找到这些书，也不难买。下面这则自传里的逸事就描绘了一处人声鼎沸的书市。

一天下午，我在买书的地方，当时有个小贩手上拿着一本书大声叫卖着。他把书拿给我看，但我觉得书里不会有什么重要内容，所以不耐烦地拒绝了他。但他对我说："买嘛，书的主人很需要钱，所以便宜卖书。我卖你三迪拉姆（dirham）就好。"我就把书买了下来。[15]

---

❶【译注】指波菲利（Porphyry of Tyre, 234—305），新柏拉图主义哲学家。其《范畴篇导论》拉丁文译本成为中世纪欧洲逻辑学的课本。

伊本·西拿接着念起了医学，而且很快就上手了。医学课本多半来自古希腊与罗马，然后被翻译为阿拉伯文与波斯文。

医学算不上困难的学科，所以我没花什么时间就上手了，许多有名的外科医生还来跟我学医。我很关心病人，有几家医院的大门也为我而开，那些医院医生的医术高明得难以言喻，只能从实践中学。[16]

伊本·西拿十六岁了。当时的他全心全意投入学习以亚里士多德形而上学为主的哲学典籍。不到几个月，他就得到了千载难逢的机会。国王召见他来治自己的病，因为宫廷里的医生们都束手无策。后来国王的病完全好了，为了答谢伊本·西拿，国王便允许他使用王家图书馆。

我获准进入一栋有许多房间的建筑物，每一个房间里都有一层层叠上去的书橱。其中一间房放的都是阿拉伯语言与创作的书，另一间房放的则是法学，诸如此类，每间房都放一种学科的书。于是我把古人写的图书目录浏览了一遍，请人把我需要的每一本书都拿给我。[17]

想想看，这里是布哈拉。布哈拉虽然是个重要的地方城市，但这里不是巴格达，不是大马士革，也不是德里，可是国王却有许多间放满了经过整理、造册的书籍与上千部文献的房间。就从伊本·西拿自传里这个段落，我们便能一窥当时知识网络的深度与广度。

伊本·西拿在接下来的四年里担任宫廷医生，同时笔耕不辍。他的第一本书《善行与恶行》（*Good Works and Evil*）谈的是伦理学。接下来的两本书，都是应地方上受教育的人所请而著。就算身处距巴格达遥远的城市里，有教养、识字的上层人士仍然关心各种学问与哲学。拥有、熟习这些书则是身份地位的重要象征。政府与国王会为游历各地、传播各方知识的学者与教师提供职位。伊本・西拿少年时的哲学老师就继续前往靠近里海东岸、规模虽小但人情练达的戈尔甘宫廷。[18] 在这段时期，伊本・西拿建立起他终其一生所使用的基本哲学框架与实践方法。他相信直观洞见对于周遭世界的理性运作也能派上用场，同时也用饮酒、祈祷与有引导的梦境来解决棘手的问题。

伊本・西拿在自己的回忆录里，以及后来的著作中零星提到的书籍，把他跟新柏拉图主义（Neo-Platonism）的哲学传统直接联系在一起。要了解伊本・西拿的旅途及其面临的风险，我们就得稍微跟新柏拉图主义连接在一起。这种哲学取径是对柏拉图著作的重新思考，活跃的时间大约从公元 300 年一直到公元 529 年其学院关闭为止。他们之所以叫"新"柏拉图主义者，是因为柏拉图写作的时间，要比学院在罗马成立一事早了七百年。

柏拉图的"理型"（Forms）观念对了解这一流派的哲学思考非常关键。"理型"是不会改变的理想形态，不会因为真实世界里日常的混乱细节而有一丝减损。就拿椅子来说：椅子有上千种特定的形貌，但不管怎么说，这些都是椅子，拥有某些不同于其他东西的共同特质。"椅子的理型"就是那种呈现于任何特定的椅子上，同时也能涵盖所有这些椅子的完美概念。

对于包括伊本・西拿在内的新柏拉图主义者来说，哲学问题的核心是要解释"永恒不变的神"与"不断变化且有缺陷的世界"之间的关系。人们将柏拉图的"理型"视为神与世界的桥梁或中介。当时，从西班牙横跨北非、中东地区到中亚，众人对这个中心问题的表达方式有着普遍一致的看法，对解决问题的途径也有共同的认知。从新柏拉图主义被人译成阿拉伯文到伊本・西拿出生的这两百年间，三位阿拉伯哲学巨擘——肯迪❶、拉齐与法拉比❷——也是在同一套框架内处理这个问题。[19]

神与"理型"和"无常的物质世界"的关系是探讨的重点。一般而言，人们不单是用逻辑的方式，也会用物质的方式来理解这些关系。神〔或者是某些著作中所说的"唯一"（the One）或"那有智慧的"（the Intellect）〕与尘世距离最远。"唯一"的所作所为，创造出了与尘世距离较近的"理型"。个人的心灵距离尘世更近，得以思索完美的理型与无常的世界。肉体则受到此时此地的政治局势、战争、罪恶与死亡的控制。在伊本·西拿与新柏拉图主义者眼里，较高和较低的领域全都能反映出"神"，而且对哲学研究而言也都是合适的主题。了解"理型"虽然重要，但懂得政治、社会、岩石、植物和人类身体的运作方式也同样重要。[20]

这种新柏拉图主义式的看法带来了许多问题。神在"理型"的创造过程中涉入有多深？灵魂要放在哪个位置？把"理型"落实到这个不完美的物质世界时，个人扮演了什么样的角色？灵魂应该有恰如其分的道德举动吗？对穆斯林来说，还有好几个额外的问题：《古兰经》里"神直接参与世界的创造"的说法，跟柏拉图把神与世界分开的做法要如何整合？《古兰经》里坐在宝座上的神，要怎么跟柏拉图那种没有形状、

---

❶【译注】阿布·尤素夫·雅库布·伊本·伊斯哈格·萨巴赫·肯迪（Abū Yūsuf Ya'qūb ibn'Ishāq as-Sabbāh al-Kindī, 801—873），阿拉伯数学家、物理学家、音乐家，也是首位穆斯林亚里士多德学派哲学家，将古希腊哲学推广到阿拉伯世界。

❷【译注】阿布·那萨尔·穆罕默德·伊本·穆罕默德·法拉比（Abū Nasr Muhammad ibn Muhammad Fārābī, 827—950），波斯数学家，政治哲学家，形而上学、伦理学与逻辑学学家。由于他对许多古希腊哲学作品撰写的论文评注流传甚广，许多古希腊原典得以保存。

没有结构的神达成一致？以理性为基础的知识要如何跟《古兰经》的天启合而为一？

　　表面上，这些哲学研究简直不切实际，但实情并非如此。它们其实反映了当时政治局势背后的争端。比方说，这个时人广泛讨论的重要问题有个解决方式，是假定"神时时刻刻都在创造，创造了甚至小到原子的一切"。这个论点可是意味深长。既然神随时都能改变他创造的方式，那么推理、研究自然或试图了解人类行为模式就没有意义了。自由意志不存在，而人也没有特别重要之处。"神创造了一切"则是另一项立论基础。一旦创造过程开始，万物就都各有其原因，各有其影响，也因而是可以改变的。如此一来，人所能察觉到的东西也就不会有永恒的模式。出于同样的道理，人的推理能力对了解周遭世界一点用都没有。而第三种论点则认为"人就是无法了解神、理型，也无法了解神与尘世的关系"。人所要做的，就是接受超验、无法窥测的神，服从神的律法，祈祷，然后期待神的垂怜。这几种哲学立场全都提倡"权威"高于理性，服从甚于怀疑。这三种立场也都获得各个教派、国王与军队的支持。而他们在伊本·西拿所处时代中的宗教战争里也都插上了一脚。

　　伊本·西拿驳斥上述所有论点，这让他付出了很大的代价。他写信给整个亚洲世界的学术同行，也在书里和文章里提出自己的看法。伊本·西拿相信人类理性所具有的力量，既相信人有理解周遭世界的可能性，也相信人有了解人与"理型"、人与神关系的能力。他主张人所要做的，就是去领会自然与社会在这个可以理解的理性世界里的模式，借此领会世界本有的神性。以尽可能简单的方式探索最困难的问题，并利用推理与心智来决定最好的答案，这就是人的义务。全体人类都可以通过智慧的突破而进步。这里不可能大范围讨论伊本·西拿的哲学研究，我们只能说，他的著作探索了一整套新柏拉图主义的体系，从神到人体血液流动都囊括在内。伊本·西拿写过至少五十本书，这还只是其自传所附的简短著作目录里列出来的；其他版传记附了比较长的著作清单，根据其中所列，他很有可能写过超过一百本书。而三分之二以上的书都在讨论形而上学、伦理学与逻辑学。伊本·西拿也针对几个特定的医学主题写过研究结果，例如心脏病疗法、绞痛与相思病，甚至写了一部重要的医学百科。他也写诗，还写过好几本谈天文观测仪器与几何问题的书，他还有一本书讲的是部队的管理。[21]

伊本·西拿的医学著作内容同时得自他当医生的经验、见识过的周遭人所使用的医疗手段，以及从盖伦到亚里士多德的古希腊、罗马知识。他的巨著《医典》（*Canon of Medicine*）开篇就是医生的工作内容：首先要了解个别的病人，其次是分析症状与病因，最后才开始治疗。分析时要从火、风、土、水四种体液开始。如果是个身体健康、心智健全的人，那么体液多半都会留在它们该在的器官里。人也会因为受此种或彼种体液主导影响而有所不同——或热、或冷、或干、或湿。受过训练的医生能够用例如检查呼吸甚至是观察头发颜色的方式来了解病人的情绪，这两种方法可以把病人大致分为热或冷、湿或干的类型。各种体液之间的不平衡，呼吸的气息在体内的移动受到阻碍，或是器官内部与周围能量的流动受到限制，都会造成疾病。治疗的方式有强化或抑制体液、刺激特定的器官，或是改变呼吸的方式和呼吸的动作。让身体跟体内或体外更高层的灵魂，或是跟自然中的神灵有更好的配合，也是种治疗方式。[22]伊本·西拿解释了如何改善呼吸：

比方说，酒能以滋养的方式让呼吸恢复；珍珠与蚕丝（能抵消冲突的事物）则能为呼吸带来清亮与明快；余甘子、琥珀与珊瑚能让气息稳固，防止气息快速消散；多椰菊属的植物则能提供热能，改善气

息的性质。²³

　　伊本·西拿的《医典》最引人注目的特色，是热带植物和衍生处方在一大段复方疗法中的数量。光是我们能轻易辨认出来的就有三十多种，完整的数量想必更多。伊本·西拿从实际运作的贸易网络中汲取知识，也正是这面网络将这些药物以及使用药物的知识带到了中东与中亚。伊本·西拿也在盖伦与亚里士多德的处方中融入了大亚洲世界里发明、改良过的医学知识。不过伊本·西拿很难称得上是注意到并运用这些热带药物的第一人，毕竟这些药物已经用了超过百年了。比方说，伊本·西拿描述的多数药物，已经在一本来自9世纪的巴格达谈治疗方法的书里出现过了。²⁴

　　那么，这位天赋异禀的哲人医生，究竟为什么会被人关在哈玛丹城外的城堡里呢？他虽然想过着研究与写作的平凡一生，却被卷入王朝冲突以及远非他所能掌控的政治局势中。他的自传仅轻描淡写道："情势所需把我带到了那萨（Nasa），从那萨去巴瓦德（Baward），接着到图斯（Tus），转往萨玛干（Samaqan），再转往呼罗珊地区最边境的贾拉尔姆（Jararm），然后则是戈尔甘。"²⁵❶其他的史料提供了更完整的情况。伊本·西拿是要逃离阿富汗国王，即伽色尼的马哈茂德（Mahmud of Ghazni）迅速扩张的王国。马哈茂德写信给庇护伊本·西拿的几个国王，表示他想让这位哲学家为自己的宫廷增添光彩。但伊本·西拿听出了弦外之音。马哈茂德的正统派宫廷不太可能热情欢迎伊本·西拿身上人文

---

❶【原注】除了戈尔甘外，这几个地名就连在伊本·西拿的时代，指的也都是相当小的地方。有些已经消失了。读者可以参照本章里的地图来了解这些地方的大略位置。

主义、理性思考的烙印。[26] 伊本·西拿猜想，自己大概会是个让马哈茂德的宫廷"蓬荜生辉"的犯人。

从公元 1010 年到 1017 年，伊本·西拿和自己忠实的学生尤兹扎尼（Juzjani）就停留在马哈茂德帝国前沿之外的地方，从一个首都去另一个首都，朝着更西、更南的地方走。伊本·西拿依旧洞若观火，深知自己对任何一处宫廷来说既是资产，也是负担。

我长得这么大，大到没有城市能容我身，可每一个兜售我的人却都把我的身价标得这么高。[27]

即便颠沛流离、凶险不断，但伊本·西拿无论到哪里，都持续写作，讨论哲学，与人通信。他先是待在靠近今天德黑兰的雷伊，这里的人拖延了马哈茂德几年的时间；接着他往东到了加兹温（Qazvin），最后往南抵达哈玛丹，成为哈玛丹统治者——也是雷伊统治者的兄弟——沙姆斯·道莱（Shams al-Dawla）的好友与官员。伊本·西拿伴着国王一同出征，他也根据这样的经验写下了《部队管理》（*The Management of Troops*）。

可就连在沙姆斯·道莱充满善意的宫廷里，伊本·西拿还是有敌人。有一次，敌军在离首都有一段距离的地方击败了国王，国王于是指派伊本·西拿代管民政与军政。但军队哗变，反抗他的领导。

他们包围了他家，把他关进监狱，洗劫他的东西，抢了他所有的财产，甚至还要求埃米尔处死他。埃米尔拒绝处刑，但他迫切想安抚这些士兵，于是达成妥协，把伊本·西拿放逐出去。[28]

伊本·西拿在朋友家躲了四十天，躲过了驱逐出境的命令。等到国王需要治疗的时候，这个命令才被撤销。

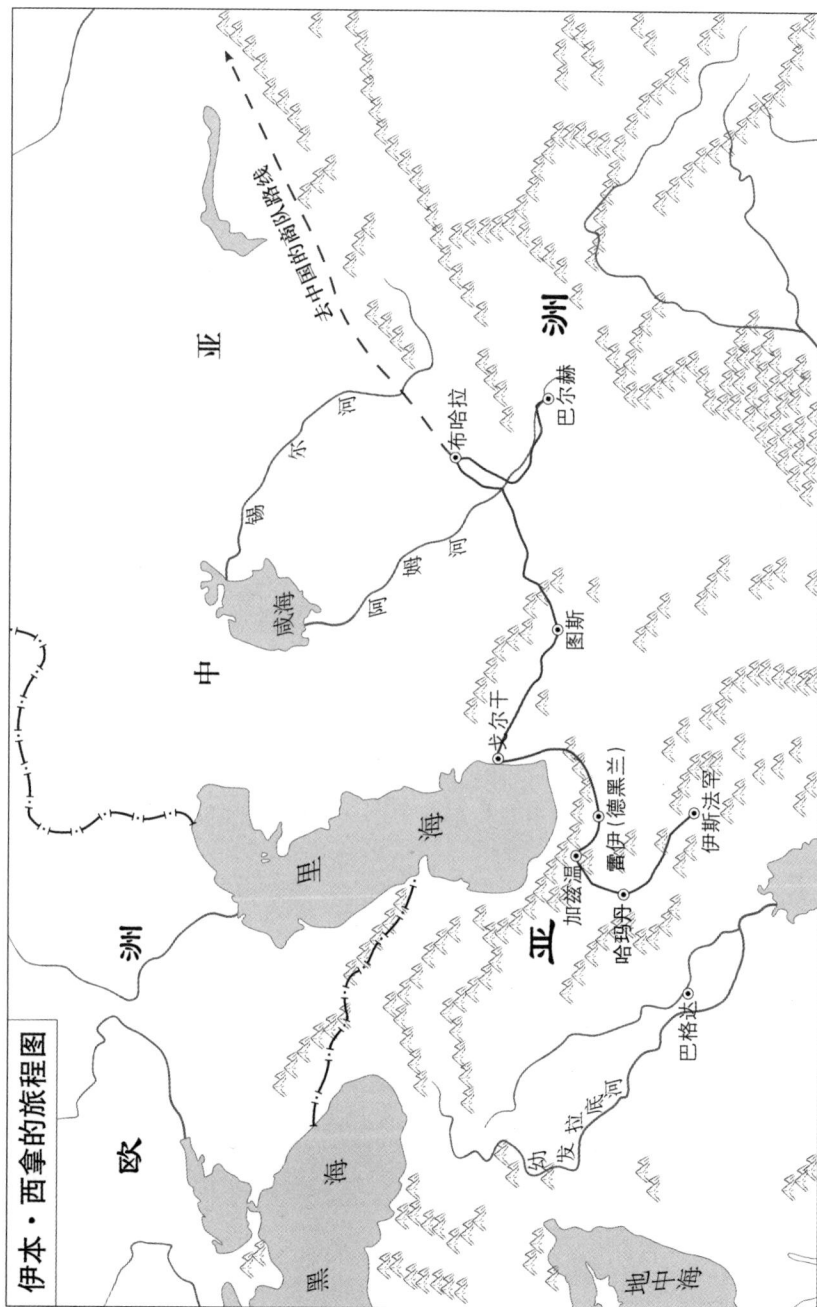

伊本·西拿的旅程图

去中国的商队路线

亚

中

欧 洲

洲

亚 洲

咸海

里 海

黑 海

地 中 海

锡 尔 河

阿 姆 河

布哈拉

巴尔赫

图斯

戈尔干

加兹温

哈玛丹

雷伊（德黑兰）

伊斯法罕

巴格达

幼 发 拉 底 河

沙姆斯·道莱死于公元 1021 年，伊本·西拿不相信其年轻的继承人能够保护他不受宫廷里一部分反对他理性思想的人，或是不受马哈茂德迫害。这位哲学家开始跟东南方两百英里的伊斯法罕（Esfahan）国王秘密通信——他可是哈玛丹的死对头。当伊本·西拿在宫廷里的敌人揭露他通信的事以后，国王便依叛国罪将他逮捕下狱。四个月后，伊本·西拿跟尤兹扎尼假扮成苏非（Sufi）托钵僧，设法逃到了伊斯法罕。

伊本·西拿知道，他的世界已经变了。团结一心的哈里发国、对翻译希腊文的慷慨解囊、无所不包的哲学论辩与科学研究都成了明日黄花。在当时许多哈里发国的继承国里，掌握大权的不是研究，也不是哲学讨论，而是正统派。

伊本·西拿在伊斯法罕得到王子阿拉·道莱（Ala al-Dawla）的保护，度过他生命的最后十五年；他很喜欢这位王子，还曾公开赞美他。伊本·西拿在那里经历了马哈茂德的胜利、失败，然后在 1031 年庆祝马哈茂德的死。他还在自传里说，他因为自己的付出与著作而得到了"多不胜数的荣袍"。[29]

伊本·西拿的兄弟和尤兹扎尼在伊斯法罕陪伴着他。就在伊斯法罕，伊本·西拿完成了他的医学百科以及最包罗万象的哲学作品——《治心》（Shifa，治疗"心灵"）；他曾在巴格达流传的亚里士多德思想中找到了错误，而这本书就是他对此所做的不朽回应。他还写了《指点之书》（The Book of Hints and Pointers），充分表达了他的哲学思想。还有一本书特别耐人寻味，也就是他为那位王子所写的科学书；这书不像他其他所有以阿拉伯文书就的书，而是用的大方明快的波斯文。当波斯语在两百年前成为整个中亚，甚至成为印度的公用语时，其实也就注定了他能流利使用这两种语言。

公元 1037 年伊本·西拿过世，从其思想在其死后传播的情况，我们就能感受到这个知识世界有多宽广，交流又有多么密切。1100 年时，顶尖的波斯哲学家就已经在评注伊本·西拿的著作了。到了伊斯兰世界的最西端——西班牙——伊本·西拿对犹太思想家而言，就像对穆斯林来说一样有名。12 世纪初，伟大的犹太思想家摩西·迈蒙尼德（Moses Maimonides）的著作里就表现出他对伊本·西拿作品的熟稔。

公元 1200 年以前，伊本·西拿的《治心》已经出现在西班牙；不久之后，这部作品与其他著作的译作也踏上了意大利，促成对哲学作品的评论。其中有个翻译者把伊本·西拿改作"阿维森纳"（Avicenna），对基督教欧洲来说，这个名字显然比穆斯林的名字更能让人接受。甚至有许多欧洲人以为阿维森纳来自西班牙，而不是遥远的波斯那一端。

伊本·西拿的书很快就传到了北方。当时一位杰出的思想家，即巴黎主教威廉（William of Auvergne），便表现出对伊本·西拿一定程度的了解。而两位欧洲中世纪哲学大家——曾经在 13 世纪后半叶走遍今天法国、比利时与德国的大阿尔伯特（Albert the Great），以及托马斯·阿奎那（Thomas Aquinas）——对伊本·西拿的部分著作也同样熟悉，甚至还评论过这些作品。伊本·西拿的医学百科《医典》成为欧洲大陆四百多年来的医学课本。直到 13 世纪以前，他谈矿物的书都还是欧洲地质学的主要参考资料。

伊本·西拿的著作同样也在不列颠地区流传着，尤其是牛津一地与国王亨利二世（Henry Ⅱ）的宫廷里。当时，巴黎与牛津两地的思想家之间有相当密切的交流，好几个人都有可能把伊本·西拿的书从法国带到英格兰。后来到了 13 世纪，不列颠的重要哲学家罗杰·培根（Roger Bacon）对伊本·西拿的作品也很了解。[30] 早期不列颠地区翻译阿拉伯文献的一位译者阿德拉德（Adelard），写下了这段对阿拉伯哲学地位的动人赞誉：

　　所以人们如是说，哲学家的家园在第一个地区（亦即靠近赤道之地）
有它理所当然的地位。当地所有的种子都会自己生长，居民总是行正义之事，
讲的也都是真理。[31]

　　综观整个中世纪，伊本·西拿的作品在哲学领域中一直都很重要。有
超过二十部的中世纪选集几乎完好无缺地流传至今，有些是阿拉伯文的，
但更多是拉丁文的。他的医学百科是头几部在欧洲印刷出来的书［时间是
1485 年，只比古腾堡圣经（*Gutenberg Bible*）晚了二十几年］。即便到了
今天，伊本·西拿仍然是哲学界一号屹立不倒、能刺激创造力的人物。光
是在 20 世纪最后的三十年里，他的著作就刺激出了超过两千篇用英文、法
文、土耳其文、阿拉伯文、波斯文、德文、俄文、意大利文与斯堪的纳维
亚语言写就的学术论文。[32] 学者之所以这么有兴趣，其实是有充分原因的。
无论是今天，还是在一千年前，伊本·西拿探讨过的问题对任何一个相信
神的人而言都一样重要。完满无缺的神与复杂、无常的宇宙，究竟跟这个
显然并不完美的世界之间是什么关系？在今天针对"智能设计论"（intelligent
design）的讨论里，所有的逻辑论证都早就被几百年前的伊本·西拿与新柏
拉图主义者分析过了。
　　伊本·西拿的一生与著作，呈现了从西班牙到中亚的穆斯林精英在
学术奉献上的深度。罗马衰亡之后，学术世界便转移到了亚洲世界，古
希腊的知识在那儿得到翻译、评论、发展，最终也被人超越。伊本·西
拿这位哲学家兼医生，是一整群从宫廷到宫廷、投身学术论辩、从事写作、
提供切实建议的学者中杰出的一员。新柏拉图主义包罗一切的世界观，
让论辩能够跨越宗教、宗派以及各个王国。这个知性世界包容的程度让

人赞叹，西班牙犹太人写的书、巴格达基督徒写的信，以及波斯人所做的评注都包括在内。而其好奇心的范围之广也令人惊叹，无论是研究植物、医学、风俗、统治、数学、地理、矿物，还是人类存在的根本哲学问题，都在其中之列。

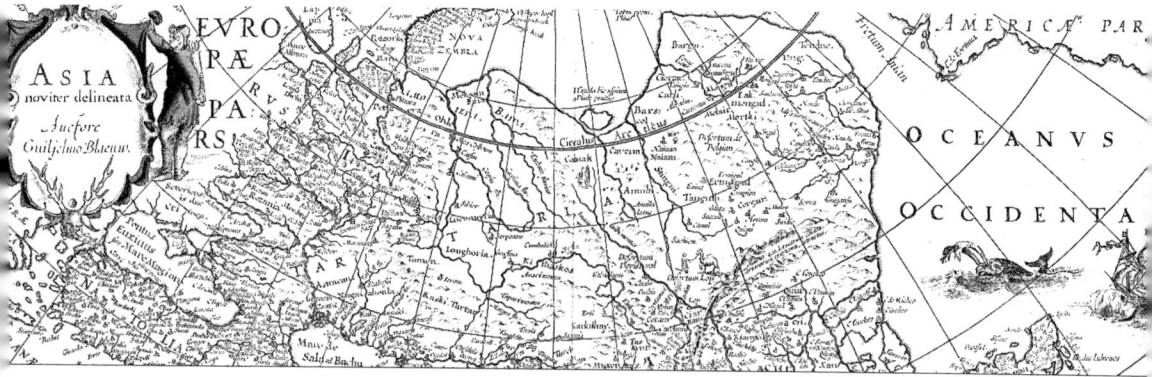

第四章

银两与船货：印坦沉船

约公元 1000 年

约莫是伊本·西拿人在布哈拉念哲学之时，有艘船在东南方大概六千英里的爪哇海上沉没了。一千年的历史距离，让我们无法确切得知发生了什么事。但某几种风险可以忽略不计。船航离岸边四十五英里开外，附近也没有任何礁岩。其实，这里的海床是一片平坦无物的泥土。突如其来的暴风雨才是最有可能的飞来横祸。或许这是艘旧船，船身并没有弯曲，而是断裂。这些姓名不详的水手与商人距离他们在西爪哇岛的港口只差一百五十英里。他们没有留下任何回忆录，留下来的，只有他们的骨骸和财物。不过，近来的研究成果却能让我们像读回忆录般解读这艘遇难的船只，同时追溯这些货物的源头，其中有些货物的产地甚至远到伊本·法德兰与伊本·西拿身处的中东地区。[01]❶

　　这是艘什么类型的船？船是木造的，用的是东南亚的木材与设计。整

---

❶【原注】英格兰籍水下考古人员迈克尔·弗莱克（Michael Flecker）先是以印坦（Intan）考古挖掘的结果、大多数的背景材料以及延伸研究写成博士论文，后来也出版过。

艘船全长九十英尺（1 英尺合 0.3048 米）、宽二十五英尺，吃水三百吨，采用的不是典型中国船只的平底，而是 V 型的龙骨。这艘船最令人印象深刻的特色，在于造船的人没有使用铁制的材料。他们先是凿刻好龙骨，接着裁出弯曲的木板并排列整齐，用来构成船身，排好的木板则靠边上的暗榫接合在一起。造船师傅在木板的内侧留好对准位置的记号，然后打眼。横梁（桨手的坐板）放上来以后，再用棕榈纤维编的绳子跟做了记号的位置紧紧绑在一起。坐板之间垂直捆绑着，好让板材保持牢靠。这些船多半用三到四面帆，在船的其中一侧后四分之三的地方还有一具大型的舵。10 世纪时，这样的船只在东南亚的大岛港口与小岛之间定期航行，数量即便没有上千，也有上百。[02]❶ 这些船使用当地原料，轻巧优雅的设计让它们能在大浪中曲屈，却不会粉碎。[03]

　　当时没有沉船打捞这回事，就连最值钱的货物，也在南中国海海底躺了上千年。船蛆吃了外露的木材，船货散了出来，最重的沉在一起，轻一点的东西则飘得愈来愈远。船的残骸虽然饱经腐蚀，却保护底下的黏土不受海流冲刷，最终在海床上形成了小丘。

　　是鸟找到了沉船。当地渔民看见了群集的水鸟。哪里有鸟，哪里就有鱼。任何从海床中搅动出来的东西周围都会有鱼聚集。印尼渔民知道，无论在开放海域的哪个地方捕到珊瑚礁鱼种，底下都可能有沉船；他们也都知道，沉船上的陶瓷器与人工制品要比鱼值钱得太多了。

---

❶【原注】最近几年有超过十多艘沉船的位置得到大致确认或精确定位。苏富比拍卖行（Sotheby's）有一回拍卖了超过三万件上好的中国瓷器，这些瓷器主要来自菲律宾海域大约十五艘的沉船。2004 年，一家德文周报报道了一艘唐代的沉船，与印坦沉船就位于同一个地区。船上载有大批的中国瓷器、金器与金镶饰。

1996 年，雅加达古董店出现了一批古代陶瓷器，这让政府警觉到有人找到了沉船。船骸所在的深度（七十五英尺）与相对短的潜水季节拖慢了抢宝的步调，也让海军有时间逮捕潜水者。印尼政府沉船打捞委员会指派当地的打捞公司与一支德国挖掘队合作，进行全面的考古行动。考古队伍框定了遗址位置，打捞起超过两千七百件的重要历史文物。[04]

船底有上千磅（1 磅合 0.4536 千克）的锡，全都是出产于马来半岛西北部的吉打（Kedah）、做上了记号的矮胖金字塔形小锡块。10 世纪时，锡就像金一样是开采出来的。人们磨碎、清洗含有锡的矿石——而且很可能都是以手工的方式进行——比较重的氧化锡则会沉到洗矿槽底。矿工也会到河里淘含有锡的卵石。这两种方式生产的氧化锡接下来都会被熔成锡锭。沉船上的锡锭是要运到爪哇的，因为当地完全不产金属。

在船难发生的年代，青铜是一种用途相当广泛的金属，而锡是青铜的原料，也因此非常重要。人们用青铜铸成雕像与宗教器物、臼和门链等简单的家用物品、珠宝，以及武器。印度、中东以及东南亚等地都有铸造含锡量高的青铜钱币。中东地区的阿拉伯人对吉打也不陌生。地理学者阿布·达拉夫（Abu Dalaf）便在公元 940 年写道："全世界没有哪里的锡矿能够跟卡拉（Kalah，指吉打）的一较高下。"[05]

船上有许多部分含锡的商品。海床上有两批镜子。其中一批质量较差，是典型的印尼设计。另一批质量较好的镜子则产于中国。对于这两批镜子来说，锡都是重要的材料。中国制的镜子含有百分之二十五的锡，加入铜与铅中。[06] 这种混合方式创造出了一种质硬且脆的金属，兼有光彩动人的打磨镜面。看起来，马来地区的锡是以锡锭的形状被运到中国，熔制成特殊的合金，然后铸成像镜子这样的高价商品，其中有一些更是再出口到东南亚。10 世纪的东南亚有几个大型王国。中南半岛上有四个：新出现在上缅甸的蒲甘（Pagan）、柬埔寨的吴哥、越南中南部的占婆

印坦沉船船货产地

大　平　洋

大　洋　洲

亚　　洲

中　　国

喜马拉雅山脉

孟加拉

吉吉拉特

阿拉伯海

波斯湾

东

中

红海

非　洲

印　度　洋

佛教器具

棉布

陶瓷、玻璃

锡

金

铜器、器皿

锌、硫

珍珠

（Champa），以及稍后出现在越南北部的大越。[07] 这几个王国皆仰赖稻米种植，以首都邻近地区增加的人口为立国根本，它们也都是发展成熟、宫廷仪式繁复之地。[08] 岛屿上，则有掌握着贸易的室利佛逝（Srivijaya），这个难以捉摸的政权或许是以苏门答腊为其根据地。至于爪哇岛中部的国家马塔兰（Mataram），今天的学者对其国力与大小的看法分歧仍深；马塔兰显然是以无灌溉的稻米种植为经济基础，这个国家还打造了婆罗浮屠（Borobudur）——一座小山丘，上面铺满了雕有佛教主题的石板。[09] 婆罗浮屠上有块石板，上面刻画了一名衣着考究的宫廷女子，这名女子正用沉船上找到的那种镜子来化妆、绑头发。[10] 而她所穿戴的珠宝，也与沉船地点找到的三十多个金戒指、无数的金耳环、坠饰与串珠有着类似的风格。由此可知，锡与金对这段时间整个东南亚的宫廷文化展现都很关键。

中国制的镜子仅仅暗示了锡贸易的复杂程度，以及青铜器对思想与文化表现的重要性。负责打捞工作的潜水员也捞起了一尊小小的青铜佛陀立像。佛像的风格与当时印度东部的风格非常类似。[11] 由于孟加拉不产锡，商人很有可能把吉打的锡带到孟加拉，在那里熔制合金，并铸成这种雕像。船上还载了几个用来做小型佛龛的模子。这种迷你佛龛是以青铜或陶瓷为材料，在爪哇当地制成，供佛教徒所用；它们也跟那位拿着自己镜子的小姐一样，出现在婆罗浮屠山上的石板雕刻上。

沉船上找到的佛像，让一段悠久的传统跃然纸上。10 世纪时，佛教与印度教的法器与思想已经沿贸易路线来到东南亚，时间至少有五百年以上了。在玄奘印度行之前的一个世纪，一位名叫法显的中国朝圣僧也怀抱着对佛典的类似追寻，去了印度。他搭乘一艘印度船只，借道于经由整个东南亚的水路回到了中国。假如他曾探访过缅甸、印尼、泰国、越南、柬埔寨与老挝的话，他一定会碰上许多历史悠久的佛寺、佛塔与挂单处，就跟在丝路上以及印度当地一样。[12] 至少在 10 世纪以前，东南亚的各个大王国都有了显著的佛教或印度教特征。东南亚的国王们一如丝路沿线的王者，同样在佛教信仰中发现了共通的好处——超越族群忠诚的王权新愿景，以及一连串能促进贸易的场所。[13]

　　佛教也像在丝路与印度那样，与东南亚当地的传统融合在一起。比方说，虽然柬埔寨吴哥王国（公元 802 年至 1432 年）与印度的佛教建筑在风格上有许多类似之处，但它们却有不同的作用。这些建筑不是为了某种佛舍利，比方说佛牙、佛陀僧衣的碎片，或是佛陀的乞食钵而建。吴哥多数的大型建筑是盖来作为先王的陵墓用的，通常是由先王的继承人所兴建。碑文都在称颂先王，仅略为提及佛陀。这种祖先崇拜是东南亚的特色，并非佛教重镇印度的作风。[14]

　　东南亚地区和当时佛教的各个支派都有互动。[15]❶打捞沉船的人找到了一大堆与金刚乘［Vajrayana，或称谭崔佛教（Tantric Buddhism）］❷有关的法器，例如法铃以及独一无二的矛形权杖。这些教派在印度东部有长远的历史，但在 10 世纪的东南亚也同样兴盛，同时与其他发展更早的佛教教派为了得到赞助而竞争。佛教的金刚乘也正是在这个时候传入了西藏。而 9 世纪爪哇中部婆罗浮屠的佛教遗迹里，赞助人委托雕塑在好几块石板上的，恰好就是这种权杖。[16]

---

❶【原注】就拿越南北部为例，北越当时早已是唐帝国的行政区，当地的佛教寺院也和中国的佛教教派有密切的关联。大约就在沉船事件发生时，越南成功脱离中国，并发展出属于当地的佛教教派。

❷【译注】公元 5 世纪前后，印度出现了谭崔（Tantra）神秘信仰，注重仪式与冥想，强调师徒之间的秘密传授。谭崔信仰的实践方式逐渐影响其他宗教，包括佛教，此即金刚乘，亦称谭崔佛教。

　　船上的其他器物似乎和一些发源于印度的仪式有关：如青铜制狮头尖饰、青铜制莲花花苞，以及仪式用的长矛与杯盘。几样东西中最让人赞叹的，是一对镂空雕花的黄铜门链与门饰。木头的部分腐朽了，但黄铜配件的大小对一般房子来说却又太大。[17] 这扇门或许是为了爪哇岛上某个香火鼎盛的宗教圣地而造。许许多多的印度教与佛教教派都在竞争王室的赞助与信徒的数量。❶ 这种盘根错节的宗教实践与政治对抗，似乎跟伊本·法德兰与伊本·西拿两人经历过的伊斯兰派系紧张相当类似。

　　最后一点：锡显然也熔在一开始放在船舱里的上千磅青铜合金锭里。这些青铜块全都是圆顶状，但大小或重量并不一致。青铜熔化之后，会倒进沙地上简单挖的坑里。考古证据暗示这些金属锭并非用新开采的矿石所制，而是用熔化的青铜器浇铸而成。放在货舱的这些青铜锭旁边还有一些青铜器的破片。这些破片或许只是还没有熔铸成块状，而且有可能正在被送往爪哇的路上，似乎是要用来再造为各式各样的家庭用品与神器。

　　整套复杂的锡贸易除了一开始的采矿与冶炼以外，还包括搜集破损的青铜器，把它们熔铸成锭，用船运到整个亚洲世界，然后重新铸成新的器具，而这或许是几个世纪以来一再重复的过程。每一磅所耗费的大量人力资源都让青铜变得非常贵重，贵重到回收再利用的做法成为经济上的必然措施。[18]除了青铜以外，黄铜破片以及铜锌合金也大量出现在船舱里。而金属器的

---

❶【原注】公元841年，中国官府重重打压许多佛教寺院，大多数的教派与中亚、印度或东南亚佛教的交流也因此愈来愈少。而最成功的教派，如净土宗与禅宗，则是接纳了最多本土文化的教派。

回收利用与重铸，也让我们很难分辨当时任何一件器物是从遥远的地方而来，还是在当地制造。

海床上还找到另一种金属锭——来自中国的银。有些银锭上的刻文写着"盐税上色银伍拾贰两专知官陈训"。银发现的情况与锡不同，锡锭集中在沉船地点中心，而银却在考古区中许多地方被发现，这表示银不是装在一块儿；或许是船上好几名商人各自带了几块。[19] 潜水员还找到四散各处的中国银币，以及数量不满一握的金币。商人进行交易时显然无须大量中国货币。沉船没有出现大量的外地货币，暗示了商人是以情势相对稳定的地方大型王国的通货来进行交易。

船上的铁也同样来自中国，包括铁锭、铁锅与铁制枪尖。当时只有中国具备高效的铸铁工序，能和东南亚产铁地区的当地制造者竞争。考古学家过去从大多数殖民时代前的东南亚沉船与陆地遗址中，都曾找到过中国铸铁锅。[20] ❶ 就以爪哇为例，当地在印坦沉船之后好几百年的时间都未曾生产铁。即便爪哇岛上有些许铁矿床，但当地却只进口其所需。[21]

潜水员取出超过两百四十五颗玻璃珠，珠子的大小、风格类似；最有趣的一点是这些珠子都是"有眼"的珠子。有一种制作玻璃珠的方法是把熔化的玻璃搓成小球。玻璃工会在玻璃还软的时候，把其他颜色的玻璃弄个好几小滴，并滴在表面上，弄出点点；然后再把另一种颜色的玻璃弄在每一个点点的中间。沉船地点的那堆玻璃珠里，主要的基底色有绿色、蓝色，少数则是棕色。点点则是白点中间加个蓝点。玻璃珠的化学成分与颜

---

❶【原注】在船难发生的时代，中国南方是政治与经济的中心。中国北方则逐渐毁于战祸与相争的军阀手上。10 世纪的最后几十年间，中国才随着宋朝的成立而统一。

色都表明其产地在伊朗，而伊朗正是当时除了中国与印度以外唯一的玻璃制作地区。[22]制作玻璃的技术已经在欧洲绝迹了好几个世纪，接下来还要两百多年才会再次出现。好几个位于泰国的考古遗址都曾挖掘出这种样式的"有眼"玻璃珠，制作年代也与沉船时代相近。[23]玻璃珠子在靠近吉打的考古遗址中也很常见，而吉打正是马来半岛上与锡有关的地区。这些长途跋涉的"有眼"玻璃珠，则是用锡与锡贸易的利润所采买的其中一种商品。

玻璃珠的买卖就像锡贸易一样，不仅复杂，而且早在沉船的时代以前就有长久的历史了。从东南亚考古挖掘中找到的最早外来商品里就有各种珠子。其中有几个甚至能上溯至公元前的遗址里曾挖掘出的产自印度、风格别具的光玉髓珠。[24]这类珠子出现在几乎所有大城市的挖掘现场，以及许许多多平淡无奇的遗迹里，时间都在沉船事件前的这一千年间。有充足的考古证据显示，直到10世纪为止，东南亚都是制作玻璃珠甚至是"有眼"玻璃珠的中心。但这些制造中心似乎只把进口的玻璃拿来做玻璃珠，本身却不熔制玻璃。沉船上也有证据能支持这种观点。潜水员在离玻璃珠不远的地方找到许多件玻璃器皿，只有极少数保持完整。考古队试图把这些器皿拼回去时，情况就很清楚了：船上运送的大多数玻璃器本来就是破片。这些或许就是东南亚制作玻璃珠的原物料。

沉船中的陶瓷器间接表明了日常用品在跨洋贸易中的重要性。考古队发现了相对少量的中国精制家用陶瓷器，如陶瓷罐、陶瓷锅与陶瓷碗。它们的数量完全被七千件粗制家用陶瓷器给压过了。多数的精制陶瓷器原先是成套成组的碗盘器皿，在今天被称为越瓷，产自现名浙江绍兴市的各个窑场。有一处时代稍早、同样做陶瓷买卖的沉船残骸中曾有六万件陶瓷器出土，其中主要都是来自同一个地区的普通陶瓷碗。[25]至于沉船上其他会朽坏的东西呢？船上有三十二个铜制大锅。铜很容易受海水侵蚀，因此残余下来的只有铜锅的把手。船上还有一批坚硬含油的石栗，在海里待了一千年后居然还保持完整，而石栗也表明了大多数的船货其实都很稀松平常。人们至今还用类似的坚果来榨灯油。

其他考古证据暗示船货中可能有两种值钱的织品，很可惜并没有在沉船里找到。我们几乎可以确定船上一定有丝，这是爪哇与苏门答腊的风雅宫廷里非常热衷的东西。10 世纪时——也就是船难发生的时候——丝绸是从中国到西班牙宫廷生活中的衣着材质首选。丝和陶瓷器一样，都是中国出口商品的重中之重。虽说丝原产于中国，但到了船难发生时，也还有其他的产丝中心。立足未稳的欧洲产丝业在公元 500 年左右夭折，但在丝路的绿洲城镇以及中东城市里，养蚕知识与抽丝仍在继续。尽管面临这些竞争，中国还是主宰了大半的丝绸贸易，尤其是在东南亚。中国制造奢华的丝织品，还掌握了各地的审美观、气候以及用途。根据许多婆罗浮屠塔庙的石板，上面所刻的织品的垂挂皱褶暗示其为丝制品。在船难发生时的爪哇，上朝的贵族都穿丝绸衣服。等到有钱的平民百姓也开始买丝时，国王便觉得有必要颁布法律，限制只有贵族能穿戴丝绸与特定颜色的衣服。[26] 他们这么做，八成是为了在贵族与平民间维持一眼就看得出来的区别，同时防止阶层差异变得模糊。

棉花是印度的主要出口商品，我们也几乎能肯定船上一定载有棉花。有许多来自中东与中国、与船难同时期的文书曾提到印度的棉花。人们近来也发现了更直接明确，也更令人雀跃不已的考古证据。好几个福斯塔特（位于开罗南方）旧城垃圾场的考古挖掘地，都挖掘出了上百件有压印图案的棉织品碎片，时间最远可追溯至 11 世纪，也有不少是来自接下来的两个世纪。开罗地区干燥的气候让这些碎布保存了将近千年之久。对捻线方式、收边风格与木版印刷图案的分析，确定了这些碎布来自印度西海岸的古吉拉特（Gujarat）。这些小碎棉布来自简便的功能性衣物，与印尼当地运用丝绸的方式非常不同。古吉拉特就像中国地区生产陶瓷的浙江省，有许多专业化的产棉、棉染、棉织中心密布于乡间。[27]

　　船难发生时，古吉拉特的各个口岸出口棉织品的传统已经相当悠久了。棉花种植与织布的情况一如丝绸，早已沿贸易路线传遍了整个亚洲世界。比方说，10世纪的爪哇就有种植棉花、织棉布。古吉拉特当地对此的反应也跟中国相去不远，会针对远方市场的需求做出细微调整。研究人员最近在东南亚岛屿上找到了大致完好的衣物，其编织和收边方式与在埃及找到的碎布完全吻合。不同之处在于颜色与雕版印刷的花纹。红色的花纹显然在印尼销量很好，而蓝色在东南亚是种不祥的颜色，蓝色花纹也就从未出现过。绿色花纹在埃及卖得不错。至于动物花纹的衣服，会运到东南亚，但不会送到信奉伊斯兰信仰的埃及。这些考古发现暗示商人不单是把古吉拉特的棉布带到遥远的土地，巴望能卖出去。情况正好相反，关于"哪些商品卖得好，哪些卖得不好"，会有详细的情报从商人那儿回流给生产商。甚至还有考古证据证明有人把印尼的花样带回古吉拉特模仿，以满足市场口味。[28]

　　在种种通常会朽坏的文物里，最让人垂思不已的或许是平常难得能发现的四十四具人类骨骸。小船沉没时，船员与乘客通常都会试着从船上逃出去；至于逃生不及的那些人，海流一般也会把他们的遗体带离沉船的地点。船要沉的时候，这些倒霉的人为什么不下船？或许他们正在底下的甲板睡觉，但他们同样很可能是被关在下面甲板的奴隶。奴隶制——有着诸多形式与诸多目的——相当普遍。东南亚就像前文提到的草原地区一样地广人稀。对于每一个想增加人口的部落或王国来说，奴役被征服者或战败者，是种行之有年的做法。亚洲的奴隶制度里囊括了奴隶主与男奴或女奴间极为多样的法律关系与实质关系——无论是在家里、商业活动中、军队中还是宫廷中皆然。奴隶也像朝圣者、商人与使节一样,在整个亚洲世界里大批大批地移动。

沉船上只留下了一些与船上其他人有关的线索。潜水员找到许多久经使用的锐利石器,这些石器很可能是水手的物品,他们打磨自己的剑和小刀来打发时间。东南亚当地就像印度东西两侧的海岸地区,那里的水手与海盗之间没有什么差别。水手跟海盗都有武器,而他们之间的不同,则要看谁才是货物或船的所有人。海盗是个挥之不去的问题,连一些与沉船同时代的东南亚碑文上都曾提到过。[29] 至于其他有关船员的线索,就只有几口用过的锅、一个鱼钩和三套杵臼。

有些少数形状特殊的青铜尖饰,是某个特定佛教教派的僧人手杖的特色。僧侣一如在玄奘的时代,从一个寺院到另一个寺院去追寻学问。晚近的研究重建了当时北印度的菩提伽耶、缅甸与斯里兰卡间的交流。[30] 散落在整处遗址的个别几只金戒指,再加上偶然找到的、为贵金属称重用的小天秤,都暗示船上有富有的商人。没有直接证据能够说明这些商人是何许人也,但他们或许都出身于东南亚。考虑到爪哇当时前后的碑文曾提到来自柬埔寨、缅甸以及印度好几个地区的商人,或许也有些商人是来自更遥远的地方。[31] 僧侣与商人有可能都识字,但直接的证据就只有潜水员找到的一些戒指,上面有蜡封,蜡封上还有字迹。

这艘船是从哪里载来种类与产地如此多元的货物?所有的货物显然都是在苏门答腊的某个转口港上船的,或许是巨港(Palembang)。货物从四面八方来到单一口岸——商人则在港口这里存放、集中这些商品——成为要运往许多不同口岸的船货。这是当时整个亚洲海上贸易的特性。在东南亚的西部,人们偏好的转口港位置会随航海技术的发展而改变。在玄奘的时代,也就是公元 400 年至 600 年前后,当时的水手显然并不具备在苏门答腊沿岸沙洲间航行的工具或技术,也无法克服马六甲海峡的海盗问题。他们把要送往印度洋的货物，在马来半岛上一个叫作克拉地峡（Isthmus of Kra）的狭窄地方卸货；会有人用河运把商品载到半岛的西侧。

到了 10 世纪时，航海技术已经有了进步，航线与港口也随之变化。登上沉船后，潜水员找到了一只罗盘碗。这项技术上的突破虽然来自中国，但也已经传遍了整个东南亚，更沿着航道传到了当时的印度。指南针是用一小块天然的磁石，也就是磁化后的铁所制，磁石安在一个小木盘上。人们后来让这种轻便的工具浮在碗里，碗壁内侧则刻上记号。罗盘极为常见。这艘沉船不过就是艘不甚特别的货船，船上就有这么一个罗盘。[32] 在沉船事件前的几百年间，船帆与船舵可能也有相当的进步。

在东南亚的岛屿上，有几个王国为了发展与控制重要港口以及随之而来的贸易税而竞争。船难发生时，苏门答腊的室利佛逝是最强大的海权国家，掌握了最重要的转口港。但在 1025 年，南印度的一个帝国袭击了室利佛逝，终结了该国对贸易的支配。接下来，有好几个港口为了转口贸易而互相对抗了数百年。

最后是马六甲在 14 世纪与 15 世纪时脱颖而出。[33]

爪哇拥有足以分配进口货物的完善建设，同时也是印坦这艘沉船理所当然的目的地。虽然没有大都市，但爪哇城镇与村落在指定的日子都有常态的市集。当时的碑文列出了商人的身份、买卖的商品、要缴什么种类的税，暗示了这一批批的专业贸易商会在超过一个以上的市集，甚至是到好几个城镇中进行交易。（农业税须以现金缴纳，这意味着地方上有足够的现金用来购买进口商品。）地方上的商人在这些常设市集里活动，也正是他们把来自中国的煮饭锅以及日常用的陶瓷器（中国和爪哇做的都有）带进岛内深处。就像亚洲世界其他地方的人，有冒险精神的地方商人也会生产外国进口货的便宜仿冒品。爪哇当地的陶瓷器对中国的样式亦步亦趋。[34] 至于货款要怎么打平？假设这艘船没有沉，那会载什么回转口港，或是载去其他港口，好用来为陶瓷器、丝绸、锡、棉花和其他商品付账？中国当时的官府文书上记载了人们对各种东南亚的芳香树脂、香料与木材永不餍足的需求。官员非常关注为了买这些林产而流失的中国银两，于是建议促进陶瓷业发展，用来卖给东南亚。沉船上这些式样朴素的大量陶瓷器，就暗示了这样的政策不仅曾付诸实行，而且卓有成效。[35]

芳香剂在整个亚洲世界都是重要的商品。中国与印度在宗教上以及家屋、宫廷、庙宇和墓地里的日常仪式上都需要用香，而有香味的树脂与木材正是制香的基本材料。来自东南亚的芳香剂既是当时入药与医疗上的重要材料，也是身上用的香水与精油的成分。从东南亚一路到中东，这些芳香剂都是所费不赀的交易商品，欧洲教堂里的香炉也需要盛装它们。但在沉船遗址，只有二十四小块的安息香能间接证实这种重要贸易的存在；安息香是东南亚的一种树脂，广泛应用在佛寺与家户的仪式里。[36] 船上原本应该还有更多，但洋流可能已经把这些重量轻的东西带走了。

沉船里移动距离最远的人工制品是一小堆陶瓷器，而且全都碎了。从陶瓷器上的土耳其蓝釉面与釉裂来看，这肯定是伊斯兰世界的产物，而且一定是来自中东地区，很可能就是伊本·法德兰所在的巴格达。不过，沿海路旅行到东南亚的可不只有伊斯兰国度的制品。早在船难发生前两个世纪，阿拉伯水手便已经造访了东南亚与中国，至今仍有若干传世文献。这两百年间，穆斯林商人一路上建立了好几个小型的居住社群，盖起了清真寺。穆斯林教士与法学家也逐渐迁居到这些港口来服务会众。伊斯兰信仰沿着海路吸引新的信徒：从印度西海岸到东南亚港口，然后

则是中国南方口岸。与此同时，伊斯兰信仰也在中亚商旅城市以及中国
北方得到新信徒。伊斯兰信仰沿贸易路线散播的模式，似乎与佛教的传
播非常相似。

　　对于大亚洲世界的南方水路沿线贸易来说，这艘10世纪沉船里
的金属锭和人工制品意味着什么？中东、印度与中国地区大型王国的
发展，加上品位相对讲究的城市居民，共同创造了对黄金、象牙、丝
绸与珍珠等奢侈品的需求，而这些商品正是"富饶东方"的代表性商
品。[37]● 至于贸易路线上与这些奢侈品同样重要的，则是有关宗教信仰的
物品——经书、神像、绘画、法铃，诸如此类。这些商品都是由专业化的
中心所生产。带着这些物品千里跋涉的通常都是僧人，借以撑起跨洲的知
识与心灵纽带。但是，若与奢侈品或宗教器物的买卖相比，平凡无奇的区
域性商品或许更有经济上的价值。船只则载运鱼酱、稻米、日用陶瓷器、
铁罐与锡。

　　奢侈品、宗教器物与日常用品影响了许许多多的人，远超过城市中心
与宫廷。人们的需求深入印度与东南亚的内陆森林、斯里兰卡的采珠业，
以及位于古吉拉特乡间的成衣制造业。商业活动也不会只顺着宗教的边界
发展。信奉佛教与印度教的东南亚所产的香，可是轻而易举地传播到信奉
伊斯兰信仰的中东与尊崇儒家的中国。贸易商品也是宗教敬拜中不可或缺
的一部分。船上那些所费不赀的门让人感受到当时东南亚岛上佛教寺院群
体的繁荣、实力与活力。佛教金刚乘的法器则暗示了一个新教派的发展。

───────────

● 【原注】公元750年至1100年间，中国地区的人口多了一倍，官僚／士人阶级
的规模可能也是如此。对奢侈品（许多来自国外）的需求也因此在这个时期有了重
大成长。

伊斯兰信仰也是新兴宗教，而且还沿着同样的路线在成长。总之，贸易是亚洲世界日常文化的根本。汉人的仪式需要东南亚的香，就跟爪哇宫廷也要用上进口的黄金一样。

极简
WHEN 亚洲千年史 ———
ASIA WAS THE WORLD

第五章

胡椒好伙伴：亚伯拉罕·本·易尤

公元 1120 年至 1160 年

公元 1138 年，犹太香料商人亚伯拉罕·本·易尤（Abraham bin Yiju）
人在印度门格洛尔（Mangalore）的港口，焦急等待着一批他满以为
会从内陆送来的小豆蔻。他已经预付了一大笔款，要是没有准时到货，问
题就严重了。一旦错过了开往中东的船班，亚伯拉罕·本·易尤的小豆蔻
就会在最糟糕的时间点，也就是其他商人都已经把手上的小豆蔻卖出去、
市场都饱和了以后才到达亚丁（Aden）。[01] 但情势很快就明朗起来：小豆
蔻并非晚到，而是本来就不会出现。某个当地的盘商糊弄了亚伯拉罕·本·易
尤，其实这批小豆蔻根本就不存在。

门格洛尔在印度西南海岸边的口岸当中颇具代表性。港口就设在河口，
还有一道与海岸平行的沙洲，为浅浅的潟湖挡下了印度洋的浪潮。港口的
后面还有漫山遍野的热带绿叶，椰子树尤其茂密。商人的家屋有人护卫着，
同时也能作为仓库之用，一间间密布在离海岸不远处。[02]❶ 但港口本身倒是

❶【原注】第一份有关门格洛尔的详细描述，是本书第六章的主角伊本·巴图塔（Ibn
Battuta）在约公元 1340 年时写下的。今天的门格洛尔港，是门格洛尔市底下的
一个冷清渔港。

亚伯拉罕·本·易尤旅程图

欧洲

亚洲

非洲

印度洋

印度

斯里兰卡

门格洛尔

阿拉伯海

波斯湾

里海

黑海

地中海

红海

亚丁

也门

阿伊扎布港

尼罗河

开罗

埃及

摩洛哥

西西里岛

马赫迪那

没有围墙、枪炮或其他防御措施来保护。[03]❶ 阿拉伯人、古吉拉特人、泰米尔人（Tamils）、犹太人以及其他族群所混居的社群，人数则在两千至三千人之间。

这处港湾的收入，就跟海岸各地彼此竞争的其他港口一样，都来自内陆遥远的西高止山（Western Ghats）翠绿丘陵。当地生产香料。黑胡椒就是原生于这些丘陵，世界上也没有几个地方生产黑胡椒。当地的丘陵地还出产小豆蔻、芫荽、姜、姜黄、丁香、肉豆蔻和其他香料，种类起码有十来种。这些植物有的要靠采集，有的可以种植；它们会用以制作擦身体的乳液与内服药，或是作为料理提味之用。

亚伯拉罕知道，只要他能把手上的香料送到市场，那么销路一定很好。亚洲世界中有许多种常用的香料。小豆蔻要送去开罗，到了那里，就能知道从中东、北非、西班牙直到欧洲各地的行情。举个例子——13世纪时，穆斯林西班牙有种肉排的食谱就用了好几种印度的香料：准备些许红肉，并事先捣成泥。往肉泥里倒些水，接着准备跟肉一样分量的蛋，和一点酵母进去，还有盐、胡椒、番红花、小茴香、芫荽子，然后全部揉在一起。接下来把平底煎锅放上炉子，倒新鲜的油，等油滚了就挖一汤匙的肉糜，轻轻放进滚烫的油锅里，使之呈薄饼状。然后再调酱汁。[04]

无论是伊本·法德兰出仕的巴格达，还是他在10世纪时曾造访过的地方大城，精致的佳肴都是宫廷生活的一部分。

对亚伯拉罕以及门格洛尔的其他商人来说，能用来调味、入药的黑胡椒才是香料贸易的重心。马拉巴尔海岸（Malabar Coast）的商人早在本·易尤之前的一千年，就已经把胡椒一船船运往罗马了。公元408年，亚拉里

---

❶【原注】一般而言，这种武装港口是印度沿岸与整个东南亚地区的常态布局。

克一世❶ 就曾要求用三千磅胡椒当作罗马城的部分赎金，而且也拿到了。[05]
也别忘了，伊本·法德兰就是用胡椒一路贿赂到他在欧亚草原东部的目的
地的。

　　热带植物也是药方的基本材料，这比拿来当食物的调味料还重要得多。
前文提到伊本·西拿的《医典》在大半个亚洲与欧洲都是标准本的医学百科，
而《医典》中的药方就曾列举了超过三十六种的热带植物。亚洲各地的君
王都会运用、储备香料，而且还试着要栽种出香料。但他们多半功败垂成，
因为只有特定局部气候的热带地区才种得活这些植物。

　　关于亚伯拉罕·本·易尤这个人、他失踪的小豆蔻及其生平细节，我
们倒还知道不少。因为，有超过七十份寄给这个商人或是他寄出的信和
账目，以及许多来自其生意圈友人的信留了下来，挺神奇的。至于这些
信件如何从 12 世纪留到现在，也是个有趣的故事。12 世纪时，许多犹太
人深信（今天也有很多犹太人相信）：要是有哪份书写文件上出现"神"
这个字的任何形式，那么销毁这文件就是渎神。既然如此，那些上面碰巧
有"愿神赐福与你"或"赞美神……"的旧文件、断简残篇或没有用的文
书又该如何处置？其中一项解决方式，是将其置于一种通常盖在犹太会堂
（synagogue）旁边的小房间，叫作废书库（geniza）。废书库没有门窗，只
有一把梯子，可以沿梯子爬到墙上一条大口子旁。会众中的成员如果想把
用不着、但上面写了任何形式"神"字的文件处理掉，就把它们投进这个
口子。[06] 本·易尤的女儿显然是开罗近郊某个犹太会堂的一分子，而会堂

---

❶【译注】亚拉里克一世（Alaric 1, 370—410），第一任西哥特国王，曾在罗马
军队中指挥哥德部队。公元 408 年，亚拉里克进攻意大利，同年 9 月兵临罗马城下，
罗马元老被迫和谈。而亚拉里克要求的补偿中，就包含了三千磅的胡椒。

旁就有这么一间废书库。于是她从那条口子，把她父亲的来信与一些商业
往来记录丢进墙里边。

几百年来，会众成员用成千上万份文件塞满了这间废书库。文件保持
完好无损，这得归功于埃及干燥的气候。19世纪晚期，学者们开始注意到
这处无人编目且无人染指的宝藏。好几间图书馆用称斤论两的方式买了一
大堆文件，这一摞又一摞的文件也随之四散各地。这堆"开罗废书库文献"
（下面简称"废书库文献"）现在分别流落到俄罗斯、英格兰与美国。直
到20世纪上半叶为止，学者们多半都在处理整批文件时找到各种版本的宗
教文献。[07]

19世纪50年代起，学者开始转而把梳许许多多的信件与账目，耐心
地交叉比对着商人、亲属、船东与船只。但工作进度却相当缓慢，这是因
为系出同源的关键家族文件目前分散在英国、俄罗斯与美国。语言与书写
方式又是另一个问题。"废书库文献"内容虽然是阿拉伯语，但却是用希
伯来字母拼写其语音。今天没有几个学者对这两种语言在中世纪的样貌有
足够的了解，无法达到足以读出阿拉伯语以及希伯来文的程度。不过，他
们已经将文献分门别类好，也译出了相当分量，呈现出了12世纪时商业生
活的丰富图像。

亚伯拉罕·本·易尤出身于突尼西亚马赫迪耶（Mahdia）港边的一个
家庭里，他的父亲是位拉比。[08]虽然没有文件能确定他的出生年，但他很
可能是在公元1098年至1102年间出生。亚伯拉罕·本·易尤的信里曾提
到过两个兄弟和一个姐姐，但他可能还有其他兄弟姐妹。这三兄弟里没人
选择当拉比，反而全都决定从商。这样的决定似乎没有引起家庭风暴，他
的父亲还写了封重要的介绍信，帮助亚伯拉罕完成少时的梦。而亚伯拉罕
的兄弟尤素夫（Yusuf）与穆巴许西尔（Mubashshir），以及他的姐姐贝拉
卡（Berakha），都留在突尼西亚成家立业。这三家人一直待在地中海贸易

行当里。

约莫在公元 1120 年前后，亚伯拉罕踏上了致富之路。他先是沿着从突尼西亚到开罗的商旅路线前进，把他父亲写的珍贵介绍信带去给开罗城里几个重要的商人，很可能都是突尼西亚同胞。[09] 他通过这些商人求得了一个不太高的职位，或许还有一些合伙关系。不出几年，他再度离开，这一回则是前往红海口的亚丁；他也仍旧带了介绍信去给当地的犹太大商人。亚伯拉罕·本·易尤的几次行脚反映出当时地中海地区大范围的政治情势。本·易尤出生前不久，安纳托利亚的土耳其势力才刚扫平了公元 1096 年的农民基督教军团❶。而第一次基督教军团一路打到巴勒斯坦、拿下耶路撒冷时，正是他在突尼西亚的孩提时期。到了他的青年时期，基督教军团已经在今天的以色列与黎巴嫩大半的海岸地带建立了王国。圣战让非基督徒在欧洲遭受的对待变得愈来愈苛刻，也让犹太人愈来愈难在当地谋生。反闪族主义（Anti-Semitism）❷横行于世。亚伯拉罕的家人都不考虑为了工作而迁到欧洲。[10] 由于叙利亚地区（包括今天的以色列、约旦、叙利亚与黎巴嫩）一波波的战事，要和该地做生意虽然不是不可能，但也十分困难。地中海边缘的前景也同样黯淡。威尼斯与热那亚会攻击从开罗出航的船队，攻击其他

---

❶【译注】指公元 1096 年 4 月至 9 月的平民基督教军团（Peasant Crusade）。教宗乌尔班二世（Urban II）在 1095 年的克雷芒会议（Council of Clermont）号召基督徒前往东方夺回圣地耶路撒冷，原定隔年 8 月出发，但一批农夫与低阶骑士已经因为经年累月的天灾人祸与作物欠收，在亚眠的隐士彼得（Peter the Hermit of Amiens）带领下先行出发，最后被塞尔柱军队击溃。

❷【译注】即一种反对、歧视、排挤、憎恨犹太人的意识形态。虽然犹太人不是唯一的闪米语族（Semitic languages）成员，阿拉伯语以及衣索比亚语同样也是闪米语族的语言，但反闪族主义其实只针对犹太人、犹太宗教与犹太习俗。

伊斯兰口岸，并为海上贸易开战。许多犹太商人——无论是来自欧洲的难民，还是住在地中海周遭的人——都把目光从这些冲突转往其他机会，尤其是印度的香料贸易。[11]

亚丁是印度与埃及贸易的重要枢纽。亚伯拉罕到了亚丁，与当时该地最有权势，也最有影响力的商人马德蒙·伊本·班达尔（Madmun ibn Bandar）建立了关系。[12] ❶马德蒙与他过世的父亲一样，人们都当他是"纳济德"（nagid），也就是亚丁犹太商人的"信托人"。我们之所以对这位马德蒙所知甚详，是因为他有许多信件都像亚伯拉罕的书信那样，被保存在开罗废书库，那里显然是马德蒙子嗣们的家庭会堂。而马德蒙的通信网络则从印度一直延伸到西班牙。[13]

马德蒙也跟其他做印度生意的人一样，跟亚丁当地的许多社群建立了长久的贸易伙伴关系。他在1230年跟一位穆斯林合作的投机生意就很典型。"向崇高的神请求旨意以后，我便在亚丁造了艘船，和有名的比拉尔长老（Sheikh Bilal）合作，把货用船载去了（斯里兰卡）。"[14] 马德蒙同样经常把斯里兰卡的货物从亚丁运到埃及。"凭一己之力，我把六袋塞利（Seli，指斯里兰卡）的肉桂和他一块儿送去，每一袋都有一百磅重。为了您的仆人（指马德蒙），请您好心拿一半的货，以崇高的神所意欲的任何价格卖出去。"[15] 马德蒙的信证实了海上贸易的区域划分仍旧维持在一个半世纪以前，也就是前文讨论东南亚沉船事件时的模样。地中海贸易区包括开罗与整个地中海。印度洋贸易区囊括了红海、波斯湾、印度西海岸与斯里兰卡。孟加拉湾贸易区内有印度东海岸、孟加拉、缅甸与马来半岛西海岸。爪哇海贸易

---

❶【原注】在某间商行里当学徒，就会跟商行的老板有长期的联系，这一点即便在更以前的时代也是如此。

区则包含了整个东南亚与中国沿海地区。几个港口为了主宰贸易区之间的转运而激烈竞争。12 世纪早期，斯里兰卡的主要港口掌握了印度洋与孟加拉湾贸易区之间的贸易。就连有钱有势的马德蒙也不会派船去斯里兰卡以外的地方。[16]❶

即便当时的船只有能力航行得更远，把海洋贸易区分成几块的做法仍然有可能降低在海上蒙受损失的风险。船长和领航员只须了解南亚的季风、危险的浅滩，以及仅仅四分之一条航线上的导航要点即可。不过，沿单一贸易区的岸边从事贸易依旧是个危险的行当。每一艘船都有可能碰上恶劣的天气，还有许多船落到了海盗手里。

商人会找各种可行的方法降低风险。类似马德蒙与比拉尔长老之间的合伙关系就可以分散风险，开罗废书库信件里提到的许多其他商业活动也都如法炮制。贸易商会委托声誉卓著的船东派送货物，也会把手上的货物分散在若干条船上，以免石沉大海。他们还会在转运时把包装上好封条，将自己的货物分送给好几个收件人，在包装外写上承销人的名字。商人经手各式各样的货物，以应对远方市场上未知的价格波动。他们会事先写信给承销人，详细描述在路上的是什么货。[17] 而上述这一切降低风险的做法，都得仰赖商人、合伙人、船东与远方承销人彼此之间的信任。

长距离贸易也因此得依靠信赖与声望。12 世纪不像后来的时代，当时没有经纪商能接收海外来的货物，把货物保存到承销人抵达后，然后对任何需要这类服务的人收取费用。贸易商得完全依赖友人与生意往来中的善意。朋友会在远方收货、销货、留下单据、购买特定商品送回去，赚一点钱，

---

❶【原注】但至少有一两位家财万贯的贸易商把生意一路做到了中国去。其中一位是名叫拉米须特（Ramisht）的穆斯林。他一趟船就获利甚丰，甚至靠他一个人就能捐献一匹覆盖整个克尔白（Ka'aba）的中国丝绸。

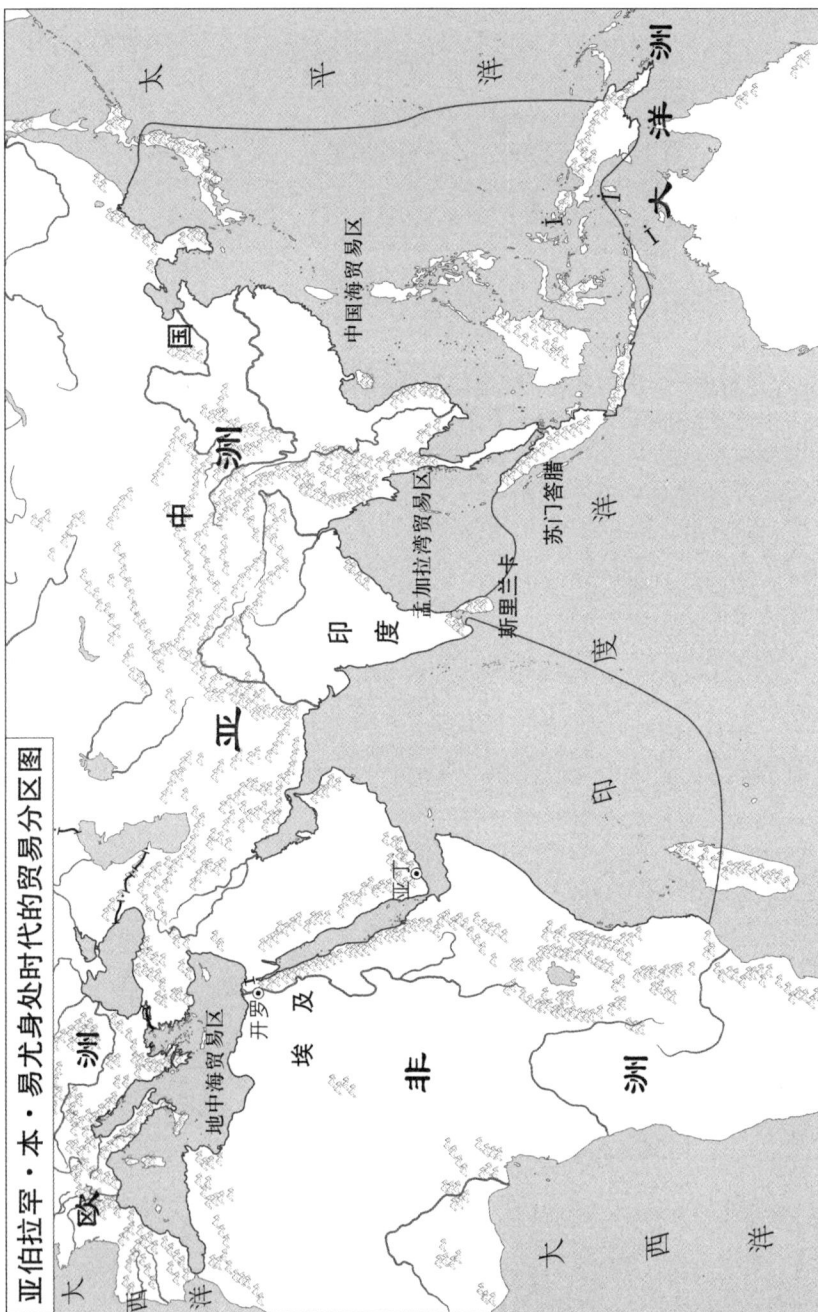

亚伯拉罕·本·易尤身处时代的贸易分区图

大 平 洋

大 洋 洲

广

中国海贸易区

国

亚

洲

苏门答腊

洋

印

中

印

度

孟加拉湾贸易区

斯里兰卡

度

亚

印

亚丁

地中海贸易区

罗

开罗

埃

及

欧

洲

非

洲

大 西 洋

大 西 洋

但不能从中抽取回扣。[18] 他们之间频繁而详尽的书信，清楚表现了信任同僚对做生意有多么重要。

　　现在我得麻烦你，等船——愿神保佑——安全抵达，劳驾你好心从先前提到过的几包货里拿一半出来，帮我用神所许诺的任何价钱卖出去。价钱一谈好，就全部换成金子跟银子——别的不要——然后把这些金银分交给几个商人、同信神的人，或是其他公认牢靠的人，让他们送回来。[19]❶

　　在 12 世纪 20 年代中某个时候的亚丁，马德蒙·伊本·班达尔把年轻的亚伯拉罕领进自个儿的商行，让他在自己的仓库里负责记账工作。经过大概三年的实习，马德蒙鼓励这位年轻的商人前往印度西南海岸的门格洛尔，投入香料贸易。在这整段老少配的合伙关系中，我们几乎可以肯定的是马德蒙提供了营运资本。亚伯拉罕·本·易尤前脚刚到门格洛尔，马德蒙后脚就写信告诉他"那一船槟榔和其他货物都已经安全抵达了"，一来显示了马德蒙提供的资金赚到了钱，二来也表明亚伯拉罕工作干得不错。马德蒙的信里满是来自亚丁的实时市场建议、其他商人的消息、政治事件，以及一些做生意的提点。除了采买香料用的现金以外，这个合伙商行很少载任何别的东西去门格洛尔。[20]❷ 虽然亚丁对印度的马匹、奴隶、武器与陶瓷器贸易在后来的几百年里相当活跃，但这种贸易在 12 世纪时显然尚未开始。

　　多数从印度送往开罗的商品会先到亚丁，接着抵达红海西岸一处叫阿

---

❶【原注】理想的做法是让资金保持流动。贸易商得靠承销人销售货物，然后回过头来买进能在贸易商所在的城市里赚钱的商品。

❷【原注】通常丝绸可以在整个亚洲与伊斯兰世界当作通货使用。几百年来，丝绸的价格稳定，也有持续的需求。

伊扎布（Aidhab）的荒凉港口。投入自己在门格洛尔的工作三年后，亚伯拉罕送了一大批货，通过阿伊扎布转运，但他摆明拒绝付钱给某个帮他卸货、把货派到西行前往尼罗河的商队里的人。抱怨之声传到了马德蒙，也就是亚伯拉罕的资深出资者那里。

> 我每次见着他（指亚伯拉罕·本·易尤），他就跟我针锋相对，让我愈来愈怕他。每一回他都叫我"滚""滚出去""该死"…… 不下百次啊……（我请求）阁下您（指马德蒙）对此做点什么，直到您拿回（钱）为止……请在这事上支持我，要硬着您的心呀，我的主子……出手帮帮我。[21]

大权显然掌握在亚丁的资深合伙人马德蒙的手上。那人投诉之后没几个月，马德蒙就寄了封信，信里简短写道要从亚伯拉罕·本·易尤的账上出三百第纳尔来摆平这件事。

私下送礼可以强化贸易商关系网络里相互间的道义责任。马德蒙有一次就送了一批价值上千第纳尔的货给亚伯拉罕，里面有亚伯拉罕尤为喜爱的东西，有他在好多封信里不露心迹提到的一些"不太贵重的东西"——像白糖，"密不透风装在篓子里、塞满葡萄干的瓶子"，给他太太的眼部化妆品，好几磅来自欧洲的洁食（kosher，符合犹太教教规）奶酪。[22]

贸易合伙人同样会在贸易商的要求下定期送些家用品，特别是那些能展现大城市生活风貌的昂贵城里货。马德蒙从埃及订了精致的"碗盘和杯子"，还有"类似人们会在家里备着的上好玫瑰橙子酱"。[23]亚伯拉罕·本·易尤则是从门格洛尔订了张能用来下象棋的那种真皮桌布。象棋可是风靡了整个亚洲世界。对亚伯拉罕来说，这里面最珍贵的东西，是印度买不到的上好纸张。[24] 即便超过三百年前，纸张就已经出现在丝路沿线，但印度几乎没有生产纸张；在印度，写东西一直都是写在棕榈叶上。对贸易伙伴与近亲开诚布公的示好同样也能巩固关系。下面这段话就摘自"废书库文献"，写于公元 1080 年至 1100 年间。

> 请接受我最诚挚的致意，以及我对老阿布－哈桑（Abu'l-Hasan，某个贸易合伙人）最诚恳的祝福；如果他有什么需要，就请他写信跟我说一声。顺便问候瑞秋（Rachael，收信人的妻子）与她母亲，以及她家里所有人……还有我姑姑的儿子，以及他的孩子。祝平安，也祝你长寿。[25]

生意跟家庭往往有密切的关联。亚丁犹太贸易商的信托人马德蒙，就娶了开罗信托人同行的姐妹。

公元 1138 年，亚伯拉罕为了他不见踪影的小豆蔻心急如焚，因为这可是会威胁到他所有贸易关系的根本——信任。他用了亚丁合伙人们的钱来预付这批香料钱。在亚伯拉罕所有流传至今的信件里，这是唯一一起让他祈求上苍降祸于另一个人身上的事件。

> 这个卡达尔（kardar，经理人）——愿神降祸于他——欠了十四密斯卡尔（的黄金），那是要用来买两巴哈尔（bahar）小豆蔻（约六百磅重）的。因为他没送小豆蔻来，我只好用了十七密斯卡尔的黄金，从凡德里纳（海岸边上某个更遥远的港口）买了两巴哈尔来顶着。[26]

一听到卖小豆蔻的商人没有履约，亚伯拉罕在亚丁的合伙人们清楚表明了不悦之情。这笔呆账要算在亚伯拉罕头上，而不是整个合伙商行，他们生意信函里正经八百的用词也掩盖不了这一点。

亚伯拉罕·本·易尤若是想重建信任，让香料生意做得下去，就非得解决这次挪用亚丁方面资金的问题。亚丁合伙人的不快可能会导致他周转失灵，也会让他收不到亚丁与开罗的市场行情。而合伙人们虽然知道亚伯拉罕·本·易尤是受骗的那一方，但无论是就法律还是其他方面而言，他们也都没有办法挽救门格洛尔的这笔呆账。他们能帮的忙，就只有威胁要败坏那个骗子商人的名声。在一封给亚伯拉罕的信里，马德蒙的堂亲提到了这种谴责的方式。

> 或许你可以威胁他，说我们亚丁这里会抵制任何欠我们东西、没有实践诺言的人。他可能会怕遭受批评。要是他不还钱，我们就应该写封正式的谴责信寄给他，这样他才会知道自己犯了什么错。[27]

虽然文献里没有提到小豆蔻事件的结局，但合伙关系还是保持住了。最有可能的情况，是亚伯拉罕一声不吭，垫了合伙商行的损失。

这起小豆蔻事件从侧面显示出亚洲世界海路贸易的自由程度。做个比较：同样在亚伯拉罕·本·易尤的时代，欧洲的行会却会规定交易的时间与地点，控制商品的价格与质量，并通过学徒制度与会员名册来限定谁能做生意。国王给予行会特权，也因此能影响买卖与商品质量。亚伯拉罕则不受这当中的任何一种限制。他就只是从能找得到的地方找来替代用的小豆蔻，然后付他该付的钱。文献里曾提到马拉巴尔地区几个港口里犹太商人的"信托人"，但这个位子也没有多少能控制商业活动或交易场所的实际权力。往广袤亚洲世界更东方的地方走去，在南印度是有一些行会存在的证据，但东南亚却没有起源于当地的行会。[28] ●

———————————

● 【原注】在当时的印度南部，没有明确提到"行会"的证据。有某种商人的合作团体会捐献神庙，但没有直接证据能显示这些商人如何合作，有没有定价格、控制商品质量，甚或是合运。

中国倒是抓得很紧：船只跟船货都得向市舶司登记。市舶司倾向于把各色各类的商人——有阿拉伯人、犹太人与泰米尔人——当成特定行会的成员。只要有某个成员行为恶劣，就会牵连整个群体。要是有非法活动，就代表要进中国衙门，而且很有可能下狱。

亚伯拉罕·本·易尤的信里鲜少有涉入地方政治的迹象，他的信也从未提及与印度当地法庭有所牵扯。沿岸地区有十二个印度王国，每一个王国都是由一小块狭长的海岸平原与一个港口所构成，如门格洛尔、贝布尔（Beypore）、科钦（Cochin）、坎努尔（Cannore）与卡利卡特（Kalikut）。税收与贸易是这几个国王主要的收入来源，比较富有的国王还会出钱资助商船。当船停在港口时，国王的军队能够提供一些保护，让船只不受海盗骚扰。少数几个当地的国王还备有武装船只以攻击海盗，同时强迫商船前往他们的港口支付关税。

废书库信件里，有一封马德蒙家族的信披露出海盗攻击的风险未曾停歇。马德蒙跟开罗大商人犹大·本·约瑟夫·哈-科恩（Judah bin Joseph ha-Kohen）的一个姐妹结了婚。海盗抢了犹大带着货物搭乘的船只，把犹大和船员都丢在古吉拉特海滩上。而这封信是一位涉足"印度—开罗"贸易的船长所写，他娶了那个倒霉商人的另一位姐妹。船长在信上恳求犹大来门格洛尔跟自己碰头。

无论如何都请你快点来门格洛尔，事不宜迟；我就在门格洛尔等你，若蒙神恩，我们便能尽速返家。你最好跟我从门格洛尔一道走，不要搭异邦人的船。你要晓得，我俩不分彼此，我的钱就是你的钱，都一样的……再次提醒阁下，别再把你损失的东西放心上了；感谢神，你还有很多求助的门路，很多弥补的方式。只要命保住了，别的都不重要。[29]

这里或许要特别强调一下：亚伯拉罕·本·易尤虽然是犹太人，但在他的门格洛尔年岁里，他既非住在某个孤立的犹太人居住地里，也不是在这样的地方工作。门格洛尔的贸易团体包括了当地的印度人、古吉拉特居民、当地穆斯林，以及定期来访的中东穆斯林。亚伯拉罕·本·易尤经常与古吉拉特人以及当地的印度人建立合伙关系，这对其事业的发展非常重要。这种合伙关系对犹太贸易商也非常普遍，充斥于整批"废书库文献"。信任纽带同样会延伸到内陆的专业卖家与香料供应商。文献显示，亚伯拉罕从未前往内陆的香料产地。他都是靠印度当地人来种植、处理与收集这些香料，再运到门格洛尔。

抵达门格洛尔十年后，亚伯拉罕·本·易尤富有了起来，有了更多的自主权，也不再只是为马德蒙跑腿的了。他的信透露出生活得有多舒适。出于家人的需要，亚伯拉罕从埃及进口了特别的肥皂与糖，从亚丁来的茶壶与漏勺，索马里的席子，还有古吉拉特的地毯。他平常穿的衣服有埃及进口的长袍，还有上好的头巾与披肩。[30]

信件里经常提及亚伯拉罕的男奴，名叫巴马赫（Bamah）。巴马赫并非普通的家奴。事实正好相反，他是亚伯拉罕所有生意往来里值得信赖的左右手，会带着钱往来亚丁采买货物。大家都认识巴马赫，马德蒙还在信里特别问候他，顺道也问候亚伯拉罕的儿子苏鲁尔（Surur）。[31]一般而言，在"废书库文献"里，我们可以看到，能得到男奴多半是一件值得庆祝的事。其他许多奴隶也跟巴马赫一样，帮自个儿的主子在贸易路线上跑腿。[32]这又是当时亚洲出现的复杂主仆关系的另一面。

同时间，亚伯拉罕·本·易尤也从马拉巴尔海岸手艺精湛的金属匠身上看到了商机。他在自家稍微南边一点的地方盖了座金属作坊，不过并非用来打造新产品。亚伯拉罕从他联系的各个地方收来了破烂的器皿，像是灯罩跟碗盘，而这些破烂品最远甚至来自西班牙。和这些破烂品一道来的，还有打造新器皿的说明：

> 我给你送了个广口水罐和一个大洗手槽，重六又四分之三磅。如果东西质量够好，就请你帮我用这里面的青铜打个大小一样的水罐。水罐的重量应该刚好五磅。[33]

这是 12 世纪时跨国回收再制造的又一个例子：把东西运过上千英里，然后让经验老到的印度金属工处理。

亚伯拉罕·本·易尤是个事业有成的商人，也是个有钱人，但他却有家庭问题。他在来到门格洛尔的第一年，就跟当地一名叫阿苏（Ashu）的女奴勾搭上了。这类的姘居在当时的商人之中相当常见。之所以会演变成问题，是因为亚伯拉罕不仅帮她赎身，还娶了她，在门格洛尔的整整二十年中都跟她住在同一个屋檐下。"废书库文献"里可以找到，正式释奴发生在公元 1132 年 10 月 17 日这天——亚伯拉罕·本·易尤公开将自由授予一位名唤阿苏的女奴。他跟阿苏生了个叫苏鲁尔的儿子，还有一个女儿。[34]

但亚伯拉罕的父母却对此举深不以为然，并对阿苏不理不睬，以示反对。生意伙伴之间打招呼的标准方式是祝福对方家里每一个人都能平安，而且要指名道姓。马德蒙与其他合伙人寄来的信虽然会问候与祝福亚伯拉罕·本·易尤的孩子们，但他们却从未提及他的太太。这种出身的妻子在亚丁或开罗不会受到欢迎。但真正的问题其实在孩子身上。犹太律法让孩子跟母亲同信仰，但阿苏不是犹太人。亚伯拉罕·本·易尤念兹在兹，不断祈祷与工作，心想或许有一大笔嫁妆的话，他的女儿就能在犹太圈子里找到丈夫。

阿苏究竟来自何方？在亚伯拉罕·本·易尤的所有信件里，只有一处模糊的线索提到阿苏是奈尔（Nair）出身。但这条单一的线索制造的问题远比回答的要多。奈尔与婆罗门多半位居马拉巴尔的上层阶级。奈尔人是彻头彻尾的武士。少数奈尔家庭能统领地方王国，但多数都是在婆罗门或神庙的土地上监督佃户的人。有些奈尔姑娘"高攀"进了婆罗门家庭。后来的史料则暗示有些奈尔不过是婆罗门家里打杂的仆人，也相对穷困。

奈尔人之间有种常见的婚姻形式，被称为萨班单（sambandham），即一名女子同时或者连续与若干男子成婚。家庭是由女子及其孩子所组成，至于父亲是谁并不重要。财产是根据母系血源来继承，由母亲传给长女。一般来说，好几代的女子与她们的孩子都住在一处有防御工事的大宅院里。女子的兄弟则是这间女性中心的家宅里唯一的男性成员。女子在奈尔社会结构中相对大权在握。[35]

一名女子出身于这个有钱有势的种姓，却变成奴隶要人解救——这似乎不太合理。但当代的人类学研究搜集了许多"往昔"故事，从研究成果中也得出了"一名奈尔女子是如何沦落为奴"的可信猜测。奈尔女子一旦经历了成年礼，就能接受自家宗系外的男子，但这些男子必须出身于更高的社会阶层。要是她和某个地位较低的奈尔人或低级种姓的男子有了关系，家族成员就会深深受辱。他们只好杀了这个女子，或者将她交给国王为奴，以除去自家荣誉上的污点。国王经常把这些奴隶卖给外国商人。阿苏的故事很可能就是如此。[36] ❶

亚伯拉罕·本·易尤的家务事恰好暗示了外国商人与当地女子之间复杂的关系。亚洲世界海路沿线的外国商人里，鲜少有人的妻子是买来的。

————————

❶【原注】"废书库文献"中有好几桩重获自由的奴隶女子与前奴隶主结婚的例子。

有些人在离开家乡前就结了婚，后来出外旅行时或多或少与当地的女子姘居，成了两群孩子的父亲。[37] 在东南亚的华商间，还有一种比较常见的模式。这些华商与当地女子成婚，融入当地社会，人们也完全视他们的孩子为地方社群成员。第三种方式，是商人娶了当地女子，接着让女子改信他的信仰。这种结合也会发展为小型的地方社群。就以纳瓦亚人（Navayaths）为例。纳瓦亚人是住在马拉巴尔海岸沿线若干城镇与都市的穆斯林社群，而这第三种方法便深深地与他们的传统结合在一起。纳瓦亚人将自己的祖先追溯到那些娶了当地女子、使其改信的阿拉伯穆斯林商人。像纳瓦亚这类的社群或许是同时通过男子与女子的改信而发展起来的。[38]

12 世纪时，从非洲到亚洲这一路上有着许多犹太社群，商人与当地的新信徒杂居在一起。有个数千名犹太人所组成的社群，就是以科钦——马拉巴尔诸港中的另一个港口——为中心。但亚伯拉罕·本·易尤没有从这个社群里娶一位犹太姑娘，而是选择与奈尔姑娘结婚。史料里没有提到原因。也许，他不喜欢当地的犹太女子，因为她们来自叙利亚，而不是他的故乡突尼西亚。也许，他在自己事业伙伴的女儿里找不到喜欢的人。也许，他就是无可救药地爱着阿苏。随着家庭问题愈演愈烈，亚伯拉罕·本·易尤的余生也益发惆怅。几个以突尼西亚为家的兄弟姐妹在地中海的战事中流离失所。[39] 基督徒的海陆大军袭击了许多非基督徒目标，包括住在穆斯林之间的犹太人。亚伯拉罕写了封信给开罗的事业伙伴：

我听说（突尼西亚）海岸边发生的事了。但却没有一封信到来，能让我知道人是死是活。天啊，请巨细靡遗地写下来，把你的信交给信得过的人，寄来让我宽宽心。[40]

公元 1148 年，西西里的罗杰二世❶手下的基督徒大军再度袭击突尼西亚，掳走了亚伯拉罕·本·易尤在那里的全部家人，并带到西西里。没有史料能清楚地说明这家人为什么被抓。或许罗杰二世是想让这家人来做贸易，但贸易在战争期间中断，这家人旋即穷困潦倒，"穷到只剩一片面包。"[41]亚伯拉罕打算只要有能力，他就要保全自己的兄弟姐妹，于是孤注一掷地写了封信给他们，希望信能送到西西里，而他们也能到开罗与自己相会。

神啊，我一再请求他，别耽搁了你们过来的路。拿上这些我赚来的迪拉姆，用这些钱来做买卖，听任神的旨意——我就不多说了。我也想把我所有的心意写下来，只是纸短情长，说不清道不尽。[42]

公元 1149 年，亚伯拉罕·本·易尤带着孩子永远离开了门格洛尔与阿苏，废书库信件的数量也从他生命中的这一刻起愈来愈少。他遇到了自己还没结婚的兄弟，但这却是场苦涩的相遇。那个无赖骗了亚伯拉罕·本·易尤一千个迪拉姆银币，从此消失无踪。[43]亚伯拉罕的手足们从战争中活了下来，但始终在西西里西部贫穷度日。回到亚丁没多久，亚伯拉罕的儿子便过世了，于是他写道："不知道我还能怎么说。"而他的良师益友与长期合伙人马德蒙，也在两年后过世。亚伯拉罕写信给他的大哥说："我心痛至极。"[44]

亚伯拉罕从门格洛尔回来以后，没有在亚丁久留。他去了埃及一趟，

----

❶【译注】西西里罗杰二世（Roger II of Sicily，1095—1154），首位西西里国王。罗杰二世握有的西西里是地中海上的战略要地，他在此击退了来自神圣罗马帝国、拜占庭、教宗国等的虎视眈眈的敌人，并在 1139 年击败教宗依诺增爵二世（Innocent II），迫使教宗承认其国王的地位。

接着搬到了南也门，在那儿做起了生意。12 世纪时，也门的天气远比现在来得舒适宜人，当地的村落与城镇也比今天更为繁荣。几百年来，犹太人不断由中东往南迁移到也门。他们住在伊斯兰城镇里，做起手工业，生产装饰用的皮件、金属器或珠宝。[45] 有了门格洛尔时期的一点资金和金属业的经验，亚伯拉罕或许可以在这儿出口金属器。靠着他跟亚丁的关系，兴许他还能进口糖，甚至是稻米这类主食。

对此我们只能推敲猜测，因为信上什么都没写。

亚伯拉罕·本·易尤把女儿留在亚丁一位合伙人的家里。三年后，他收到这位叙利亚犹太合伙人之子写给他的提亲信，但他希望女儿跟他突尼西亚社群内的人结婚，于是拒绝了提亲。解决之道就是自家人。亚伯拉罕·本·易尤提议让女儿与他大哥的儿子成婚。这样的安排皆大欢喜，不仅把亚伯拉罕·本·易尤的财富留在家族里，接济了家道中落的亲戚，还能把女儿留在他满心希望的社群里。亚伯拉罕·本·易尤的两个侄子很快就从西西里来到这里，亚伯拉罕则依约把女儿嫁给了长兄的儿子。最后一条与亚伯拉罕·本·易尤有关的消息，是他在埃及用歪斜的笔迹所写下的一张账单。经历了这一切的悲伤与失落，他显然选择在女儿身边度过余生，而不是回到人在门格洛尔的妻子阿苏身边。[46]

虽然亚伯拉罕的一生就只是其个人的一生，但他的故事却呈现出 12 世纪时人们在大亚洲世界里做生意的各种风貌。信任、声誉、家庭与个人纽带是理想生意的基础。父亲会推荐自己的儿子到经验丰富的商人那儿当学徒，事业就从这里开始。年轻人学到了按年度做生意的模式，建立人脉，累积市场行情知识。生意的风险则靠买卖多种商品、由若干艘船运货，以及建立合伙关系来分摊。这套信任制度以相当值得信赖的邮务体系为本。亚伯拉罕·本·易尤在信里写下特定的指示、街谈巷议、各种新消息以及个人的喜好，而信一个月就能送到亚丁与埃及。社群内部有一定程度的自我约束，比方说犹太法庭或伊斯兰教法（Sharia）❶法庭，但合伙关系往往会超越宗教界线。对于不正派的做法，可能的信誉损失似乎是比法律诉讼更为严重的制裁。没有迹象显示亚洲世界存在着为成员控制商品价格、交易方式的行会组织，这与当时的欧洲地区有所不同。⁴⁷

　　贸易商彼此竞争毫不停歇，长期下来，各个贸易商群体的起起落落也清晰可见。在亚伯拉罕·本·易尤那个时候，犹太人在马拉巴尔香料贸易中占据的有利位置只持续了两百年，结束在大约公元 1300 年时。从此以后，一大群来自埃及的穆斯林商人硬生生把犹太人挤了出去——但并非所有犹太人。数千名犹太会众持续在科钦从事香料贸易，直到他们在 1970 年至 2000 年间迁居以色列为止。他们重新盖起的会堂，有着当时那种漂亮的蓝白色中国瓷砖，用来纪念曾经养活马拉巴尔海岸的犹太人，以及从中国到西班牙之间的海上贸易。

---

❶【译注】指伊斯兰信仰的法律与道德训示。约于公元 8 世纪至 9 世纪时成形，主要的内容来源为《古兰经》与《圣训》（Hadith），可以说是伊斯兰国家最早的法律体系。伊斯兰原教旨主义者便认为应根据伊斯兰教法统治国家。

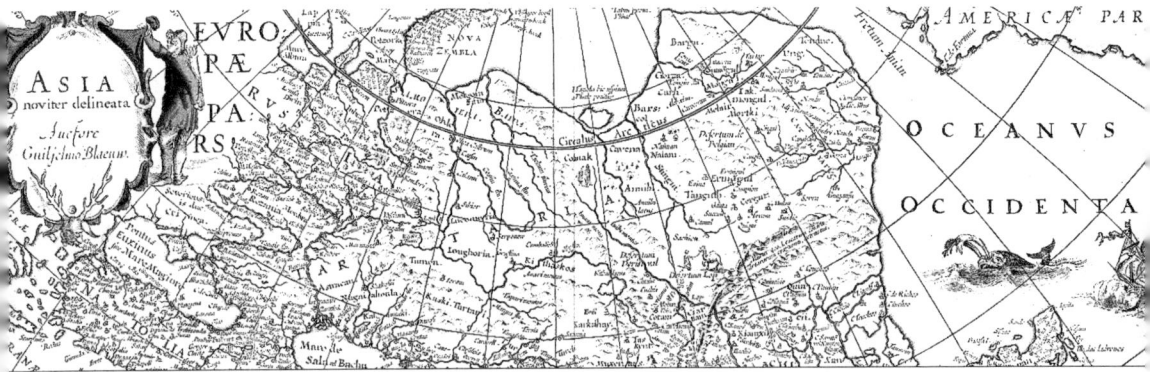

第六章

贵胄云集：伊本·巴图塔

公元 1325 年至 1356 年

公元 1332 年时，德里苏丹的王宫里有好几座庭院，还有个叫作哈扎尔·乌斯坦（Hazar Ustan）的大厅——意思是"千柱厅"。当时一位观察家写道："用来支撑木造屋顶的柱子都是经过精雕细琢的上漆木头。苏丹就坐在铺着白地毯的讲台顶一把垫高的椅子上，背靠着一块大软垫，在他的左右手边还有其他两块靠垫。"[01] 苏丹的左右各有一百名侍卫。在苏丹跟前的是他手下最高级的官员，身后则是上百名贵族——全都穿着丝袍。城里的法官和穆斯林教师在四周各站了一排。大厅更外侧则是苏丹的远亲、低阶贵族，以及军事将领。

这样的阵仗有项特别的任务，是要把外国人引见给苏丹穆罕默德·图格鲁克（Muhammad Tughluq）。就在这一天，来自摩洛哥、初来乍到的伊本·巴图塔和同伴带着他们要给苏丹的礼物走上殿来。伊本·巴图塔将在接下来的十年里见识这种仪式好几次，他在自己的回忆录里叙述道：

苏丹接着以最得体的礼节亲自和这人谈话，表示他的欢迎。这人若是个应当尊敬对待的人，苏丹还会执起他的手，或是拥抱他，并且要人把他的礼物呈一份上来。东西就摆在苏丹面前，如果礼物是兵器或布匹，他会把玩一下，先表现出对礼物的称许，让送礼的人放下心来，然后大方收下，鼓励这人。苏丹会赐他一袭荣袍，给他一笔钱……给多少则要看送礼人值得多少。[02]

对伊本·巴图塔及其同伴来说，这天真是黄道吉日。苏丹待他们如上宾，还在治下的政府里给他们安排了适合的职位。而对伊本·巴图塔个人而言，面见苏丹则是一场高风险的赌局。他呈给苏丹的贵重礼物，是用从某个放款人那儿借来的钱买的，要想还得起钱，除了觅得他想要的官职以外就别无他法。对做买卖的人来说，谋得一官半职以前就先花钱买送给苏丹的大礼，这也是一笔类似风险资本的钱。[03] 在伊本·巴图塔以前，已经有数以千计的人冒过这种险了。

未及而立之年，伊本·巴图塔就带着一行将近四十人的随员来到了德里，里面有男奴、女奴、侍者与几个旅伴。他有上千匹马，好几箱上好的衣物，还有一群驮兽，包括骆驼。自从公元 1325 年 6 月离开摩洛哥以来，七年间他已经走过了漫长的路途，一心想继续前往麦加的朝圣之行，热切而坚定。

我孤身出发，既没有同行的旅伴让我从陪伴中寻得支持，也没有商队能让我加入……（我的父母）他们和我都对这一次的分别伤心不已。那时，我才二十二岁。[04]

在一片凶险中，伊本·巴图塔从摩洛哥出发，对这回的旅行忧心忡忡。来自摩洛哥中部与突尼西亚的成群游牧民不时攻击商队，甚至还袭击城池。内心七上八下的他加入了一小群人，迅速前往安全的避风港——突尼斯。但当一行人抵达该地时，也没有人来迎接他。

　　一想到自己孤身一人，我就悲从中来，止不住眼泪，痛哭起来。但有位朝圣者了解我难过的缘由，来到我身边跟我打招呼，亲切欢迎我，不断用和蔼的言辞宽慰我。[05]

　　他在突尼斯参加了由一位叫阿布·雅库布·苏萨（Abu Yaqub al-Susa）的人所组织的庞大朝圣队伍。沿岸地区仍然和 2 世纪以前亚伯拉罕·本·易尤在世时一样，饱受基督徒军队的劫掠。伊本·巴图塔引了一段当时诗人的话："多少人丢了货物，失魂落魄，徘徊在陆地上！又有多少人在大海上度过他们的夜晚，哀叹沦落为奴、万劫不复！"[06]一次次的袭击毁了突尼西亚的经济，盗贼蜂起。幸好队伍里有一支由百名弓箭手组成的部队，更有超过一百名的骑士陪他们走了一段路。

　　打从一开始，伊本·巴图塔似乎就有一种自抬身价的天分。人在队伍里的他，设法从一大群摩洛哥朝圣者中得到了"卡迪"（qazi）的职位，也就是伊斯兰律法法官与顾问的位子。[07]伊本·巴图塔出身于法官世家。他受过的教育以及与生俱来的悟性，都有助于他在这样的机会里拔得头筹。虽然他不富有，但显然也不穷酸。朝圣队伍中有名来自突尼斯的治安官，伊本·巴图塔和治安官的女儿缔了婚约。队伍一面沿北非海岸前进，她也来到的黎波里与伊本·巴图塔相聚。但就在今天的利比亚东部，他"和我的岳父牵扯进一场纠纷，这让我非得和他的女儿分开不可"。伊本·巴图塔旋即再婚，这一回则是跟某位来自非斯（Fez）的学者的千金，而这学者人可能也在队伍里。一等到新娘在埃及海岸和伊本·巴图塔结为连理，他便"办了场婚宴，耽搁了整队人一整天的时间，款待了所有人"。[08]但无论是这位妻子还是她所生的孩子，却再也没有出现在伊本·巴图塔四册自传余下的篇章里。或许，她只是又一次年轻时犯下的错，和她的父亲一块儿被送回非斯了。

亚伯拉罕·本·易尤晚年定居在开罗；过了几乎两百年后，开罗仍然是个大都市。

据说，在开罗有一万两千名水夫骑着骆驼运水，有三万名驴子和骡子主人；开罗边的尼罗河段还有三万六千条属于苏丹及其子民的船，上行至上埃及，下行于亚历山大与杜姆亚特（Damietta），船上满载各式各样的货物与日用品。而在开罗隔着尼罗河的对岸，则是一处叫拉乌达（al-Rawda）的地方，那里有许多漂亮的花园，是个气氛愉快的公园与休闲胜地。开罗人喜欢享乐、找乐子。我见识过那里的游园会一次……每个做买卖的人都精心布置自己的摊子，卖的东西也很多，摆饰、丝织品在他们的铺子里展示了好几天。[09]

伊本·巴图塔骑着马，踏遍了尼罗河三角洲上的城镇，接着乘船逆尼罗河而上，打算跨过红海，完成往麦加的"朝觐"（hajj）。这趟悠闲的旅程在阿伊扎布——也就是亚伯拉罕·本·易尤跟他的代销人在两百年前为了三百迪拉姆起争执的同一个风沙漫天的港口——画下句点。时机实在不巧，统治阿伊扎布地区的家族正和开罗苏丹的军队打仗，不时击沉红海上的船只。伊本·巴图塔无法继续前行，只好乘船回转开罗。

伊本·巴图塔已经知道自己热爱旅行，其程度至少也跟研习宗教不相上下。他在行脚开罗期间发展出一套顺应这两种热情的做法。每到一座城市、一处城镇，他就去找有名的教士，和他们相处个几小时。他不像平常那些为追寻学问而旅行的人那样一待就是几个月，而是只听讲道，或是与他们交谈。他在尼罗河畔俄克喜林库斯［Oxyrhynchus，今巴纳萨（El Bahnasa）］的这次遭遇就颇具代表性："我在那里见到的人当中，学养深厚的卡迪谢拉夫丁（Sharaf al-Din）是个内心高贵、值得深交的人，我还见

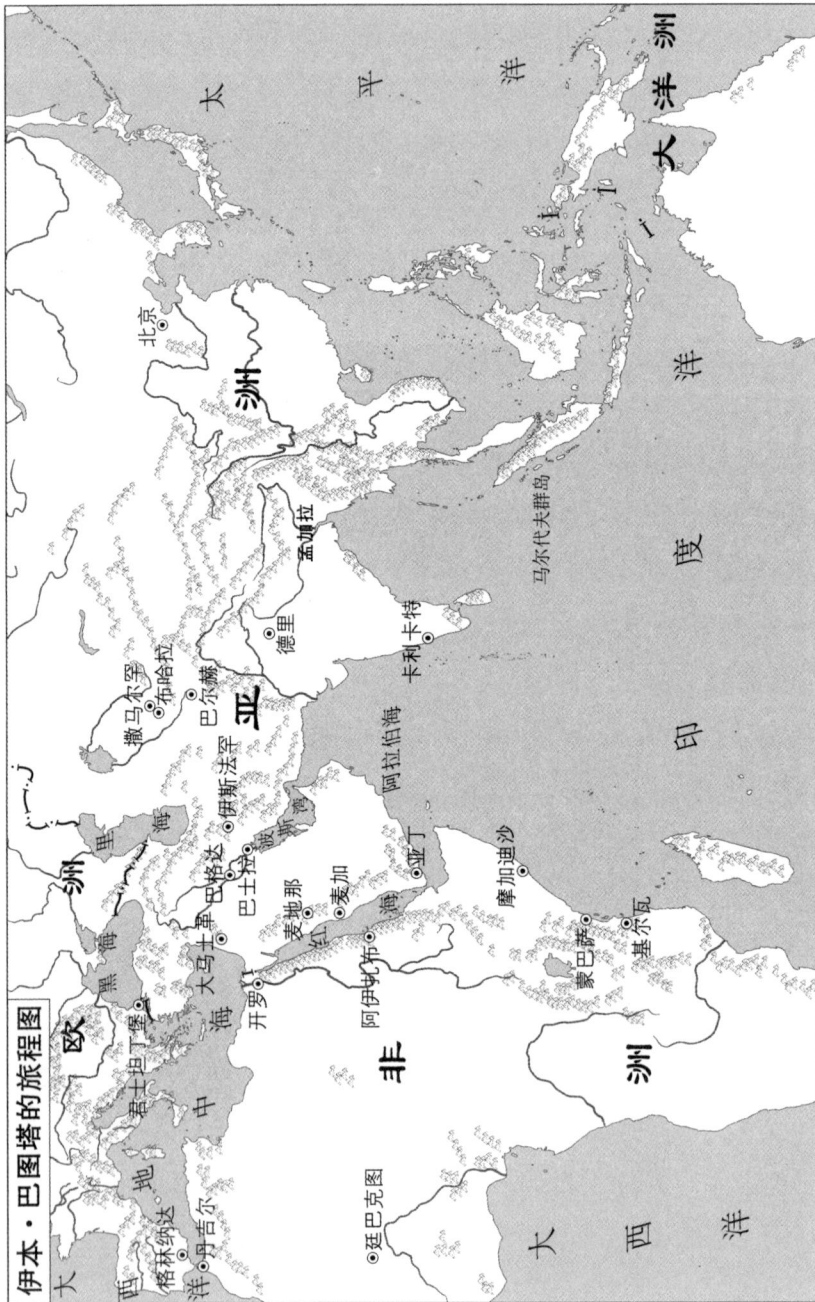

伊本·巴图塔的旅程图

大洋洲

亚洲

欧洲

非洲

大平洋

印度洋

大西洋

北京

撒马尔罕
布哈拉
巴尔赫
德里
孟加拉
卡利卡特
马尔代夫群岛

里海
伊斯法罕
巴格达
波斯湾
阿拉伯海
大马士革
巴士拉
麦地那
红海
亚丁
麦加
摩加迪沙
蒙巴萨
基尔瓦

黑海
君士坦丁堡
地中海
开罗
阿伊扎海布

大西洋
格林纳达
丹吉尔

廷巴克图

到了虔诚的长老阿布·贝克尔·阿日马尼 (Abu Bakr al-Ajmani), 和他住在一块儿, 做他的客人。"[10] 伊本·巴图塔在尼罗河岸的另一处城镇里, 得到某位知名教士的一套推荐信, 对此他格外珍惜。旅途中, 他敞开心胸, 学到的远远不只是信仰教条。他也尽可能与当地的杰出人士会面, 至于见不到的人, 就搜集他们的事迹, 后来他在写故事与寓言时这些也全都派上了用场。伊本·巴图塔细细观察当地的圣坛、建筑、物产与风俗。他写道, 尼罗河沿岸城镇中的布什 (Bush) 是 "埃及亚麻生产的中心, 亚麻就从这里出口到埃及与非洲 (Africa) 各地"。[11] 俄克喜林库斯是羊毛产业的中心, 而迈莱维 (Mallawi) 镇上则有十一座营运中的轧糖厂。 "他们从来不会阻止穷人踏进任何一间糖埠, 于是穷人就会带着一块温热的面包来, 把面包丢进煮糖的大锅里, 再把吸满糖汁的面包从锅里挑出来, 带着面包离开, 这是当地人的习惯。"[12]

当时的每一座伊斯兰城市里, 都能找到靠捐献所支持的招待所与学校 [即伊斯兰学校 (madrassas)]; 自从在亚历山大脱队之后, 伊本·巴图塔就踏进了伊斯兰学校组成的网络里。对穆斯林精英而言, 促进贸易、旅游与朝圣的行为是种虔诚、体面, 有时甚至有利可图的做法。伊本·巴图塔还在尼罗河游历时, 便称赞过沙希卜·塔吉丁·伊本·汉纳 (Sahib Taj al-Din ibn Hanna) 设在开罗南方、为所有受过教育的旅人提供食物的招待所。到了叙利亚的阿勒颇 (Halab), 伊本·巴图塔形容那里的清真寺在 "这类建筑里是数一数二的富丽堂皇, 讲坛还镶嵌着象牙与黑檀", 比邻的学校 "在规划与建筑之美上" 也能与之相辉映。[13]

这种由社会上层赞助的旅行与学习机构体系, 听起来和玄奘造访过的佛教寺院有种奇妙的相似之处, 而且说不定就是模仿佛寺而来。这一套支持着求道者旅行的体系就是起源于中亚, 当地的佛教寺院资助旅人追求类似的目标已有千年之久。[14] [伊斯兰信仰就像佛教一样, 要求个人为了性灵的发展与学习踏上旅途。]¹⁵ ❶每一位穆斯林都应该前往麦加朝圣一次，但严肃的学习可不仅止于此，更要前往不同的都市与学校，求教于各式各样的学者和教士。就在顺尼罗河而下的回转之行后，伊本·巴图塔仅仅在开罗停留了一晚，旋即动身踏上往北的陆路，沿今日的埃及、以色列与黎巴嫩海岸地区前往麦加。在前往大马士革途中，伊本·巴图塔还造访了阿科（Akko）、苏尔（Sour）、赛达（Saida）、特拉布洛西（Trablousi），以及位于内陆的圣城耶路撒冷。土耳其军队已经在公元1325年以前克复了这片海岸上所有的基督教军团国家，但基督徒与穆斯林军队间的战争仍然让许多地方满目疮痍。伊本·巴图塔写下了自己经过的城镇有哪些物产与特色：

> 我们接着抵达（贝鲁特的）镇上。这里地方不大，但有小巧的市集，当地会众的清真寺极为美丽。水果和铁器就是从这儿出口到埃及的。¹⁶

伊本·巴图塔在自己的回忆录里描述大马士革清真寺的建筑奇观，一共写了八页，但他却用了更多的篇幅来谈自己拓展中的人际网络——清真寺的伊玛目、教师与知名人士：

> 这座清真寺里有好几个探究各种（神圣）知识的"教育圈"，传统派则坐在高椅子上读传统经书，而朗诵《古兰经》的人无论晨昏都用悦耳的声音背诵着。寺里还有一些教师在教真神的经书，每一位都背对着清真寺的一根柱子，对着孩子们读经，教他们背诵……¹⁷

————————————

❶【原注】当时在犹太学者之间，也有为学术而游历的类似传统。

　　在大马士革，伊本·巴图塔也参加了《圣训》（Sahih，记载先知言谈的经书，大约写于公元 850 年）的讲座，他自豪地写道，自己获得正式认证，可以讲授这部经。

　　如果回忆录里记载的时间正确无误，那伊本·巴图塔可真是个大忙人。他人只在大马士革待了二十二天。除了听讲以外，他甚至还梅开三度。这一回的婚姻带来了一个儿子，他的回忆录后来还提到过这孩子一次。伊本·巴图塔把自己身怀六甲的妻子留在大马士革，加入了一支庞大的朝圣队伍，前往圣城麦地那与麦加。

　　从穆罕默德的时代开始，前往麦加朝圣——也就是所谓的"朝觐"——就已经是每一位穆斯林所应尽的义务。到了 14 世纪，"朝觐"已经成了极有组织的旅游行程。由大马士革出发的行程一开始就是给养充足的休息站，以及与穆罕默德有所关联的遗迹，但中间也包括好几天的沙漠行，以及热浪与沙尘暴带来的危险。这支朝圣队伍在麦地那城停留了四天，穆罕默德一度在此讲道、生活。白天的时间就花在造访圣地之上。

　　　我们停在和平之门（Gate of Peace）致敬，然后在先知与圣徒陵寝间神圣的花园里做祷告。我们还亲吻了现在系在一根柱子上的……为真神使者哀哭的棕榈树干残片……[18]

　　到了夜晚时光，则是在城里的清真寺挨着烛火，聆听背诵《古兰经》的声音度过的。顺带一提，伊本·巴图塔的回忆录还告诉我们，麦地那大清真寺的天花板和镶金边饰都是用柚木所造，这些木头无疑是来自印度的马拉巴尔海岸。[19] 朝圣队伍夜里下榻在水源充沛的村落，走了七天后终于抵达了麦加。"朝觐"之行的每一天，在麦加内外都有特别的活动。伊本·巴图塔和旅伴们首先去了麦加最神圣之地，克尔白。

> 我们完成了到达时的（七次）绕行（circuit of arrival），并亲吻圣石；我们还在易卜拉欣的立足地（Maqam Ibrahim）履行了俯首二度的祈祷，接着紧挨着克尔白的布幔……位置就在克尔白大门与黑石（Black Stone）之间，祈祷就是在这儿应许实现的；我们也喝了渗渗泉（Zamzam）的水……[20]

算上四处晃荡和所绕的路，伊本·巴图塔花了十六个月才抵达麦加。

"朝觐"时，伊本·巴图塔与来自整个伊斯兰世界的人相遇。他遇到了一位叫曼沙德·本·沙伊克（Mansard bin Shaik of Medina）的麦地那人，之后他还会遇见这人两次，一次在叙利亚，一次则在布哈拉。还有一位同行朝圣的人，名为阿里·本·哈夏·乌玛威（Ali bin Hujr al-Umawi），来自西班牙的格拉纳达；后来在德里时，伊本·巴图塔也资助过他。[21]

多数的朝圣者在麦加经历一周的圣事后，就重拾了自己的日常生活。但伊本·巴图塔却留下来进修、建立人脉。留在麦加的这些年，伊本·巴图塔认识了在德里苏丹手下担任资深大使的人，他时常带着印度宫廷的捐赠，往来于印度与麦加之间。他还遇见同为法官的人，这人也来自其故乡——摩洛哥的陶亚（Tauja），是他父亲的友人。成千上万的人长途跋涉，追求教师、法官、教士、官员与士兵等工作，而伊本·巴图塔遇到的这些人，不过就是此情此景的缩影。

对受过教育的人来说，12世纪时头一遭出现了一个几乎无国界的世界。在这一大片从西班牙延伸到中国口岸城市的地区里，多的是四海为家的人。他们在法律与宗教教学上的能力在整个伊斯兰世界都派得上用场，整个伊斯兰世界也都需要他们的专长。许多城市吸引这些满腹经纶的旅人，他们也在自己的新家留下了印迹。伊本·巴图塔注意到，麦地那"那个掌管司法行政的人"来自突尼斯，而伊本·巴图塔的家人和那里的关系保持得不错。麦地那的学者则包括来自非斯、开罗与格拉纳达的人。大马士革的知名学者中，一位来自西班牙的塞维利亚（Seville），另一位则出身于摩洛哥的马拉喀什（Marrakech）。伊拉克南部马什德（Mashed）城里的政教领袖甚至有个在西班牙与直布罗陀工作、生活的兄弟。到了波斯的设拉子（Shiraz），伊本·巴图塔下榻在长老阿布·伊斯科（Abu Iasq）的招待所，而这位长老所收到的钱，则来自从中东经印度海岸直至中国这一路上的各个赞助人。[22]整体而言，到外地找工作的人数相当庞大，很可能有数十万人。当时有超过数十座信奉伊斯兰教的大城市，数百座小城市，其中每一座都可能有工作机会。

在麦加过了一年后，伊本·巴图塔在"行遍天下"的渴望驱使下，再度加入了大商队之行。[23]后来他花在慈善招待所的时间愈来愈少，陪伴王侯的时间则是愈来愈多，同时他也学到了宫廷礼仪与风俗。他离开巴格达，加入了苏丹不赛因（Abu Sa'id）的随员，为的则是"观察伊拉克王在其旅途与营寨中所能见识到的礼仪"。[24]这位苏丹是帝国开基祖成吉思汗的五世孙，统治着当时大部分的中东地区。伊本·巴图塔仔细观察这位蒙古大汗日常生活中的仪礼，包括行伍、乐师、旗帜，以及贵族所参加的仪式，他还写到了这些贵族"漂亮的衣袍"。

他跟在国王身边将近两周时间，接着和国王底下的一位贵族旅行了十天，然后再回到国王的营帐里，"埃米尔在那里跟国王提起我，引介我到国王的面前。"等到"国王问起我的国家时"，伊本·巴图塔早就准备好一大堆的故事了。从这场会面中，他带走了"一件袍子、一匹马"，以及下一段旅程整段所需的"给养与马崽"。[25]苏丹甚至还给巴格达总督，以及伊本·巴图塔旅程上另外两座城池的长官写了介绍信。

伊本·巴图塔对营帐里的仪式，以及苏丹不赛因的随员有相当深刻的印象。

（出发前）每一位埃米尔都领着自己的人马、战鼓与军旗，立定在先前已分配好的位子上……不是左翼就是右翼。等到他们全都就位，行伍排得一丝不苟之后，国王才跨上马，战鼓、军号与横笛奏响出发乐。[26]

接下来的六年，伊本·巴图塔在波斯、君士坦丁堡、克里米亚、高加索，以及今天的乌兹别克与阿富汗等地，精进自己在宫廷里的进退应对。他学会了人在马上、马下时要如何行礼。若从"一件埃及亚麻短袍、一件耶路撒冷制的皮披风"与"坎克（kamkha）是巴格达、大不里士（Tabriz）、内沙布尔与中国等地所生产的丝绸织品"等叙述看来，他显然很清楚当时上好布料的名字与产地。[27]❶可汗送的华衮则让他上得了庙堂。他发现，无论他去到的是穆斯林、基督徒还是泛灵论者的宫廷，大半个亚洲的宫廷礼物都相去不远——包括丝袍、镶了宝石的兵器、金子、马匹以及奴隶。伊本·巴图塔只用了一两年的时间，就成了鉴赏马、鉴赏女奴的行家。他收送好几个女奴当作礼物，从大马士革到德里这迂回曲折的一路上也买了不少女奴。为了私人逸乐而购买妾室，是亚洲世界奴隶制度的另一面。伊本·巴图塔的回忆录里没有提到任何一个女奴的名字，而女奴对他的随员来说似乎也不太重要。相较之下，他形容自己的旅伴时，还带着更多的热情与更多的细节。

无论是在大马士革，在整个土耳其与波斯，还是在印度的时候，伊本·巴图塔曾有几回待在不同的苏非教团（Sufi order）招待所。这些苏非行者是何许人也？苏非行者与穆斯林不同，他们（至今仍然）相信有直接、狂喜地体验神的可能性，而他们特别的仪轨——跳舞、唱诵、诗歌、命理学与

———————————————

❶【原注】伊本·巴图塔有次遇见一位没有合宜穿戴昂贵衣物的国王，这让他大感失望。

玄秘的言谈——都是要让人处在这些体验有机会发生的状态。与真神的这种直接体验比每日的祷告或伊斯兰教法重要得多，但苏非行者多半仍恪守传统，当作在伊斯兰世界生活的实际要求。

一开始，苏非行者的中心是由数个独身的师父所组成，他们选择住在既有的招待所或商队的休息站，教导那些为追求知识而来来去去的人。在这些师父里，有少数人会发展出自己的修行法，师父过世后则由徒弟保存与发展。人们接着在各个徒弟定居的城市里找地方传授这些修行法，其中也包括让门徒们居住的房舍。他们迅速发展出神职体系来支持这些会所，处理捐献事宜、执事人员、规章等，并跟特定的教学中心联系在一起——这一切都不难想见。许多圣职变成代代相传的位子，捐献的来源也变成政府的赞助。[28] 早在伊本·巴图塔的时代以前，几个伊斯兰逊尼支派就接纳了苏非教义，用来补足他们自己这种更合法的教派，而不是将之视为威胁。到了 14 世纪时，某些苏非教团已有超过五百年的历史，但新的教派仍不时围绕着某个特别有影响力的师父而出现。

某些苏非教团只有地区性的发展，例如在北非或波斯，但有许多教团则散布到中东与中亚城镇，甚至还深入印度。等到蒙古人在公元 1258 年攻陷巴格达之后，苏非教团就真的大红大紫了。哈里发国这种伊斯兰信仰的中心机构从此销声匿迹。等到七十五年后，亦即伊本·巴图塔旅行时，一系列的苏非招待所与学校就是残存下来规模最大的伊斯兰信仰机构。

伊本·巴图塔很快注意到，有许多国王的仪式就跟宫廷中的礼物一样，是整个亚洲世界所共享的，甚至还超乎其上。他写道，有好几个宫廷都有赠予嚼食荖叶、槟榔的习俗。槟榔跟荖叶虽然原生于印度，但这种风俗倒是传遍了整个中东与东非海岸的宫廷。从国王手上接下槟榔，称得上是一个人所能得到的最高荣誉之一。[29] 伊本·巴图塔后来还会在东南亚与中国南部各地目睹这种国王授予槟榔的仪式。各国国王同样被一大堆共通的王室象征所包围，如阳伞、旌旗与大鼓。

这些象征与仪式跨越了语言、地区与宗教。

不久后，伊本·巴图塔就能对这一个国王谈另一个国王的事，这可是国王们求之若渴的情报。每一位国王都被敌人、派系、七嘴八舌的贵族，以及必不可少、却又颟顸驽钝的官僚制度给团团包围。他们也因此特别想去了解有效的策略、各种王权象征，以及其他宫廷里的仪式。从某种角度来看，伊本·巴图塔与国王的对话算得上是当时的经营管理讨论课，而伊本·巴图塔则是一位相当成功的管理顾问。也门王向伊本·巴图塔问起摩洛哥苏丹，"还有跟埃及王、伊拉克王以及洛尔人（Lurs）❶的王有关的事，他也问了许多和这些国王有关的问题，我也一一回答了。他的维齐尔（vizier，高级行政官员，也作 vazier）随侍一旁，国王命令他恭敬地接待我，还要帮我安排住处。"[30]

伊本·巴图塔还曾经游历过东非海岸，发现当地的宗教、贸易、风俗与亚洲世界是连在一起的。此地的几座大城是摩加迪沙（Mogadishu）、基尔瓦（Kilwa）、蒙巴萨（Mombasa）与桑给巴尔（Zanzibar），城里人都是穆斯林。当地的经济是以奴隶、金子、马匹出口（主要是对印度）以及进口印度棉花为基础。亚洲世界各地都在进口非洲象牙。伊本·巴图塔虽然觉得当地人新鲜，但风俗却很类似。摩加迪沙苏丹将槟榔与荣袍送给了伊本·巴图塔，而他是这么描写这件衣服的：

他（们）的荣袍是由一件丝袍（在腰间系住，用来代替内衣，因为他

---

❶【译注】伊朗人中的一支，主要居住在伊朗西部的洛尔斯坦（Lorestan）、科吉卢耶 - 博耶尔艾哈迈迪（Kohgiluyeh and BoyerAhmad）、胡齐斯坦（Khuzestan）、法尔斯（Fars）、哈玛丹等地。

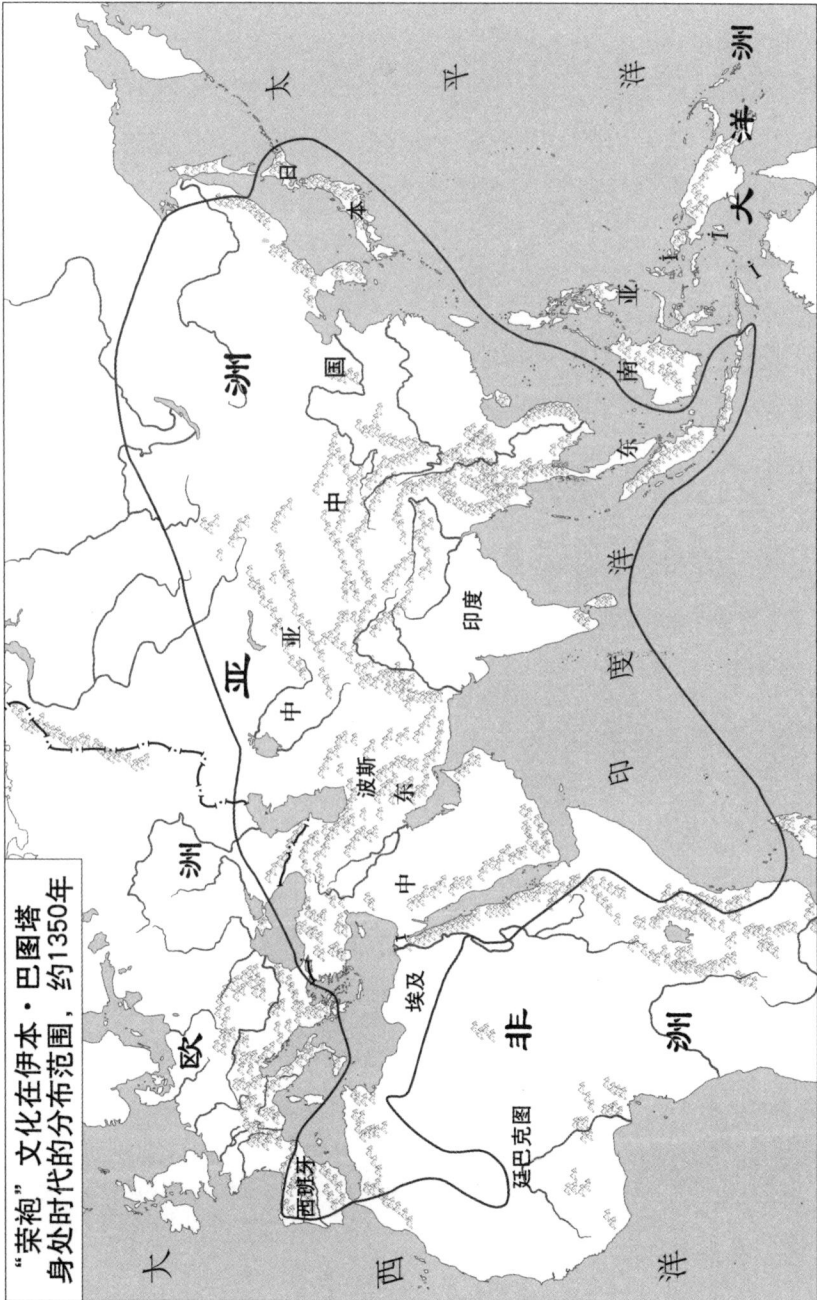

"荣袍" 文化在伊本·巴图塔
身处时代的分布范围, 约1350年

们对内衣一无所知）、一件有绣花边的埃及亚麻短袍、一件耶路撒冷制的皮披风，再加上一条花边埃及凤头巾搭配而成。[31]

行至中亚深处，伊本·巴图塔拜访了一位苏丹，还收到了类似的礼物，用来答谢他所讲的诸王事迹。

伊本·巴图塔就是从这些国王的手上慢慢得到这些马匹、袍服、金子和毛皮。他收下了奴隶，接纳旅伴进入自己的队伍，随员数量也随之增长。

在我向他致敬后，他坐了下来，问起我个人、我走过的旅程，以及我还遇见过哪些苏丹；我回答了他的每一个问题，他只待了很短的时间便起身离开，接着送来一匹上了鞍的马和一件袍子。[32]

这就是伊本·巴图塔带来德里的那支由近四十个人、超过一千匹马，以及好几箱上好衣袍组成的队伍的由来。他成了"有头有脸"的人，有故事可说，有仪礼能讲述，对国王的任命也抱着合理的期待。在那个时候，伊本·巴图塔因为自己送苏丹的礼物而欠下了五万五千迪拉姆银币的债，但赌这一把看来是值得了。伊本·巴图塔在印度得到的，远比他人的庇护更有分量——就像许许多多的军人、教士与法官那样，他找到了工作。德里苏丹雇用他来担任城里大法官的一员，他就在这个酬劳丰厚的位子上坐了九年，历经饥荒、派系斗争与宫廷阴谋。[33]虽然伊本·巴图塔不懂当地语言，但因为整个伊斯兰世界的伊斯兰教法大体上都是一样的，所以他才能够担任这个职位。[34]而管理某座重要陵墓底下的慈善基金，也包括在他对国王应当负起的责任范围内。[35]公元1341年，伊本·巴图塔离开德里，去完成最后一次外交任务，要把袍服、金子、奴隶与其他礼物从德里苏丹这里运往中国皇帝那里。一行人朝西南方横跨整个印度，抵达古吉拉特的主要港口肯帕德（Cambay）。伊本·巴图塔最后报告说礼物在船难中沉没了。当代学者质疑这趟任务的真实性，因为在中国或印度的记录中都没有相应的证据。无论如何，伊本·巴图塔是回不去德里了，于是他沿着西印度海岸前往马拉巴尔。在肯帕德、胡纳尔（Honar，靠近孟买）、卡利卡特与科钦，他找到了几个苏非教团的分支。当地的苏非门徒与平信徒将这几座城当作对中东的贸易网络。伊本·巴图塔在门格洛尔所见的香料贸易，就跟2世纪以前亚伯拉罕·本·易尤的时代的一样活跃。"多数来自法尔丝（Fars，即波斯）与亚曼（al-Yaman，即也门）的商人就是在这座城镇卸货，这里的胡椒和姜实在多不胜数。"[36] 伊本·巴图塔的回忆录不像亚伯拉罕的信，里面还包括对胡椒种植过程精准的描述，意趣横生。

> 胡椒木跟葡萄藤很像，人们把胡椒木种在椰子树旁边，它们就像葡萄藤那样爬上椰子树，只是不会像那些葡萄藤那样长出卷须……胡椒木会长出小簇的果实，一粒粒就像还没成熟的椰枣。人们会在秋天采集胡椒粒，把它们铺在垫子上，在太阳下曝晒，就像是要做葡萄干的葡萄。他们不断翻搅果实，直到胡椒完全干燥，变成黑色，然后再卖给商人……我在卡利卡特看过别人把胡椒倒出来，以蒲式耳❶为单位称量，跟我们国内的小米一样。[37]

伊本·巴图塔继续着他前往马尔代夫群岛与斯里兰卡的旅程。他宣称自己从斯里兰卡往东出发，途经东南亚，抵达中国。当代学者也怀疑这趟

---

❶【译注】蒲式耳（bushel）其实是英制单位，用于计量谷物及水果，等于八加仑（英制1加仑等于4.546升），但这个数字并非绝对，在不同农产上也可能有不同的标准。蒲式耳在英文翻译中常用来替代分量相当的计量单位，而作者使用的是伊本·巴图塔游记的英译本，此为其由来。

行程——不仅地理描述混乱，而且整段叙述有一大半都是用几桩可疑的个人遭遇故事编造而成。为了增添自己的威望，伊本·巴图塔有可能用自己听来的消息捏造了这趟旅途。

但马尔代夫的确才刚改宗伊斯兰信仰，伊本·巴图塔也曾造访当地，这倒毋庸置疑。他担任穆斯林法官，严正制裁那些不参加晚祷的人。伊本·巴图塔还延续了自己结露水姻缘的习惯，与当地人结婚；不到几个月，他就跟四位不同的名流仕女结为连理。他在德里学到宫廷阴谋，而且卷入了一场征服马尔代夫群岛的失败密谋。[38]

经历了前往斯里兰卡与印度东海岸的额外行程后，伊本·巴图塔在马拉巴尔海岸被分乘十二艘小船的海盗袭击，失去了他的财产。打从两百多年前亚伯拉罕·本·易尤的时代开始，海盗这回事一直没有什么改变。

> 他们抢了所有我应急之用的东西，抢了（斯里兰卡）国王给我的珍珠和红宝石，抢了我的衣服和虔诚的人们与圣徒给我的给养。除了我的裤子，什么遮衣蔽体的东西他们都没留给我。他们抢了所有人的每一样东西，然后把我们赶上岸。[39]

但说到底，伊本·巴图塔还是活了下来。当地的商人与清真寺教长给了他衣服，他又重新起家。没过几天，他就再次陪在国王的身边，讲着故事，传递情报。公元 1348 年，伊本·巴图塔回到中东，这时的他已经迈入五十多岁的年纪了。他在大马士革停了下来，细细思量自己选择这种旅行生活的得失。从二十多年前离开大马士革的那一刻起，他就和自己在摩洛哥的家人断绝了联系，自此对自己的父母和兄弟姐妹一无所知。在回到大马士革以前，他都不知道他的父亲于十五年前就已经过世了，而他在大马士革抛下的妻儿也都死了。伊本·巴图塔的习惯，就是

上图 | 一副19世纪的巴米扬大佛版画，画中的雕像大致完好。公元2001年，塔利班政权摧毁了这些雕像。
（Alexander Burnes, *Travels into Bokhara* [London：J. Murray，1834]）

下图 | 那烂陀寺遗迹，玄奘就是在这里学习、抄经，待了5年。图中隔出来的小间就是僧侣的寮房。
（American Institute of Indian Studies. AR 020800）

上图 玄奘的队伍返回中国的壁画。请特别注意那头驮着珍贵佛经的白象。这幅壁画位于玄奘的路线上，敦煌佛寺的某个岩窟里，画中的情景可能是在他旅经此处后一个世纪之内被描绘出来的。（The Lo Collection）

下图 大雁塔，公元 652 年兴建于唐长安城，用来存放玄奘从印度带回来的经书。（Asian Studies Program，University of Florida）

左上图 | 像伊本·法德兰这类在时髦的巴格达任职的廷臣，用的就是这种高雅的细颈玻璃壶。（*Glass Flask*, Eastern Mediterranean, 11th Century, Los Angeles County Museum M.45.3.44）

右上图 | 布哈拉的伊斯梅尔·萨曼（Ismaili Samani）陵。公元 921 年，伊本·法德兰一行经过布哈拉，伊本·西拿 11 世纪时也在此地念书，伊本·巴图塔曾于 14 世纪造访当地，巴希尔则是在 15 世纪进攻这座城市，而这座陵墓始终屹立不摇。（Photograph by Galen F. Frysinger. USED BY PERMISSION.）

下图 | 澡堂。从西班牙到印度，许多伊斯兰城市都有这种特色建筑。伊本·法德兰对高加索地区外围的一座澡堂赞不绝口，虽然他的胡子在从澡堂走回下榻处的路上冻住了。（*Firdawsi Receiving Wages in a Bathhouse*, *Page from a Manuscript of the Shahnama*［*Book of Kings*, c. 1550–1575］, Los Angeles County Museum M.73.5.591）

上图 | 伊斯法罕的艾哈迈德与穆罕默德（Ahmad and Muhammad of Esfahan）的星盘，公元 984 年制作。这是现存最早的星盘，能在 5 个不同的纬度地区计算 37 颗星体的位置。10 世纪时，中东到西班牙之间的人们都知道类似的工具；科学知识在 9 世纪到 13 世纪的亚洲世界有了蓬勃发展，星盘即为其代表。（The Museum of Science, Oxford）

下图 | 这本漂亮的《古兰经》来自伊本·西拿的时代，经文并非抄写于旧有材料上，而是用纸来写。两百年前，纸才从中国传入，但当地发明家随即发现捣烂的亚麻能做出更好的产品——平整、柔滑、坚韧。（Koran transcribed by Ibn al–Banwab, Baghdad, 1000–1001 Chester Beatty Library, Dublin Is. 1431, fol. 286r）

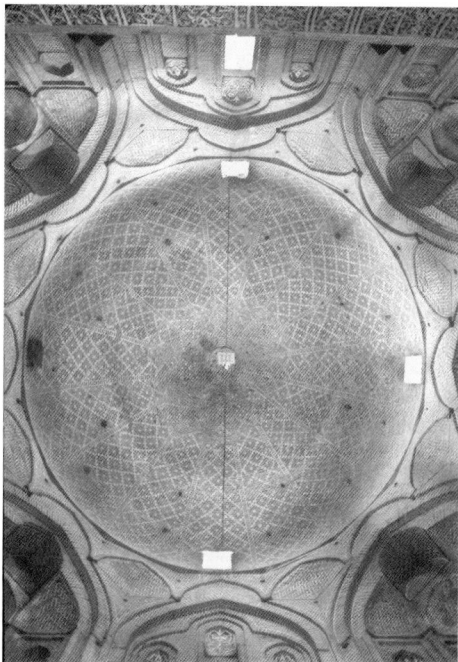

上图 | 阿尔德斯坦（Ardestan）清真寺的圆顶，大约建于伊本·西拿人在哈玛丹的时候，地点距离哈玛丹以西大概四百英里。这座圆顶是繁复花砖作品绝佳的早期例证，很有可能是根据当地新发展的数学知识设计而成。（Photograph by Sussan Babaie，University of Michigan.）

下图 | 伊本·西拿的《医典》拉丁文译本，他的这部作品是中古欧洲使用最为广泛的书籍之一。这个版本是公元1476年的印刷品，晚古腾堡圣经（Gutenberg Bible）不到30年。请注意，页边手写的评论是由某位中世纪的医生所写。（University of Michigan. Special Collections. Incum.129）

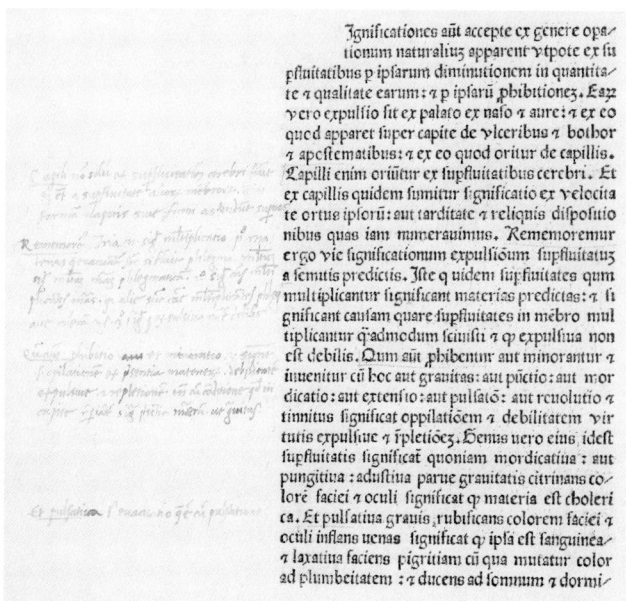

上图 中国制的镜子有花饰的背面。从印坦沉船被挖掘出来以前，这面镜子在爪哇海床上躺了一千年。（Photo by Michael Flecker.）

中图 被称为"缚日啰"（Vajra，金刚杵）的谭崔佛教法器。这件法器与其他佛教器具正在从孟加拉运往爪哇的路上，是部分的印坦沉船船货。（Photo by Michael Flecker.）

下图 来自印坦沉船的中国银两。请注意中间那块银锭上的字，代表官府担保银子的纯度。（Photo by Michael Flecker.）

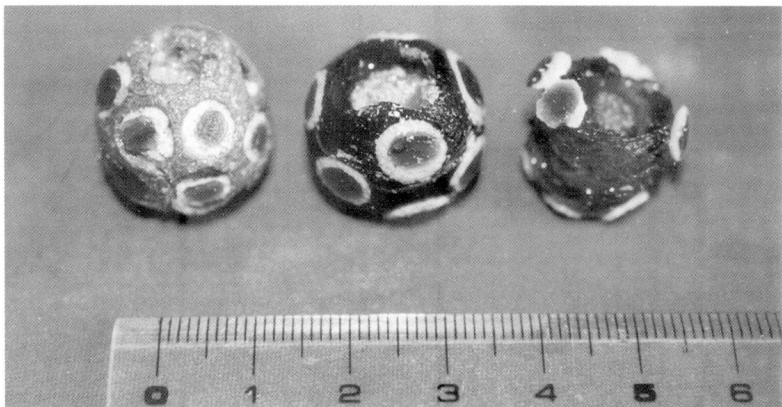

上图 | 中东地区制造的"有眼"玻璃珠，发现于爪哇外海的印坦沉船。这种玻璃珠在东南亚值不菲，时间长达两千年以上，也经常用于交易香木、香料与药材。（Photo by Michael Flecker.）

下图 | "开罗废书库"附近出土的印花棉布，来自印度西岸古吉拉特地区。印尼曾发现类似图案的棉布，暗示这种布料成熟的制造过程与贸易遍及整个亚洲。最早的布样能上溯至 12 世纪，也就是亚伯拉罕·本·易尤的时代。（Kelsey Museum, University of Michigan. Gujarat Floral, Chevron and Vine, Acc#000.09.4139. Ann Arbor.）

上图 ┆ 新鲜采摘的胡椒粒至少要在太阳底下曝晒 3 天至晒干，才能打包运送，在亚伯拉罕・本・易尤的时代也是如此。（Photo by the author.）

下图 ┆ 所罗门・谢克特（Solomon Schechter）正在处理"开罗废书库"文件，时间就在 19 世纪 90 年代，废书库开封后不久。找到的文件超过 14 万份，大约有 4 万份和日常生活、贸易有关。（Cambridge University Library T–S 10 J10.15 Recto.）

上图 | 亚洲世界到处都有人在玩象棋，有成吉思汗这种名人，也有胡椒商人亚伯拉罕·本·易尤这种寻常人。（ *The Vizier Buzurghmihr Showing the Game of Chess to King Khusraw Anushirwan，Page from a Manuscript of the Shahnama* [*Book of Kings*] Turkey，1525–1575.Los Angeles County Museum M.73.5.586 ）

左下图 | 亚伯拉罕·本·易尤就是在这封信里措辞恳切，想问得兄弟姐妹的消息，他们被人从突尼西亚掳去了信奉基督教的西西里岛。几经波折，这封信还是送到了本·易尤亲人的手中，最后他也营救了所有人。（ Taylor–Schechter Collection，Cambridge University Library ）

右下图 | 印度科钦犹太会堂的中国制蓝白瓷屋瓦。（ Photo by the author. ）

上图 | 从西班牙到中国的城市都能找到这种教学机构。伊本·西拿在布哈拉时就是在类似的学校念书，而伊本·巴图塔中东之旅伊始也曾在这种学校栖身。（A School Scene, Painting from a Manuscript of Yusuf and Zulaykh Jami. Iran, Bukhara, 1564－1565/A.H. 972. Los Angeles County Museum M.73.5.440）

下图 | 数以百万恪守前往麦加朝觐要求的穆斯林中，就有14世纪的伊本·巴图塔与15世纪的马欢的身影。（"The Mount of Mercy." Aramco Photo Archive, 3511 005.JPG）

上图 | 伊朗西北部大不里士蓝清真寺（Blue Mosque of Tabriz）的繁复花砖。这座清真寺建于公元1455年，大约是伊本·巴图塔经过这座城市的150年后。他对贸易带来的财富印象深刻，其中一些资金就用在这座清真寺上。但随后的数次地震摧毁了大部分的建筑物。（Photograph by Sussan Babaie, University of Michigan.）

下图 | 德里一座廊柱式的公开接见厅，此情此景或许与伊本·巴图塔曾遭遇到的场景相当类似。这幅画是300年后的作品。（Los Angeles County Museum AC 1992.94.1）

上图 | 12世纪中叶中国远洋船只的透视图，这艘船几乎有100英尺长，30英尺宽，是根据中国福建省福州市发现的沉船所绘。应特别注意分格船舱的格板。14世纪时，伊本·巴图塔曾在马拉巴尔海岸见过这种船只的放大版。（Sketch by the author of a model in the Overseas Communication Museum, Quanzhou, PRC）

下图 | 说故事用的卷轴，这和马欢与托梅·皮雷斯见过的表演属于同一种传统。这卷卷轴是现代的版本，来自印度拉贾斯坦（Rajasthan）。一到晚上，表演的人手上拿着灯笼，照亮卷轴上画的场景，讲述相应部分的故事。（Collection of the author.）

上图　这幅战争场景图显示出在马背上使用反曲弓的模样。仔细一看，骑士们是用他们的双膝来策马。(*Battle Scene and Text* [*recto*], *Text* [*verso*], *Folio from a Shahnama* [*Book of Kings*], Delhi, early seventeenth century. Los Angeles County Museum AC1993.187.1)

下图　巴布尔从一场酒宴中夜归。根据巴布尔在其回忆录中所说，有几次宴会引发了严重的骚乱，让他们非得把人隔开，把战友送回各自的营帐。(*Illustrated Version of the Baburnama commissioned by Akbar*, 1589. Sackler Gallery S 1986.231)

Elephante armado.

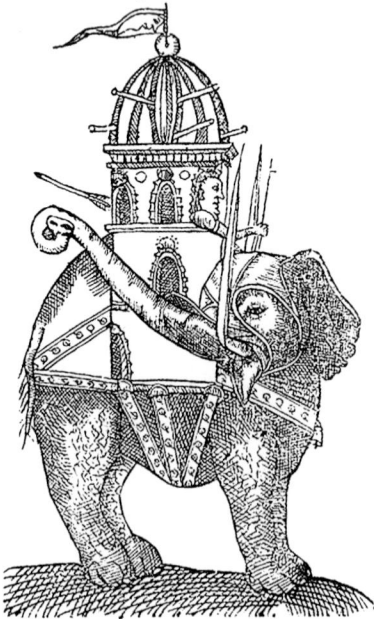

上图 | 巴布尔在公元 1507 年进攻印度。值得注意的是，马身上的护甲以及弓箭在当时的草原军队中都很常见。（ *Folio from a Baburnama.* Delhi, circa 1589–1590. Los Angeles County Museum M.91.348.1 ）

下图 | 16 世纪时，巴布尔征战印度的军队中常常能够见到战象。某个葡萄牙画家画了这幅图，但他可能没有亲眼看过战象。（ Christobal Acosta Tractado de las drogas y medidinas de las Indias oreintalis [Venetia：F. Ziletti, 1585]. In the Rare Book Collection of the Museums Collection, University of Michigan. ）

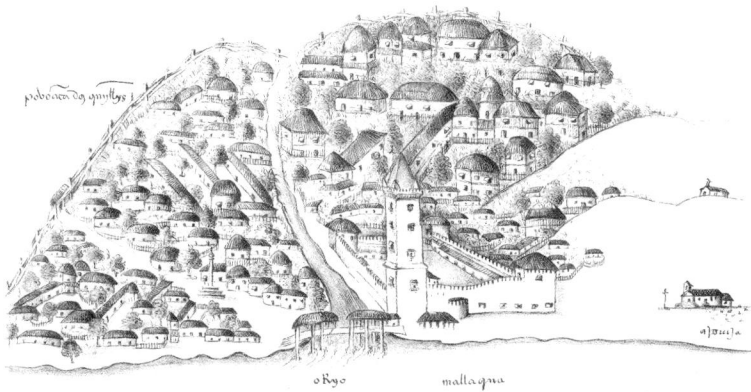

上图 托梅·皮雷斯曾经住在马六甲，这是马六甲 30 年后的样子。可以留意一下新盖的城堡与瞭望塔，以及横跨河口的移动墙垛。（Gaspar Correa, *Lendes da India*［Lisboa：Da Academia real das sciencias，1858–66］）

中图 马拉巴尔某城堡一景，葡萄牙人到来之后，这座城堡很快就建起来了。墙上的炮眼表明非欧洲势力已经在使用大炮了。（Photograph by author.）

下图 姜，绘于第一篇谈热带药材的葡萄牙文论文，1530 年。（Gaspar Correa, *Lendes da India*［Lisboa：Da Academia real das sciencias，1858–66］University of Michigan.）

上图 | 亚丁，由某位葡萄牙画家于 16 世纪 50 年代所绘。13 世纪时，亚伯拉罕·本·易尤曾在亚丁担任贸易行学徒，马欢也在 15 世纪时造访过这座港口。图中有桅杆的是葡萄牙人的船只，托梅·皮雷斯就是搭这种船前往广州港。使用三角帆的小船则是当地的船只。（Christobal Acosta, Tractado de las drogas y medidinas de las Indias orientalis [Venetia：F. Ziletti, 1585]. In the Rare Book Collection of the Museums Collection, University of Michigan.）

下图 | 15 世纪初，郑和其中一次下西洋时，将一头长颈鹿从非洲带到了北京。（Yongle Period Scroll. c. 1414. Philadelphia Museum of Art. 1977-42-1.）

短暂的婚姻与匆忙的离别，少说也抛下了七名妻子。他为了性欲买女奴，八成也在路上把她们给卖了。但在德里的时候，他似乎是真心为某个小女娃的死而悲恸；而这个女娃，则是他和妾所生的女儿。临到老时，他没有妻子，也没有孩子。

公元1348年，死亡也笼罩着伊本·巴图塔。同年，黑死病席卷欧洲，他也是头几个记录黑死病的人。

> （瘟）疫在加萨爆发，死者的人数一天就超过千人……我前往大马士革，礼拜四抵达时，人们已经斋戒了四天……那里的死亡人数高达每天两千四百人……接着我去了开罗，有人告诉我在瘟疫横行时，死亡数字已经提高到一天两万一千人。我发现，我以前认识的每一位长老都不在了。愿至高的神垂怜他们。[40]

伊本·巴图塔从开罗走回摩洛哥的家乡。"对故乡的回忆牵引着我，而我对同胞与友人的喜欢、对故国的爱更是胜过一切。"[41] 他在公元1349年11月抵达非斯，这时他才知道自己的母亲已经在六个月前死于瘟疫。就像过去无数次的经验，伊本·巴图塔前往宫廷，找到国王。他接近摩洛哥王，讲起自己的宫廷、城市与王侯故事。这一回，国王资助了他，但要他写下自己的回忆。伊本·巴图塔最后写了本一千页的书，杂糅了故事与说教、贸易的机会与宫廷里的仪式，讲的则是他曾经历过的，以及他从中国到西班牙的城镇与宫廷里听来的一切。正是他对回忆录的撰写，占据了他的晚年。

在伊本·巴图塔的回忆录里，像他这样的人可以说俯拾皆是。他们身怀伊斯兰律法专业、宗教训练或是行政长才。这些人是整个伊斯兰世界里法律、宗教与学术的中流砥柱。他们从西班牙、突尼西亚与中亚出发，前往巴格达、德里，或是马拉巴尔海岸王国寻找工作机会。这些人绝不只是下层的小小官员。他们一如伊本·巴图塔，把新闻、八卦与各种故事从一个宫廷带到另一个宫廷。他们是关键的推动力，整个大亚洲世界的宫廷就是因为有他们，才会在象征、仪式与宫廷文化上渐渐变得相似。他们是变化的来源，就是要靠他们，一个国王——无论他是不是穆斯林——才能知道采纳这种共同的文化能为自己带来多少好处。

第七章

宝船之约：马欢

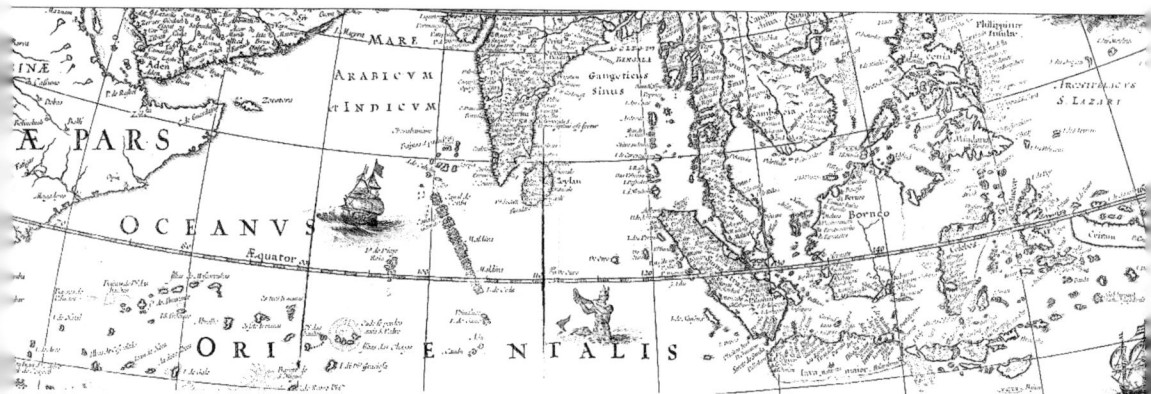

公元 1413 年至 1431 年

公元 1413 年，一支明朝的中国舰队从帝都南京的船坞浩浩荡荡出发了——其中大约有五十七艘船，有些船甚至超过两百尺长。最大的几艘船由于船上所载的大量中国货物，以及它们通过贸易和朝贡而从远方带回来的稀奇珍宝，而被人们称为"宝船"。在这支舰队里，有几艘船载着一支超过两万名兵丁组成的军队，有运马的船，还有仅载运饮水的船。[01] 经过一年以上的准备，这支舰队缓缓地沿扬子江东行了四百里路，抵达黄海。[02] 而指挥这支船队的，正是皇帝的亲信、位高权重的宫廷宦官——郑和。

舰队从南京出发时，马欢也在船上，他是"以通译番书，亦被使末"而被招募来的。[03] 马欢是穆斯林，会讲也会读阿拉伯文，当年三十二岁。[04] ❶ 他出生于绍兴——杭州南部的一座城市，而杭州则是当时主要的通商口岸之一，大约位于南京的船坞南边 150 英里。马欢既非贵族，亦非廷臣，

———————

❶【原注】马欢可能出身于一个以穆斯林为主甚至完全由穆斯林所组成的村子，后者似乎才是常态。穆斯林村落多半位于贸易路线沿线，并以当地唯一的清真寺为中心。

只是个普通人，大概是个人微言轻的小官吧。他谦称自己是个"山樵"。
05 马欢未来有超过两年的时间得远离故乡与家人，船上其他的人也是如此。
仅存的两份谈明帝国的这几艘船与其航行的第一手记录里，其中一份正是
马欢的回忆录，这也就是它如此重要的原因。

在马欢身处的时代，中国的商品早已在整个东南亚与印度洋流通了好
几百年的时间。还记得吗？ 10 世纪的印坦沉船上，大部分的船货就是由中
国货所组成。但中国船只却从未涉险前往马来半岛以西的地方。即使到了
13 世纪，犹太香料商人亚伯拉罕·本·易尤定居印度马拉巴尔海岸的二十
年间，也未曾记录过有中国的船只来到。

13 世纪晚期，事情出现了一些新的变化。公元 1279 年，蒙古人在成吉
思汗之孙领导下征服了全中国。关于蒙古人接受了多少汉地习俗，以及蒙
古人带给中国多大的影响，学者们至今仍在热议。❶ 蒙古的征服行动确实
结束了中国南北所有的分裂。❷ 蒙古人派了远征军深入东南亚内地。他们
还派了一支使团前往爪哇岛，但使团出人意料地功亏一篑，在爪哇留下了
一大群进退维谷的汉人，最后为当地带来军事与造船技术两者的蓬勃发展。
在中国，蒙古人对贸易采取放任态度，这或许有助于私人贸易商免受政府

---

❶【原注】当蒙古人来到中国时，可是有一大堆东西等着被他们掠夺和征服。11
至 13 世纪的中国有的是壮阔的城市、先进的制造业与农业技术，以及科举出身的
文官精英。

❷【原注】早期对中国的学术研究将中国刻板描绘成轻视贸易、信仰儒学的北方与
商业导向的南方。但在现今的研究中，这种成见愈来愈难站住脚。从今天的角度来
看，即便在玄奘的时代（7 世纪时），商业对南北地区都有极大影响。商业对一切
通过文化和语言逐渐融合成为"中国"的过程尤其重要。到了明朝时，贸易已经成
了地方官与朝廷政策积极关注的目标。

的控制与税收。[06] 到了 14 世纪头几十年，庞大的中国贸易船队已经敲开了东南亚贸易的边界，西航至印度。

大约在公元 1330 年，伊本·巴图塔曾亲眼看过一支有十三艘船，而且完全由私人出资的船队。船队停泊在马拉巴尔的卡利卡特港，在那里待了几个月，接着一道离开前往中国。船上的大贸易商都知道自己需要哪种香料，也载来特定商品作为交易之用。伊本·巴图塔对此留有深刻印象。

这些大船从十二面帆到三帆的都有，帆则是用竹条编成，就像竹席一样。船帆从来都不收，而是根据风向转动；至于下锚时，就让船帆随风飞扬。船员编制有一千人，其中水手有六百人，还有四百人带着武装，有弓箭手、持盾牌与强弩的人，还有丢石脑油的人。每艘大船都有三艘小船随行……[07]

伊本·巴图塔上了其中一艘来做贸易的大船，想订前往中国的船位；他发现，除了帆以外，这些船还有大桨能提供动力，每支桨都需要十五个桨手才划得动。船有四层甲板，还设有私人船舱，供最重要的几个商人使用——他们还带着妻子和小妾。船主人的代理人同样也在船上，带着满满的随员，里面还有非裔奴隶。[08] 到了 14 世纪 70 年代，也就是伊本·巴图塔那段经历后的半个世纪，新起的明王朝从成吉思汗传人的手上夺得了中国；经历了二十年的锁国后，中国发展出对南洋贸易的兴趣。15 世纪初期，明王朝的国库与军力到达巅峰。皇帝下令在北京新建占地近一千一百亩、有城墙包围的宫殿建筑群——紫禁城。[09] 明朝皇帝靠着外交与战争双管齐下，将中国势力往西沿商队路线扩展，更设立烽候与卫所来保卫新领土。西边进击至新疆，南向则深入今天的越南。手下的官员也征用民夫，修复与重建好几大段的长城。皇帝还派遣使节前往中亚与中东地区诸多国家，同时也接待来自这些地方的使节。[10]

中国船队的规模与活动的范围，就在这种积极进取的社会风气中益发扩大。明朝永乐皇帝亲自参与规划这支舰队，并指派他手下一位最重要的宦官担任指挥官。人们打算通过这支大舰队，在整个东南亚、斯里兰卡、印度沿岸、中东南方海岸，以及东非海岸树立贸易与外交上的主导权。

几年后，回到中国的马欢写了一首诗，以捕捉这趟远航的神韵：

皇华使者承天敕，宣布纶音往夷域。[11]

马欢参加了第四次下西洋（公元 1413 年至 1415 年），从中国出发，先往南再往西，进入印度洋。这一次的远航就跟之前的帝国舰队一样在秋天出发，为的则是利用盛行的南亚季风。船队沿中国海岸往西南航行了十天，抵达今日越南中南部的占城国。打从出发起，马欢便仔细记录他所见到的服装、风俗与生活。他称越南中部的占城国王"崇信释教"，头戴"金钑三山玲珑花冠"。❶ 占城王与头目们穿着长衣，用当地生产的色丝手巾来围住自己的双脚。国王禁止其他人穿戴白衣，也不许谁家的门槛超过规定的高度。马欢还注意到头目戴的头饰是以金彩装饰，能分品级高低。他也从自己第一次和占城的接触中，发现贵族住得都不错。"王居屋宇高大，上盖细长小瓦，四边墙垣用砖灰妆砌甚洁。"[12]

马欢接着写天气，"气候暖热，无霜雪，如四五月之时，草木常青"，

---

❶【原注】马欢在自己整部回忆录里，都没有在信奉佛教与印度教的国家间做出区分。当代的学者不断试图抽丝剥茧，追溯这两种宗教体系各自对许多东南亚国家所带来的影响，但成效不彰。印度教与佛教在某种程度上混合在一起，而且对外人来说，东南亚的宗教习俗看起来也和印度的印度教习俗相去不远；在这一点上，马欢的做法或许更贴近事实。

然后转而描写有实际效用的花草树木：

> 山产乌木、伽蓝香（一种上等香料）、观音竹、降真香。乌木甚润黑，
> 绝胜他国出者。伽蓝香惟此国一大山出产，天下再无出处。其价甚贵，以（相
> 等重量的）银对换。[13]

他还列了几种占城人可能会喜欢的贸易商品："中国青磁盘碗等品，
拧丝绫绢烧珠等物，甚爱之。"[14]

马欢为了让他的读者能够了解异邦，于是用家乡随处可见的东西来比
拟当地的食物与家畜：

> 其马低小如驴，水牛黄牛猪羊俱有，鹅鸭稀少……其雄鸡红冠白耳，
> 细腰高尾，人拿手中亦啼，甚可爱也。[15]

无论是在占城，还是在接下来的几个口岸，马欢都会寻访平民百姓，
描述他们的风俗。如当地人成亲后，"其男家父母及诸亲友以鼓乐迎娶夫
妇回家，则置酒作乐"。[16] 他发现占城的刑罚很重，"国刑罪轻者以藤条杖脊，
重者截鼻"。[17] 马欢还写到占城当地没有纸张。人们用捶打过的树皮或羊
皮来记账、写字。船队后来就从占城往南航行，前往海上贸易向来频繁的
爪哇。

马欢在爪哇时同样记录了马的种类、国王与宫廷中的穿着，以及贸易
的可能性。他曾经读过之前汉人的游记，❶ 知道会遭遇些什么，像是"其

---

❶【编注】指《岛夷志略》，元代民间航海家论述海外诸国见闻的著作，原作《岛
夷志》。

马欢的旅程图

天时气候地理人物……人物之丑美，壤俗之异同，与夫土产之别，疆域之制"。[18]

　　马欢对细节与差异十分敏感，这也让他的记述有别于走马看花的游记。即便过了五个世纪，他的观察仍然鲜活有趣：

> 房屋如楼起造，高每三四丈，即布以板，铺细藤簟，或花草席，人于其上盘膝而坐。屋上用硬木板为瓦，破缝而盖。[19]

　　他注意到爪哇王和贵族们与占城王不同，他们身无衣袍，腰部以下围着丝嵌手巾。从国王以下的所有男子都在这种服装的腰带上别着一把短刀。[20]

　　而马欢头一遭找到海外华人居住社群，就是在爪哇岛岸边。"杜板……地名也。此处约千余家，以二头目为主，其间多有中国广东及漳州人流居此地。"[21]

　　到了 15 世纪初，也就是马欢身处的时代，福建与爪哇间的贸易联系已经有好几个世纪了。10 世纪的印坦沉船中找到的大多数中国货，都是于福建省生产。汉人移民或许就是跟着福建与爪哇长久以来密切的贸易联系而到来。马欢和船队很快就来到了爪哇海岸一处由海外华人建立、经营的口岸。当地凭借着从马鲁古群岛（Molucca Islands）东来的香料，以及来自帝汶岛的檀香而繁荣。

> 原系沙滩之地，盖因中国之人来此创居，遂名新村。至今村主广东人也，约有千余家。各处番人多到此处买卖，其金子诸般宝石一应番货多有卖者，民甚殷富。[22]

　　15 世纪初的爪哇，是由一个大王国满者伯夷（Majapahit）以及几个小

港口所统治。❶

　　中国的船只为了跟爪哇北部沿岸的地方势力打交道，也因此得中途停留多次。一般而言，马欢在这些港口都会遇到三类人：穆斯林（阿拉伯人与当地改信者）、汉人，以及当地的印度教徒或佛教徒。他一如往常，观察着几个港口城镇平常的生活方式：国人坐卧无床凳，吃食无匙箸。男妇以槟榔荖叶聚蜊灰不绝口。[23]

　　马欢在爪哇看到有人用"人物鸟兽鹰虫"的纸画来进行表演。他感觉这些画像"如手卷样"。表演进行时，那人会对着听众展开部分卷轴，开始讲故事。"众人圜坐而听之，或笑或哭，便如说平话一般。"[24]卷轴画表演遍布于当时亚洲的大部分地区，马欢观察入微，近距离辨识出这种表演的常见模式。卷轴画表演常见于孟加拉、拉贾斯坦（Rajasthan）、波斯、东南亚，还有中国。直到最近几十年，学者才意识到这种大众娱乐的共同特色。[25]

　　郑和的船队过去曾在苏门答腊发生了一段故事，颇能从侧面呈现帝国时期的中国与海外华人社群及海盗之间错综复杂的关系。14 世纪的某个时候，一群汉人"全家逃于此处"，逃到苏门答腊北部海岸的某个港口。其中有个叫陈祖义的人，"广东人……充为头目，甚是豪横，凡有经过客人船只，辄便劫夺财物"。到了公元 1407 年，第一次下西洋的远征队生擒了这个汉人海盗，带其回朝伏诛。[26]

　　其他华人社群似乎与朝廷保持着紧密的关系，还会派遣使团进贡，比如马六甲有一个社群。华商也在某些岛屿上定居，与当地女子结婚，他们也多半融入了当地社会。总而言之，朝廷里普遍认为某些生活在东南亚的

————————————

❶【原注】13 世纪的最后数十年间，该地区最主要的国家是谏义里（Kediri）与信诃沙里（Singosari），但发展中的满者伯夷帝国旋即并吞了这两个国家。到了 15 世纪，也就是马欢回忆录里的时代，满者伯夷正在衰落，新的继承国家也在崛起当中。

华人仍旧与中国有关，所以中国才会叫"中央之国"。[27]

马欢同样曾在苏门答腊发现华人贸易社群，船队在此稍事停留之后，便沿着马来半岛东岸往北航行，前往今日的泰国海岸。当地政权的首都阿瑜陀耶（Ayuthia）与现今曼谷市所在地相当接近。除了对气候、动植物、风俗与贸易商品的惯常叙述以外，马欢还注意到泰国的寺院传统与中国的相当类似：

国人为僧为尼者极多，僧尼服色与中国颇同，亦往庵观，持斋受戒。[28]

斯里兰卡至今仍信奉小乘佛教。

马欢身为穆斯林，或许不了解佛教古老而深远的教义分歧；这些分歧主要发生在小乘与大乘之间，而马欢记下的习俗之所以不同，其原因就在这里。回想一下前文那位佛教朝圣者玄奘，八百多年前，他就是在辩论这些教义的差异。[29]❶船队从阿瑜陀耶出发，再次沿马来半岛而下，前往今日新加坡附近的马六甲港。马六甲约建于1375年至1400年间（只比马欢第一次的出行早了一代人的时间），是东南亚西部地区口岸中的冉冉新星，也是印度洋与东南亚水路之间的主要转运站。马欢记载：马六甲过去名义上是由泰国掌控，但当地头目力求独立，先前下西洋的船队便用"双台银印冠带袍服"认可了头目的独立地位。[30]船队领袖在马六甲建碑封域，头目随后也赴京面圣。

但到了第四次下西洋时，马六甲国王正对受制于中国而心怀不满。根据马欢所述，国王新改信了伊斯兰教，穿着就像个阿拉伯人。他"以

---

❶【原注】教义的差异同样也会带来战争。约莫在5世纪时，某个斯里兰卡的王国动用自己的军队关闭并摧毁了大乘佛教寺院。

细白番布缠头，身穿细花青布长衣，其样如袍，脚穿皮鞋"。[31] 马欢居
然将国王采用这种服饰的做法，与其改信伊斯兰的记载并列在一块儿，
这很有意思。前文中大多数的旅人——例如外交官伊本·法德兰、犹太
胡椒商人亚伯拉罕·本·易尤、哲学家伊本·西拿，以及法官伊本·巴
图塔——他们对这种袍服肯定不陌生。不过在第四次下西洋时，马六甲
国王和中国的朝贡关系仍然密切。马欢提到船队在马六甲多待了一段时
日。船员将贡品与他们搜罗而来的贸易货物卸下船，放进安全的营寨，
等之后一行人从印度洋回来再来上货。明帝国舰队通常会在马六甲分头
前进，一部分航向孟加拉，其他船只则前往非洲或印度西海岸。公元
1413 年，马欢这一部分的船只穿过苏门答腊与马来半岛之间，往西北航
行，在两个港口停留。小国的重要性不高，马欢干脆用寥寥数笔描述，"土
无出产，乃小国也"。[32]

　　马来半岛上开采锡矿的情景倒是吸引了马欢的注意力。锡在 15 世纪时
还是个重要贸易项目，重要的程度一如 10 世纪印坦沉船的时代。

> 花锡有二处山坞锡场，王令头目主之。差人淘煎，铸成斗样，以为小
> 块输官。[33]

　　每一块锡都有标准的重量，绑成一大把，每把有四十块。潜水员打捞
10 世纪印坦沉船时找到的正是这种块状的锡。

　　苏门答腊岛之行一结束，船队便调头往西，经安达曼群岛（Andaman
Islands）前去斯里兰卡。虽然明朝舰队拥有超过两万名士兵，马欢这边的分
舰队可能也有为数六千人的部队，但他从未记录有战斗发生。船队从来没
有攻击或破坏任何口岸。无论是斯里兰卡，还是其他中途停靠之地，船队
的目标都是威吓当地或地区性的国家，而不是攻击它们。但中国人仍不时

动用他们的军事力量。就在马欢这一趟前十年，明朝舰队袭击了拒绝朝贡的苏门答腊与斯里兰卡两地的国王。马欢满意地说，斯里兰卡国王在这次的攻击之后，便彻头彻尾归顺了中国。国王"常差人赍宝石等物，随同回洋宝船进贡中国"。[34]

若要估量贡物，就得将当地的钱币与度量衡换算成中国的标准。这在马欢的回忆录里是个反复出现的主题。在斯里兰卡，国王"以金为钱，通行使用，每钱一箇，重官秤一分六厘"。[35]船队接着从斯里兰卡继续往西，绕过印度南端，往马拉巴尔而去。

马欢清楚地意识到这片植物茂密、满是椰子树的海岸，是个盛产胡椒的国度。

> 土无他产，只出胡椒，人多置园圃种椒为产业。每年椒熟，本处自有收椒大户收买，置仓盛贮，待各处番商来买。[36]

到了郑和第四次下西洋时（马欢则是第一次出洋），中国似乎已经与几个重要港口当地的国王建立了关系。船队的上首外交官先是致赠袍服与诏书，表示尊敬，接着双方代表才开始谈生意。国王的代表与船队的领船大人首先验明中国丝绸与其他货物的成色，然后议择某日打价。日子一到，"众手相拿"，同意"或贵或贱，再不悔改"。城里的商人接着把"宝石珍珠珊瑚等物"带来。议价之事"非一日能定，快则一月，缓则二三月"。船队随后的所有交易，都要根据这些定好的价格进行。[37]虽然明朝舰队武力强大，但长达数月的谈判过程，暗示了明朝不单是用命令的方式在指定价格与交易条件。

这种大规模的议价并非当时马拉巴尔的海港的常态。商人就只是买进他们付得起的货，价格则是由市场决定。后来在回忆录里，马欢也描述了卡利卡特平时的交易状况。

> 各处番船到彼，国王亦差头目并写字人等眼同而卖，就取税钱纳官。[38]

中国朝廷有着要长期经营的宏图大计。郑和在好几个港口立了石碑，上面的声明都表示了朝廷的意思，写着：去中国十万余里，民物咸若，熙皞同风，刻石于兹，永示万世。[39]

像卡利卡特的扎莫林（Zamorin）这种当地国王，哪儿能够从与中国的关系里得到什么？可是，当一支有好几千名明朝士兵的军队出现在自家港口时，他可能也没什么选择。但他还是有一些政治上的好处。明朝答应支持他对抗家族里的对手以及外敌。只是这种承诺实际上没什么意义，毕竟这支舰队每几年才造访一次。而明朝部队真去捉拿东南亚当地的逆党、让国王重登宝座的事情，马欢只记载过一回。

马欢有一次抓住机会，从卡利卡特（可能是在漫长的谈判期间）单独前往麦加——或许是搭当地的船只去的。这座圣城深深感动了他。他写了许多我们料想得到的题材：建筑、当地的瓜果蔬菜，以及贸易商品。"民风和美。无贫难之家，悉遵教规，犯法者少，诚为极乐之界。"[40]

船队在卡利卡特长时间停留之后，接着往西航行抵达马尔代夫群岛。前面说马拉巴尔是个胡椒国度，而贝壳（用来当零钱使用）以及椰子，则是马尔代夫的两种重要商品。其椰子外包之穰打成粗细绳索，堆积成屋，别处番船亦来收买贩往别国，卖与造船等用。"其造番船，皆不用钉，只钻其孔，皆以此索联缚，加以木楔，然后以番沥青涂缝。"[41]

在马欢的时代以前的一千多年里，整个印度洋、孟加拉湾以及东南亚都能时常见到绳索绑制的船。回想起来，这正是前文探讨的印坦沉船建造的方法。[42]

伊本·巴图塔曾经在马欢此行的一百年前造访过马尔代夫，当时，印度西岸外海的这座群岛才刚改宗伊斯兰信仰。他痛斥当地那些光着上身的女子，结果她们还嘲笑他。但到了马欢的时代，伊斯兰信仰中的羞耻观已经普及了。"妇人上穿短衣，下亦以阔布手巾围之，又用阔大布手巾过头遮盖。" [43]

明帝国舰队从马尔代夫起航，航向西北的亚丁与霍尔木兹（Hormuz）。12 世纪时，亚丁曾经是亚伯拉罕·本·易尤资深合伙人的故乡。3 世纪后马欢抵达当地时，亚丁仍然是个富饶且繁华的港口。"有马步锐兵七八千，所以国势威重，邻邦畏之。"到了亚丁，交换贵重礼物的外交活动在前，贸易居后，一如在卡利卡特的情形。马欢写了几段文字来列举可资采买的昂贵商品与其价格，以及当地的度量衡。 [44]

霍尔木兹则是公元 1413 年至 1414 年间，第四次下西洋行程的最西端。

马欢在那儿看到一种街头表演，让他目不转睛。

（表演者）令一闲人，将巾帕重重折叠，紧缚其猴两眼，别令一人潜打猴头一下，深深避之。后解其帕，令寻打头之人，猴于千百人中径取原人而出，甚为怪也。 [45]

船队迅速从霍尔木兹沿原路绕过印度回到马六甲，装载留交当地保管的商品，然后走最短的航线返回中国南方海岸。

公元 1415 年，第四次下西洋的舰队回到中国，而皇帝的宏图大计之代价也在这时浮现了出来。除税赋繁重外，乡间亦有不稳迹象。 [46] 不单是今天的越南以及丝路沿线这两处边疆出现了动乱，还要加上蒙古人带来的新威胁。1421 年时，马欢参加了他第二次的西洋之行，等到他返国时，明帝国的问题甚至有增无减。官场中强大的士人团体正与宫中支持下西洋的宦官对垒。1422 年春，一场熊熊大火殃及新落成的紫禁城中许多的建筑；包括皇帝的宠妃在内，有上百人死于火场。当时一位目睹火灾的波斯使者描述皇帝如何罪己：

> 朕躬膺天命，祗绍鸿图，爰仿古制，肇建两京，乃永乐十九年四月初八日，奉天等三殿灾，朕心惶惧，莫知所措。意者，于敬天事神之礼，有所怠欤？或祖法有戾，而政务有乖欤？或小人在位，贤人隐遁而善恶不分欤？或刑狱冤滥及无辜而曲直不辨欤？或谗慝交作，谄谀并进而忠言不入欤？或横征暴敛，剥削掊克，而殃及田里欤？或赏罚不当，蠹财妄费，而国用无度欤？或租税太重，徭役不均，而民生不遂欤？或军旅未息，征调无方，而馈饷空之欤？或工作过度，征需繁数，而民力凋毙欤？或奸人附势，群吏弄法，抑有司阘，茸罢惮贪残恣纵而致是欤？ [47]❶

但在宫廷里，这场大火只是让反对阉人与下西洋的士人声势更旺。

等到公元 1424 年老皇帝驾崩后，官僚圈控制了他年轻的儿子，也就是新皇帝。新皇帝颁布的诏书一反下西洋的政策，表明下西洋诸番国耗费金钱，于中国无益。但这份诏书并未完全终结下西洋之行。公元 1431 年时还有一回，马欢也再度登船，担任阿拉伯语通译。

到了 15 世纪 40 年代，朝廷上下已经完全没有扩张的论调了。皇帝下诏焚毁下西洋的所有记录。只有少数回忆录、几张海图与一张地图幸免于难。另一份诏书则下令停止对外贸易，甚至命沿海居民迁往内陆。这种向内发展的政策与七十年前，明初数十年间的做法大抵相同，也是未来五百多年

---

❶【原注】顺道一提，这位波斯大使是个棋迷，虽然语言不通，但他还是在北京碰上了许多惺惺相惜的对手。

中国历史中一再出现的论调。但贸易当然没有中止，因为这实在太重要了。商品于是改由位于今日越南的独立王国走私出境。❶

那么，这几支船队与下西洋之行能够带来些什么？明帝国舰队走的是航海图上人们最熟悉的贸易路线，中国的私人船只早就在这条路线上往返超过一个世纪了。船队只在最大的港口与城市停泊，完全略过路线外可能已经有人"发现"过的地方。下西洋其实融合了贸易以及今天我们所说的炮舰外交，而非探险之行。整体的行动在朝廷看来无疑是个不错的政策，不然也不会为此抛撒大把银子。下西洋有一项潜在利益，是让皇帝靠着强迫沿路许多统治者接受朝贡协定，扩张势力范围。而且，有利可图的贸易行动与得自藩属国王的贡物，也很有可能让这项事业大赚一笔。但事实证明，炮舰外交比原先估计的更花钱，效果也更不如预期，这与今天并无二致。由于欧亚草原东部的叛乱会造成迫在眉睫的危险，威胁到中国北方的心脏地带，我们也完全可以理解宫廷里会有一批人主张把注意力放在叛乱上，而不是极为烧钱的大舰队上。[48]

不过，对马欢来说，这两趟旅程的意义却与此完全不同。他就像伊本·法德兰、伊本·巴图塔、玄奘等许许多多的旅人，在陌生的信仰与风俗中探寻模式与结构。他分析自己的见闻与体验，试着让人了解这一切。整个亚洲世界对这类的作者与媒介都有持续的需求。不过，马欢的回忆录可不只是一份关于外交、物产与远方奇景的报道。

若与当时其他旅行作家相比，马欢的文字就特别在他简单率直的观察、对人物遭逢的尊重，而且，他还注意到外国的事情与本国其实也没那么不同。

---

❶【原注】紧缩对外贸易的做法，是中国历史中不断出现的议题。15 世纪 40 年代的海禁与七十多年前明朝初年的类似政策相当吻合，而这次的情况也跟七十多年前一样，过了几十年后政策才有所转变。

他拿东南亚的娱乐与中国能找到的种类相提并论，称许多地方的人"整洁"、勤奋发展当地的生产。他们的饮食虽然不同，但饶有趣味。到了中东的港口，人们也因为马欢是个穆斯林而接纳他，尤其是在麦加——这让他铭感五内。但马欢与伊本·巴图塔不同，他绝口不提伊斯兰信仰中的教派冲突与分裂。能够成为信徒，能够成为从麦加延伸到中国的这个无远弗届的社群里的一分子，他就心满意足了。

许多年后，马欢一位身居高位的朋友为这部回忆录写了篇简短的后序，希望在马欢努力找官场中人赞助、将本书锓梓时，能够有所帮助。❶

后序提到马欢事竣归乡里，说他这个人"恒出此以示人，使人皆得以知异域之事"。⁴⁹ 马欢的回忆录里充满着他对于能够去见识、了解中国以外的人群如何生活、嫁娶与实践这么多信仰，心里有多么感激。而他所体验的一切也深深地改变了他，感动了他。

---

❶【原注】印书在当时的中国不是件容易的事。书本又少又贵。朝廷排外的态度更是让印书之事益发困难。但马欢的回忆录还是留了下来。

极简
WHEN 亚洲千年史
ASIA WAS THE WORLD

第八章

血与盐：巴布尔

公元 1494 年至 1526 年

公元 1503 年 6 月，战事席卷了当时费尔干纳山谷戒备最森严的绿洲城市阿黑昔（Akhsi）。阿黑昔紧挨着锡尔河峡谷，峡谷的峭壁形成天然屏障，经年累月下来，一个个守城的人让这道屏障更加艰险。好几千人穿上铠甲，还有余裕的时候就骑在马上射箭，但他们多半只能在狭窄的巷弄里赤手空拳和持剑的敌人战斗。傍晚，约四百人的守军寡不敌众，不顾一切杀出一条从东城门离开的路，然后往果园与小山丘的方向慌忙逃窜。敌军骑兵追在后头，守军四散；有人逃脱，有人被俘，还有少数人被杀。

有八位战友和他们的领袖巴布尔❶一块儿逃走，其中一人最后把自己那匹还跑得动的马给了巴布尔。多年后，巴布尔在自己的回忆录中写道："情势对我来说实在悲惨；他殿后，而我只有一个人。"[01]巴布尔躲到了岩石堆里，两个追兵却找到了他。他们的长官一定会因为他们抓到了敌军指挥官而大

---

❶【译注】扎希尔-乌德-丁·穆罕默德（Zahīr-ud-Din Muhammad, 1483—1530），莫卧儿王朝开基者，莫卧儿帝国首任皇帝，也是本章主角。他是帖木儿的后代，受波斯文化影响极深。"巴布尔"是其绰号，意思是"老虎"。

大奖赏他们，但巴布尔却告诉这两名骑兵：如果帮助他逃跑，他势力庞大的亲戚们便会雇用他们，给他们飞黄腾达的机会。他借此说服了这两个骑马的人。这件事显现出一位天生领导人的领袖魅力；当年，巴布尔二十一岁。

接下来三天，巴布尔和他两位新追随者躲过了巡逻队，在石头和废弃的果园里躲躲藏藏，尽可能到处寻找食物与草秣。后来巴布尔那一小支军队的残部终于找到了他。他们一块儿往东逃到巴布尔以及他许多亲戚的故乡——费尔干纳谷地的心脏地带。

阿黑昔虽然是个小地方，但只有两百英里宽的费尔干纳谷地（位于阿富汗北方）却是丝路商旅路线上草木最茂盛、土壤最肥沃的地区之一。几个世纪以来，野心勃勃的将领们不断为这个山谷而战。当地是粮草补给与部队招募网络中的一部分，西边是中东地区，东边则是中国。这面网络就这么从简陋的基础中慢慢成长起来。

早在巴布尔千年以前，欧亚草原上的军队就是小部落集团。年复一年，成功的掠夺行动带来了动物、奴隶与更好的草场。战败则意味着被奴役、归顺更强大的部落，或是走上迁移的迢迢险路。小把的反曲复合弓，则是狩猎与掠夺这两种活动共同的技术核心。这种极致的工艺让兽角与木材张缩的力量紧密结合，成为威力惊人的短弓。从反曲弓射出来的箭，能在超过百尺远的地方射穿甲胄。和其他弓不同的是，反曲复合弓可以在马全速奔驰时使用。骑手虽然得放开双手，用自己的膝盖指引马的方向，但草原游牧民族从小就学会了这几种技巧。[02] 每一位士兵的骑术程度不同，这也催生出从佯装撤退到背后包抄这一系列的战术。这种军队能够迅速移动，选择自己的战场，并井然有序地撤军。不世出的领袖能将集团凝聚成军队——让人闻风丧胆的匈人攻打过欧洲，而同样令人胆战心惊的匈奴则进攻过中国中原王朝。[03]

巴布尔一方面仰赖这些联系，另一方面也深受其苦。就建立联系一事

巴布尔的费尔干纳河谷

冷河

安集延

费尔干纳

阿克希

费

尔

干

纳

河

去中国的商队队路线

塔什干

尔

锡

撒马尔罕

阿姆河

去印度的商队路线

布哈拉

阿

姆

河

亚　洲

欧
洲

非
洲

地图所在位置

而言，早巴布尔三百年的成吉思汗可以说是无人能及。成吉思汗是在蒙古某个贫穷地方的蒙古小部族中长大的。他从少年时起就从自己的错误中学习，发展出攻无不克的军事战术，对敌人毫不留情，无论敌人是至亲还是关系密切的部族。成吉思汗很早就确立了将被征服的人与家庭整并入其军队的方针，而非采用习惯的做法，将被征服者贩卖为奴。他的目光很快就超越了部族层次，更要求自己的士兵在由许多不同部族所组成的混合单位中服役。

成吉思汗的大军有了高超的马术，有了后来巴布尔及其手下仍在使用的强力反曲弓以及充分的大规模骑兵战术训练为基础之后，这支军队确确实实击败了成吉思汗余生中的每一个敌人。我们几乎无法想象这支军队有多么迅速与成功。他们跨越了将近一万里宽的草原，征服了一路上的每一个王国，还击败了中国宋王朝的军队，占领了中国的北半部。成吉思汗的大军横扫了南俄罗斯、波兰与匈牙利，击败军队，掠夺城市。欧洲地区的人在好几百年的时间里，都把蒙古人看成上帝降下的灾难。只有在进兵印度与日本两地时，成吉思汗才遭遇了挫败。[04]

成吉思汗在公元 1222 年逝世后，他的大帝国分裂成几个大汗国，但征服行动还持续了两代人的时间。成吉思汗及其后人在亚洲世界带来了若干深远的改变。他们无情的战术——尤其是针对那些不交税的城市——所带来的结果，是好几座商旅城市的毁灭。一百年后，当伊本·巴图塔来到梅尔夫与巴尔赫时，这两座城市仍然是堆废墟。[05] 它们再也没有重建起来。蒙古人征服巴格达的时候，也毁了当地的王家图书馆。据说，丢进底格里斯河的书所溶出的墨水，让河水蓝了好几个星期。

有些地区遭受了永久的改变。蒙古人杀了位于今阿富汗的巴米扬山谷里的所有成年男女与小孩，当地的佛教文化于是戛然而止。成吉思汗的军队驱逐了波斯北部平原多数的农业人口，将这里恢复为草场以供其牲口所用，还奴役了好几座波斯城市里手艺精湛的工匠，将他们带到自己位于欧亚草原上的营地里。蒙古军队更是杀了中国北方为数甚多的人口，计划将土地转为放牧之用，虽然最后没有成真。[06]

有了广大地区的税收，以及从许多城市抢来的财物为后盾，蒙古人的大营与都城于是成为各种高价商品——如玻璃器皿、金酒杯、金缕衣袍与地毯——的需求地区。在马可·波罗这样的旅人眼里，这些地方有如神话般奢华。

巴布尔是成吉思汗血缘的直接继承人，但在16世纪初，成千上万和他敌对的将领也都具备这样的身份；从波斯北方一路到中国边境，这些人就在横跨万里的草原上尽其所能攫取一切。但整体情势并不混乱，也不算无法无天。蒙古帝国其中一项流传久远的遗绪，是一套并未形诸文字甚至几乎是心照不宣的从戎准则，让一个人有可能为另一个与他毫无瓜葛的领袖效力而不失体面。军事将领与招募来的兵丁甚至无须使用共同的语言。这些攸关名誉的仪式源于成吉思汗帐下分享奢侈品的传统，仪式中还会将丝袍与马匹授予宣誓效忠的人。成吉思汗的第二项遗绪，则是"所有后继者之间都是不平等的"。只有少数的大汗能够掌握最好的草场，也因此能支持最庞大的军队。而第三项"遗绪"，则是乌兹别克人与特定一些蒙古人，他们从来没有承认成吉思汗或是其任何后人为领导人——巴布尔得面对这些族群。

公元1494年，费尔干纳谷地的统治者——亦即巴布尔的父亲——过世了，年仅十二岁的小男孩继承了王位。他马上就感受到父亲遗留下来的责任之重。首先，他父亲手下的贵族要求他证明自己能领导作战、参与战略讨论，以及了解战功奖赏体系——这些贵族就是为了这套体系而效力，也得到体系的奖赏。一旦贵族们感受到踌躇不定或软弱，就会要求让家族中的其他成员来统治，可能是他的某个平辈，或者是长辈。其次，周遭如乌兹别克人等对手也用进攻的方式考验这位年轻国王的领导能力。最后则是巴布尔的伯叔辈大汗们——他们是成吉思汗最强大的后代——掌握着土地与主要的贸易城市。父亲离世不过几个月，巴布尔就得面对两个叔叔的入侵，但其父亲留下的军队击退了入侵者。从大汗的角度来看，雄心勃勃的对外侵略、若即若离的联盟关系、背叛反戈、家族世仇，以及巴布尔无法拒绝的军援要求，都是每年征服季节中的一部分。这些义务与挑战的结果，就是十多年不间断的战事，连冷冽的冬天都很难中止这些战争。[07]

到了公元 1500 年夏天（也就是那次孤注一掷的逃跑经历三年之前），巴布尔攻击了费尔干纳谷地以西约二百英里的丝路大城——撒马尔罕。大约有六百名乌兹别克人守着这座城。巴布尔说："我们的人，好歹有二百四十之数。"[08] 进攻这座大城以前，巴布尔向其手下穿着铠甲的将领，以及未着甲胄的兵士说明了当时的情势。他的结论是，撒马尔罕最近才刚落入乌兹别克人手里，城里的人也因此对他们没有忠诚可言。"架云梯登城，进城进攻那些守在绿松石门的敌人，夺取该城门后派人来给我送信。"[09] 不出几天，巴布尔的部队就夜袭了这座城。他们"在情人洞对面架上云梯，登上城堡，无人知晓。他们又从那里进至绿松石门。守门者是法泽尔·塔尔汗。此人并非（撒马尔罕的）塔尔汗，而是土耳其斯坦的商人塔尔汗……把法泽尔·塔尔汗及几个伴当砍死，用斧子打掉城门上的锁，打开了城门。"[10] 多数城里人都欢迎巴布尔。"一些显贵人物和店铺老板，得知正在发生的事后，兴高采烈地前来同我打招呼，他们送来食品，并为我祈祷。"[11] 城里的居民为乌兹别克人的这场溃败画上句点。"没有多久，全城居民都知道了。我军战士和市民们一片激动，异常欢腾。他们在街巷中用石头和棍棒像打疯狗一样打杀乌兹别克人；大约有四、五百乌兹别克人就这样被打死了。"[12] 巴布尔如是说："我的事业欣欣向荣。"[13]

占领撒马尔罕之后的几个月，许许多多的领袖——尤其是撒马尔罕地区的蒙古人——前来向巴布尔"下跪"，宣誓效忠于他。双方对这种仪式都知之甚详。但到了七月，乌兹别克人带着兵马卷土重来。巴布尔选择带

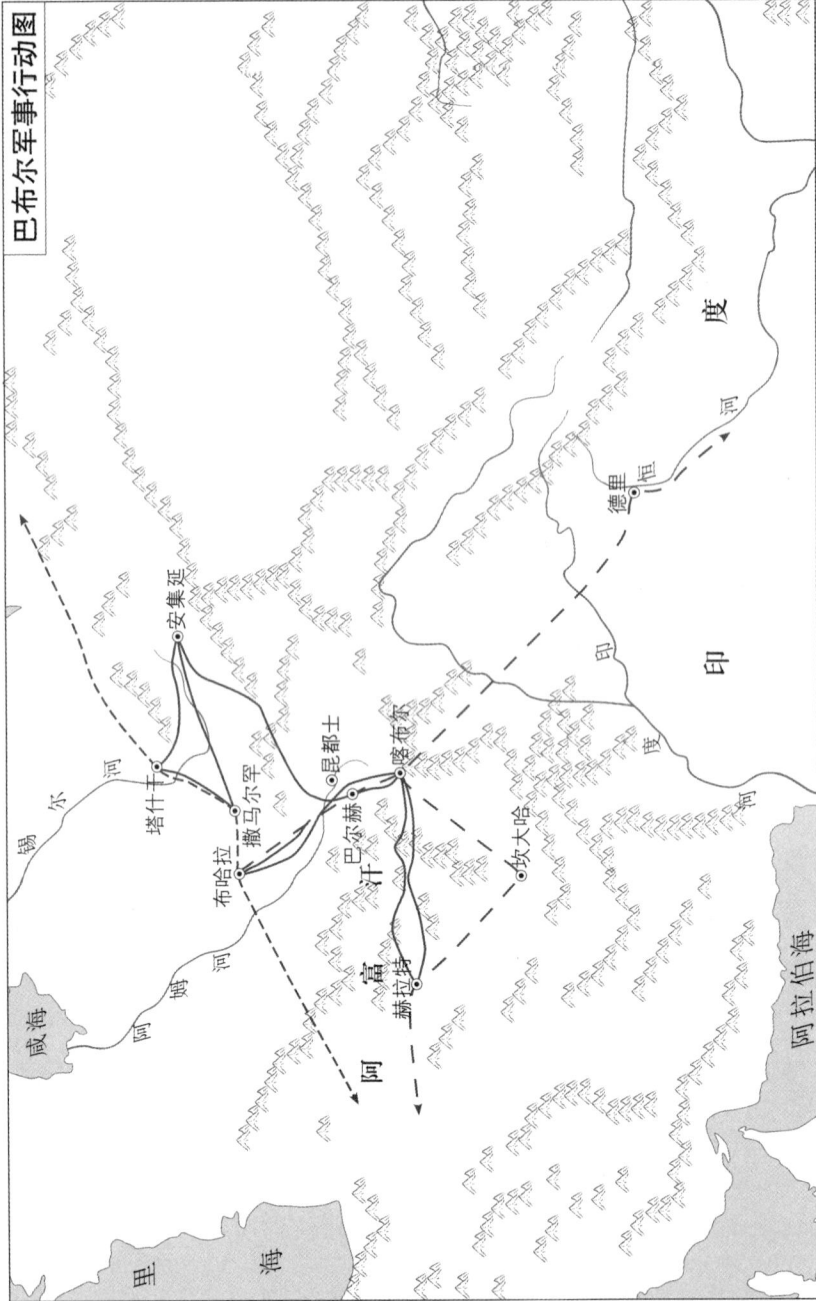

巴布尔军事行动图

着他的新盟友们，在城外的平原地带直接面对乌兹别克人。"我们于天亮时让士兵和马匹披上铠甲，将部队排列为右翼、左翼、中军和前锋，出动向前，打算开战。"[14] 巴布尔将自己的部队根据左军、右军、前军与中军的方式部署，与三百多年前其祖先成吉思汗的做法如出一辙。乌兹别克人的排兵列阵也相去不远。他们的右军绕到巴布尔左军的侧面，巴布尔于是将前军调去左翼支援。电光石火间，乌兹别克中军便攻向巴布尔移动前军时造成的缝隙。敌人前后夹击，"箭如雨下"。而巴布尔那些来自撒马尔罕、出尔反尔的蒙古人盟友还进攻劫掠了巴布尔的部队。巴布尔只能和十五名手下一起逃离这场溃败。他们策马渡过附近的河流，到对岸弃甲，骑回撒马尔罕城垛好保住性命。经历了好几个月的围城，巴布尔出于权宜议和，交出城池，带着妻子、母亲和残部趁夜黑风高撤退了。

　　多年之后，巴布尔冷静思考乌兹别克人在平原作战的优势。除了人数居于劣势之外，巴布尔在策略上也处于下风：

> （乌兹别克人的作战方法）还有一个特点是：他们的人，无论前锋和后队，无论伯克和伴当，都是尽力地一同疾驰，攻击时一齐放箭；撤退时，也绝不散乱，如同一体地驱驰而走。[15]

　　这套能让非亲非故的蒙古人在巴布尔手下效力的，究竟是什么样的制度？❶ 巴布尔在自己的回忆录里，将这种不成文的规矩形容为"盐"。在他八百多页的回忆录里，有大半篇幅都用来谈那些"对自己的盐"忠心耿耿或心怀不忠的人。他的这些话是什么意思？盐非常贵重，只有领袖的桌

---

❶【原注】这套重视荣誉的效忠规矩深深根植于整片广大地区，"忠于其盐"这样的习语至今仍存在于中亚、土耳其与印度北部。

上才会摆着盐。[16] 盐象征了首领提供的食物与机运，也象征了有荣誉感的军人理应回报的付出。这套制度下的士兵与将领不必然同属一个部落，甚至无须讲同一种语言。他们一开始的互动几乎无须开口，士兵只要着戎装立于将领面前，微微低下头，或是向他下跪，将领则点头表示认可。当然，双方都有心照不宣的期待。追随者要为自己的领袖而战，甚至为他而死。领袖则会和追随者并肩作战，一起吃喝，共同面对命运带来的一切。这种"盐的规矩"让巴布尔得以将许多族群的士兵与将领收入帐下。他也能将自己击败的士兵纳入其部队，双方都不失体面。[17] 同袍之情有时非常亲密。"他的死让我格外难过；我很少为谁这么悲恸；有一周甚至十多天的时间，我都止不住眼泪。"[18]

"盐的规矩"远不只是将领与士兵之间的事。这是一套广为人接受的荣誉制度，时节好的时候，连让所有人参与的慷慨宴席、金银打造的酒杯、绫罗绸缎和镶金边的华衮都是这套制度的一部分。无论是对待阶下囚，分配征服而来的土地，接纳被征服的将领，分享战利品还是济弱扶贫，全都有体面的方式。[19]

巴布尔了解其中的每一个细节，在他记述的事件中一再突显光荣与不名誉的行为。[20] 比方说，一旦某个领袖无法支持自己的追随者，他们就得选择是否要留下来承受，或者他们也能找另外的领袖效力，无须为此感到羞耻。撒马尔罕围城后期，城里没有食物，巴布尔当时也深深为此苦恼，"我亲近圈子里值得信赖的人开始离开防御工事，一走了之；英名在外的贝伊和家里的老仆从也跟他们一道走了……"[21] 但他没有责备这些人，他们的行为并未违反盐的准则。至于违反准则的人，巴布尔会毫不留情地处置。他手下有个贵族先是背叛了巴布尔，潜逃敌营——乌兹别克人——后来甚至也背叛了他们。乌兹别克人后来抓到了这个贵族，弄瞎了他的双眼，这时巴布尔带着一丝满意说："是盐收了他的眼睛。"[22] 到了巴布尔身处的时代，亦即成吉思汗之后的三百年，"盐"成了一种将没有血缘的人收入部队的方式，但"血"——也就是血缘世系——依然举足轻重。巴布尔因为继承了费尔干纳谷地，所以是个国王。至于在母亲的那一侧，他的外祖父则是成吉思汗之子察合台的直系后人。这个外祖父在当时可是个大汗，手握察合台汗国传统上的势力范围，以及贸易大城塔什干。充其量，巴布尔的王室血统只能算是好坏参半。拥有王室血统就代表更有权势的亲戚有权（也的确曾经）向巴布尔要求兵马，支援其军事行动。此外，这种血统也意味着巴布尔从幼年起，便被卷入整个中亚五千里地带的每一场外交冲突、权力递嬗与征服阴谋中。他究竟该"荣耀"谁的"盐"？这从来都不是件明白的事。但他知道，只要做错事、下错判断，就算是权倾一时的人也会倒台。

这么个一号人物，一度是两三万名仆从的主人，能令我们前进、令我们停步……让我们这么卑微、这么无力，连口气都不能呼，连个声音都不能发，现在却站在两三百人面前，对仆从、货物或生命一点权力都没有，和过去的我们一样失败、穷困。[23]

不过，有几个强大的亲戚还是有些好处。如果一切都失败了，还有他们的宫廷可以当作避风港。公元 1502 年，巴布尔经历了撒马尔罕和费尔干纳的失利之后，在撒马尔罕东北六十英里吉扎克（Djizak）外的山丘上度过了冬天，毫无"立锥之地"。他用辛酸的笔调，在回忆录中写下这一段时期："当时我意识到，'在群山中流窜，无家无房，也没有领土，像这样的生活是不行的。不如直接上塔什干到我舅汗那里去。'"[24]巴布尔决定要投靠"宗族里的伯父"，也就是他父亲认其为兄长的强大义兄——虽说在巴布尔一开始掌权时企图入侵费尔干纳谷地的，正好就是这个伯父。像巴布尔这种一败涂地的亲戚，他所能有的最美好的期待，就是在大汗的军队里效力，或许指挥个百骑，然后靠战争与效忠得到机会往上爬。他就这样在他伯父可憎的军队里得到了位子。

在我滞留于塔什干的时期，我经受了极度的贫困与屈辱。我没有领地，也没有得到领地的希望；我的伴当绝大多数已经散去，留下来的少数伴当，忍受着穷困，也不能同我一起再走。[25]

巴布尔处于这种低潮时，他开始考虑免去自己还剩下的部下对自己的义务；他打算向中国的另一位大汗寻求职位。巴布尔的目光以及家族纽带之广值得一书。

我从孩提时代起就希望去中国，但因政务及亲故缠身而未能成行。现在，我已不是国君，我母亲则到她（继）母和她弟弟那里去了。我不再有旅行的障碍，我对我母亲也不必挂念了。[26]

但这个计划却一直没有实现，因为几个月后，他原想去投靠的，人称"少可汗"的那位可汗，就在塔什干现身了。❶ 巴布尔出于偶然，就在离少可汗的大营几英里外的地方和他相见[3]。他们以仪礼相待，几天后，少可汗便授予他礼袍；这种通行于亚洲的仪式，与一千年前玄奘在戈壁沙漠漠南收下袍服一事源于同样的传统。少可汗赐给巴布尔"他私人的甲胄，和一匹配了马鞍、专属于他的马，以及从头到脚的全套蒙古衣着——一顶蒙古式

——————————————

❶【译注】指吐鲁番汗国的速檀阿黑麻（？—1504）。他是东察合台汗国速檀阿力的次子，阿力的女儿就是巴布尔的母亲。

帽子，一袭用中国缎子做的、绣了花样的长大衣，还有中国式的铠甲"。[27]

隔年（公元 1503 年），大可汗❶与少可汗的联军企图克复费尔干纳谷地。巴布尔在这次的军事行动中指挥的只有数百名骑兵。但到了紧要关头，两位可汗却选择撤兵，并未支援人在阿黑昔的巴布尔。这就是开篇所写，巴布尔逃离阿黑昔一事的背景。

从这个脉络来看阿黑昔围城战，这一仗不过就是影响中亚南部大部分地区，尚未停歇的大规模冲突中的一场小规模遭遇战。公元 1503 年，年轻的巴布尔在一系列决定性的战役中不幸站到了输家的阵营。他得对大汗们付出氏族的忠诚心，但大汗们却成了阶下囚，军队也吃了败仗。从那年的冬天一直到公元 1504 年春天，巴布尔和他的一小批人四处流浪，无家可归，躲躲藏藏，靠着荒山野地里一些部落的善心度日。到了夏天，他继承来的土地——也就是他的父亲生前统治过，而他也曾统治将近十年的他所深爱的费尔干纳谷地就此拱手让人。[28]此时他才刚满二十二岁。

公元 1504 年夏，巴布尔离开费尔干纳山谷，和几百名衣衫褴褛的追随者骑着马进入了阿富汗地区。当地主要的领袖就在这年的秋冬"下了跪"，认巴布尔为统治者。由于先前的统治者压迫着每一个人，这几个当地领袖巴不得能迎来改变；最后，前任统治者就像过去的大贵族那样，卑微地站在巴布尔的面前。到了喀布尔（Kabul），巴布尔还真的在城墙外展示了他大大增强了的军队：守城的指挥官谈好献城的条件，希望带着自己的士兵、妻子们与财货离开，但城里人的骚乱却成了这场和平移交唯一的问题。"我终于亲自前去，下令将三四个（暴民）射死，另有一两个人则被砍成碎块。这样暴动才被镇压下去了。谟乞木及其部属才得以安全地出城。"[29]

---

❶【译注】指东察合台汗国的速檀马哈木（？—1508），速檀阿黑麻的哥哥。

对巴布尔来说，好日子再度降临。这是他将近十年以来头一回有了个安全的"地盘"，有喀布尔城与加兹尼（Ghazni）地区的税收，还有能"分享"给贵族的份额。[30] 他给手下贵胄的不是牧草地，而是物产丰饶的农地，一头头驴子驮着的谷子都能抽税。牧场则是全军共享。

喀布尔是个重要的贸易城市。有来自费尔干纳、突厥斯坦（Turkistan）、撒马尔罕、布哈拉、巴尔赫与希萨尔（Hissar）等大半个中亚地区的商队。"每年赶到喀布尔来的马有七、八千或一万匹。从印度来的商队每年要带来一万到两万名商人。印度方面供应奴隶、白布、糖块、砂糖和香料。"[31] 这座城可以说是亚洲世界的一处十字路口。"喀布尔地区有十一或十二种语言：阿拉伯语、波斯语、突厥语、蒙兀儿语、印地语、阿富汗语、帕夏伊语、帕拉吉语、吉布里语、比尔基语、兰姆甘语。就我所知，其他任何地方都不见得有这么多不同的部落，说着这么多不同的语言。"[32]

巴布尔在自己的回忆录里不断提起春日里一整片的郁金香，提起从喀布尔城堡望出去的景致，提起来自附近山区、夏日里用来冰镇酒饮的雪，以及当地令人满意的各种水果：

> 天气冷的地方产的水果，在镇上有葡萄、石榴、杏桃、苹果、榅桲、梨子、桃子、枣子、杏仁和核桃……至于人们带进城里的，产自气候炎热地区的水果则有橘子、枸橼……和甘蔗……喀布尔地区产的大黄质量很好，榅桲和李子更好……喀布尔的酒则是烈酒。[33]

冬天，巴布尔会拿一种特别的栎木来烧，这种栎木能烧出"夹带一大堆热灰的熊熊烈火，气味很香。烧的时候，一旦茂密的枝叶点了起来，烧的声音非常奇妙，从里到外火花迸裂，最是特别。烧起来还挺好玩"。[34]

巴布尔有了仔细品味贵族生活的闲情逸致。他在喀布尔内外规划了好几处花园,还监督着花园的灌溉与起建。[35] 巴布尔一辈子都延续着这套做法:征服到哪儿,他就把花园盖到哪儿,今天还留存有好几座。

从对花园的爱好来看,巴布尔也属于热爱流行于亚洲贵族间古老传统的一分子。在中东地区与欧亚草原的干燥气候中, "水"与"享乐"是紧密交织在一起的。打造一块有池子、流水与喷泉的地方,就等于打造一座天堂。在距离当时将近一千年前所写的《古兰经》中,天堂就是个花园。

巴布尔对爱情和性相当节制。十六岁时,他第一次结婚。 "这是我第一次结婚,虽然我并不讨厌她,但因为羞怯与腼腆的关系,我习惯十天、十五天或二十天才见她一次。后来等到我一开始的欲望消退之后,难为情的感觉也随之增加。"[36]

他第一次感受到爱意也是在差不多的时间点,但这份情感却是向着某个市井出身的男孩。 "身处浮现的渴望与热情之中,心里承受着年轻时的愚昧,我那时常常不戴帽子、光着双脚,在大街小巷、果园与葡萄园间穿梭着。"[37] 根据回忆录里这种事发很久以后的观点,巴布尔在几个月后克服了他所说的"年轻时的愚昧"。纵观整本回忆录,他愈来愈不赞成同性恋,但这在贵族之间显然非常流行。我们不难想象巴布尔有许多妻子,不过他不太花时间来写她们,而是用一概而论的方式对待自己的妻子们,仿佛她们是需要存放在安全地方的笨重行李。妾室也是贵族生活中理所当然的一部分,但巴布尔只提过属于别人的妾,却从来没有提起自己的姨太太。巴布尔把自己炽热的文字留给了战争与征服,而不是性。

药物和酒精在上流社会生活中也很普遍。年轻的时候,巴布尔遵循《古兰经》的训示,滴酒不沾;但在喀布尔期间,到了三十多岁的时候,他开始喝酒。不过比起酒来,他似乎更喜欢哈希什(hashish)❶,即便宴饮中多

---

❶【译注】以大麻脂制作而成的麻醉剂。

半不会同时提供这两者。公元 1519 年 12 月，他和一群贵族乘船玩了一趟。其中一群人喝了酒，没有注意到船另一头的贵族们吃了哈希什。巴布尔知道会出乱子，试着将两群人隔开来，但没有成功。

> 喜欢哈希什的一方跟好酒的一方从来就处不来；喝酒的人开始大放厥词，到处唠叨，许多话里还隐约提到哈希什和吃哈希什的人……喝酒的人让塔尔迪汗（Tardi Khan）痛饮，一碗接着一碗。我们的确曾试着不让出乱子，但每一件事都不如所愿；喧嚣让人反感；酒宴变得令人难以忍受，败兴而终。[38]

在没那么放纵的宴会中，一般的娱乐项目则是吟诗、聆乐与跳舞。虽然巴布尔很少从贵族所写的甚至包括他自己所写的一些诗里看到生花妙笔，但还是期待贵族能写出原创的诗。根据其评论，他父亲那辈的某位大汗写的都是些平庸的诗。"在他的底万（diwan，诗集）中有许多首还不差；但整本诗集诗的程度都差不多。"[39] 但巴布尔特别点出这位大汗底下一位贵族的诗作。"只要谈的是突厥语的诗，就无人能出其右，也没有人写的诗比他更多。"[40] 另一位贵族"舞跳得相当好，他跳的一种舞相当特别，似乎是他自个儿的发明"。[41] 宴会常常举办，而谈到宴会中的乐器，巴布尔也曾提到贵族与乐师们吹奏的笛子、犹太竖琴与鲁特琴（lute）。

巴布尔曾责备某个贵族是个"赌鬼兼臭棋篓子"。[42] 还有一个官员"为象棋痴狂，要是他遇见两个棋手，他会一边跟其中一个下棋，一边拉住另一个的衣摆，嘴里还一直喊'别走！'"[43]

贵族生活中的另一种追求，则是上好的布料。在某个大城镇，城里全体贵族所拥有的丝绸多得令巴布尔叹为观止。公元 1508 年，巴布尔征服、攻陷了阿富汗中部的坎大哈（Kandahar）。两天之后，他在城外端详着战利品。

那里有良种烈马，停着一系列的骆驼队，骆驼有公的，有母的，还有毛驴，驮着装满马褡子的丝织品与布匹，红布与丝绒做的毡房，各种各样的帆布篷，每个地方都堆着一大堆一大堆的马褡子和箱子……装着白银的口袋……许多各类的战利品……[44]

　　光是拥有或穿戴这些好衣服还不够。宫廷里的流行时常在转变。上流社会人士的乐趣，还包括了当前流行的鞋款以及缠绕头巾的特别方式。巴布尔因此相当佩服一位大汗："即便白发苍苍，年岁已高，他还是穿着鲜艳的红、绿色丝衣。"[45] 巴布尔也在喀布尔近郊打猎、钓鱼与驯鹰。这种休闲活动能促进巴布尔与手下的感情。有许多贵族跟了他不少年。公元1519 年，巴布尔为多斯特（Dost）的死哀痛不已；十六年前，有八位将军一块儿杀出一条离开阿黑昔的路，多斯特正是其一。[46]

　　从中东到中国，行止有度与有福同享的规矩可以说人尽皆知，而巴布尔回忆录的根底就是这套规矩。正是这种荣誉、得体行为与享乐方式的共通性，让巴布尔这样的军事将领能够不受风俗与语言各异的影响，从中亚、中东与阿富汗招募到士兵。这种亚洲军职世界，就跟伊本·巴图塔的法律与行政世界，或是亚伯拉罕·本·易尤的贸易世界一样辽阔。

　　征服喀布尔之后的数十年，人们在熟悉的地方看见巴布尔带兵打仗的身影。他再度短暂夺取了撒马尔罕，为希萨尔而征战，也在巴达赫尚（Badakhshan）领导着军队。他占领、掠夺了坎大哈的宝库，手下的人马则抢了整个城镇。

　　巴布尔清楚认定自己身处成吉思汗以降的征服传统中。"自从我们来到喀布尔起，我心里就一直想往印度斯坦前进。"[47] 征服喀布尔不到一年，巴布尔便展开了对印度的第一次袭击。"太阳正走到水瓶宫……我们骑马离开喀布尔，前往印度斯坦。另一种世界映入眼帘——不一样的草，不一样的树，不一样的动物，不一样的鸟，还有其他部族与人群的不同举止和风俗。"[48] 公元 1519 年，他要求德里苏丹归还过去一度由跛子帖木儿（Timur the Lame，今天的英文拼作 Tamerlane）统治的土地。苏丹驻在拉合尔（Lahore）的代表公开羞辱巴布尔的大使，用拒不见面的方式拒绝他。大使"几个月后回到喀布尔，没有带回任何回复"。[49] 公元 1525 年之前，巴布尔已经四度进攻旁遮普平原，得到的牛群与战利品一次比一次多，对出身阿富汗的德里苏丹构成的威胁也更严重。

公元 1526 年 4 月，最后的大战在德里东方的平原地带爆发；关于这场仗的细节不多，因为巴布尔没有在死前完成回忆录的这个部分，但他的军队在此次战役中彻底击溃了德里苏丹。巴布尔采用了他相当欣赏的乌兹别克侧翼扫荡战术；二十多年前，他的军队就是在撒马尔罕城外败给了这种战术。这一仗之后仅仅一个月的时间，德里就被攻陷了。这一年，巴布尔四十八岁。

虽然巴布尔已经有了极为富裕的"立锥之地"，但他大半余生都还是花在行军打仗上。他和敌人交手，对拒绝纳贡的阿富汗裔印度贵族发动战争。巴布尔的回忆录，是为他儿子所写的。公元 1530 年，在经历了自己一生所有的战争之后，巴布尔在卧榻上离世。虽然他的儿子胡马雍（Humayan）先是丢掉了王国，但接着又重新征服回来，巴布尔的王朝仍将继续统治印度两百年的时间。

无论是在印度、突厥、中国还是波斯，最成功的草原征服者都会在短时间内从占领军大幅转为行政统治者。许多征服者发现血缘制度太过派系分明，"盐的规矩"对于王朝的统治而言稳定性不足，于是将自己军队的根基转变为奴隶，将奴隶买来充作职业军人。正是因为巴布尔的子孙能力过人，才能在印度打造出一个能满足其子民众多期待的王朝，同时还能维持共同的荣誉传统，让他们得以从中东、中亚与阿富汗招募士兵与官员。

巴布尔征服德里时曾找到某个藏宝库，其奢华程度让他瞠目结舌。至于他的儿子胡马雍，巴布尔也给了他一座宝库，"原封未动，连宝库藏品的内容都没有细查或是记录下来"。[50] 而组成其军队的各形各色的族群团体，"盐的规矩"要求巴布尔得奖赏他们所有人。

取自宝库的钱财恰如其分地被赐给了整支军队，阿富汗、哈扎拉（Hazara）、阿拉伯、俾路支（Baloch）等每一个部族、每一个人都根据其官阶领赏。每一个商人和学生——事实上，是每一个和军队一起前来的人，都拿到了足够分量的慷慨礼物与赏钱。[51]

他把金银送去给喀布尔、撒马尔罕、呼罗珊、喀什和伊拉克的族人，也把礼物送去给"撒马尔罕、呼罗珊、麦加与麦地那"的圣人。[52] 巴布尔的一生，他海纳百川的军队和他捐献的战利品，都充分展现了大亚洲世界无远弗届的军事网络——血与盐之网。

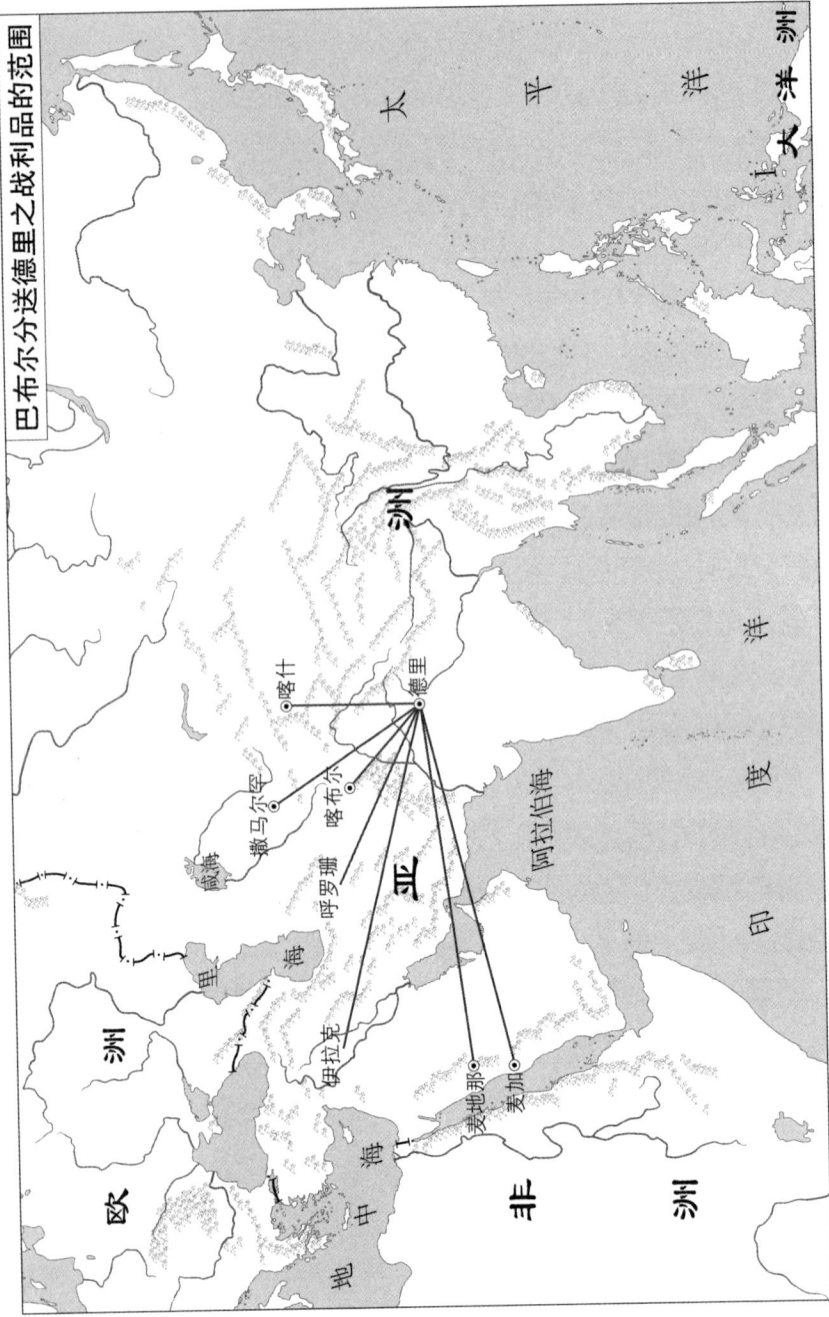

巴布尔分送德里之战利品的范围

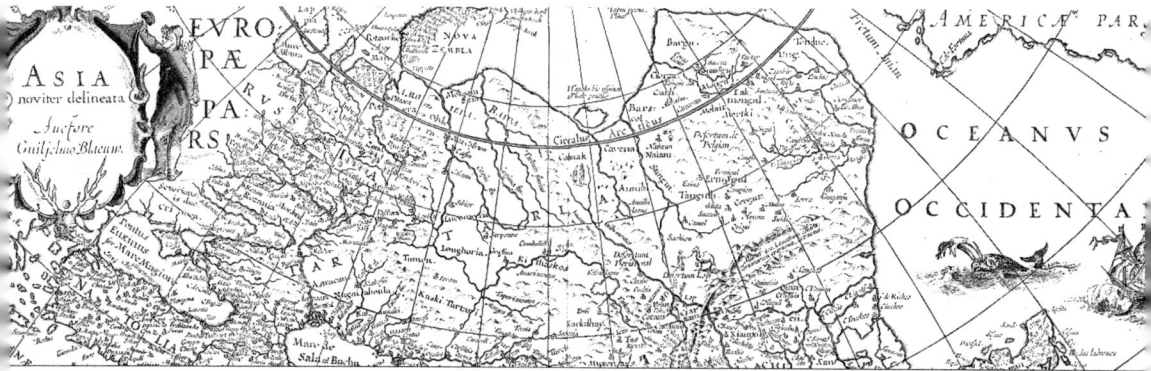

第九章

药命误会：托梅·皮雷斯

公元 1511 年至 1521 年

公元 1516 年 3 月，人在科钦港的葡萄牙籍药商托梅·皮雷斯（Tomé Pires）正面临抉择。四百年前，亚伯拉罕·本·易尤曾在北方五百里的同一片海岸上焦急地踱着步子，而皮雷斯就像本·易尤，两人都处在一场与药品和香料关系匪浅的困境里。亚伯拉罕·本·易尤的困扰，是消失的小豆蔻和经济上的损失，但皮雷斯和热带作物打了几年的交道，境遇倒是令人称羡。他想带着自己的钱回到故乡，考虑退休，但他的某个朋友是葡萄牙在亚洲新征服领土的总督，延揽他承担带领人员前往中国的第一次外交任务。这份工作实在太吸引人，让人无法说不——有机会造访北京，见识从中国南海岸一直到首都之间的一切，过去还没有哪个葡萄牙人曾经做到过。到了夏天，皮雷斯同意往东绕行，而不是朝西边走。隔年 1 月，他和一支由四艘船组成的船队一道出发，带着外交书信、王室的礼物，以及用来跟中国做贸易的商品。[01] 而他的生命，也即将因为这次的出使而发生永久且悲惨的转变。他的回忆录只涵盖了他在亚洲头五年的时光，但书中却充斥着葡萄牙"第一波"亚洲征服行动中的许多假设与错误。

托梅·皮雷斯不是什么了不起的军事将领或官员，在历史舞台上是个小角色。他生来就是平民，可能是在里斯本出生的，时间大约是公元 1468

年。虽然不是贵族，但他的家人不仅受过教育，也有地位，所以他才会写到自己有段"非常惬意"的童年。他的父亲在葡萄牙国王约翰二世（John Ⅱ）手下担任药剂师，而他们家在知名的药房街上可能也有自己的店面。[02]

对皮雷斯一家，以及类似他们这种既是受过教育的精英，又跟葡萄牙宫廷有关系的人来说，当时是个令人振奋的时代。15 世纪 30 年代起，国王便为进攻直布罗陀海峡对岸北非地区的行动，以及西非海岸探勘提供了资金。但国王的目标并非印度的香料，而是中非的黄金。穆斯林过去完全掌控了跨撒哈拉贸易，葡萄牙人则希望能从西非海岸出发，在贸易中分一杯羹。[03] 六十多年的时间里，葡萄牙舰队征服的领土恰好有足够的价值让王室有理由继续出资抻注。种植葡萄牙所需小麦的加那利群岛（Canary Islands），以及能提供一些黄金、象牙与奴隶的西非海岸地区，也都包括在这些征服行动的目标中。[04] 至于船只设计、导航能力、船帆技术与枪炮铸造的长足进步，则是探险行动数十年不辍所带来的重要结果。所有小学生都知道，葡萄牙在 15 世纪 90 年代终于捡到宝了。瓦斯科·达·伽马❶的船队先是绕过了好望角，在非洲东海岸雇了个领航员，接着航行抵达印度马拉巴尔海岸。哥伦布也同样在 15 世纪 90 年代时西航到达了美洲。

托梅·皮雷斯曾担任葡萄牙阿方索王子（Prince Alfonso）的药剂师，直到公元 1491 年阿方索王子英年早逝为止。没有人知道此后皮雷斯做过什么工作，也没有人知道他为何会在公元 1511 年 4 月离开葡萄牙前往印度，但他手握两位重要人物——分别是国王首席御医以及里斯本海外局处首长——的

---

❶【译注】瓦斯科·达·伽马（Vasco da Gama, 1469—1524），葡萄牙航海家。1497 年，他率领船队南下非洲，绕过好望角，前往印度洋，是第一个经由这条海路抵达当地的欧洲人。达·伽马之行让葡萄牙得以与亚洲有直接的联系，国力也通过香料贸易而日渐强盛。

介绍信。于是乎，船队沿西非海岸而下，绕过好望角，进入了亚洲世界。[05]

瓦斯科·达·伽马首次航海行后的十年间，葡萄牙人一年一度的出击就已经对亚洲海上世界造成了冲击。葡萄牙人身为贸易竞争者，能够提供的货物却是少之又少。欧洲生产的都不是亚洲需要的货物，而亚洲地区想要的欧洲货也只是少数。而这些少数货物——如威尼斯产的玻璃与橄榄油——早已经由人尽皆知的海上路线抵达亚洲，从中东前往印度西海岸，甚至是更远的地方。香料、药品、布匹与陶瓷也沿着同样的路线回流欧洲。[06]葡萄牙人绕行非洲的新路线不仅比既有的路线更长、更危险，也更花钱。而既有的贸易商也更有组织，资金更充足，对当地情势的认识也远远超过葡萄牙人。每数到一艘葡萄牙船，就有数十艘甚至几百艘相对应的当地船。[07]❶葡萄牙人的航海技术与设备无论如何都无法超越当时的亚洲同行。

但值得称道的是，葡萄牙人很早就有自知之明。军事与组织能力就是他们为数不多的优势。葡萄牙人的大炮，是用比亚洲大炮所用材料更好的金属所打造。经历了地中海地区永无止境的战争，以及数十年来西非海岸的探勘行动后，船员们已经学会了如何稳定、快速，且相当准确地发炮。当瓦斯科·达·伽马踏进亚洲海上世界时，只有葡萄牙的船只和船员能够有效地连续炮轰港口与其他船舰。[08]人在亚洲的葡萄牙人与亚洲海上世界其他的贸易商不同，他们有国王在背后撑腰，身处异教世界时仍然对自己身为基督徒一事感到信心满满，受宫廷指派的人员身上也出现了为官的忠诚。

葡萄牙人利用这几项优势，迅速从与当地统治者协商的做法转为征服，发动了自一个世纪前郑和下西洋以来最大胆的行动——主宰亚洲海上世界。但葡萄牙人的做法与中国人完全不同。他们的策略并非通过外交与承认当地

---

❶【原注】当时早已长期往返印度洋上的船都比早期的葡萄牙船大上许多；葡萄牙船吃水不过百吨，而阿拉伯单桅帆船却达五百吨，古吉拉特船最高更是达到八百吨。

国王的地位来创造优势，实际上反而更接近成吉思汗的做法：夺取贸易城市与重要资源，摧毁抵抗，课征贸易税，让征服行动可以自给自足。[09]❶ 16 世纪的头十年中，葡萄牙人先是在印度洋地区拿下了马拉巴尔海岸边不设防的果阿（Goa）、科钦与坎努尔等港口，接着攻击红海口的亚丁，但没有成功。至于同一时间的远东地区，葡萄牙则经由协商得到在马六甲贸易的权利，在那里设立了贸易站。但不到一年的时间，马六甲的穆斯林苏丹便关闭了贸易站，把葡萄牙人赶了出去。等下一个航海季节来到，一支葡萄牙舰队就攻击、征服了马六甲，旋即驱逐了穆斯林与印度贸易商。葡萄牙舰队在印度洋与东南亚两地焚毁、捕获了许多当地船只，打算从贸易活动中征税。[10]

皮雷斯正好在良辰吉日踏上果阿。几个月前，葡萄牙亚洲征服行动总督阿尔布克尔克❷去信国王，禀报马六甲发生的骚动。少数葡萄牙人为了新占领城市的钱财与战利品，在马六甲发生了严重的冲突。为了恢复秩序，总督决定派来"王子殿下的药剂师托梅·皮雷斯，我相信他是个认真刻苦的人"。在当时的精英圈中，只有少数识字的成员适合担任果阿所提供的这份重责大任。皮雷斯搭上了圣基督号（Santo Christo），这艘船差点就在马拉巴尔外海的南亚风暴中沉没，但他还是在公元 1512 年 6 月或 7 月时抵达了马六甲。数月后，皮雷斯写信给自己的兄弟，"我在马六甲担任记事、贸易仓库会计与药品管理员"。他描述自己身体很好，收入也不少，"远

---

❶【原注】葡萄牙人的成就并非无懈可击。在控制印度洋一事上，他们主要的竞争者是奥斯曼人，而奥斯曼人的枪炮技术丝毫不落下风。对奥斯曼人来说，印度洋并非特别重要。但对像葡萄牙这种贫穷、边远的国家而言，发生在印度洋的征服行动看起来真是天赐良机。

❷【译注】阿方索·德·阿尔布克尔克（Afonso de Albuquerque, 1453—1515），果阿公爵。1503 年，他在科钦建立了葡萄牙贸易站，随后十多年间更在印度西海岸与马六甲等地发动一连串军事行动，奠定了葡萄牙在东方航路上的势力。

比你能想象的多"。[11] 托梅·皮雷斯仔细聆听当地商人的声音,不时为葡萄牙货物压队而旅行,还写下了《东方志》(Suma Oriental)——这是他对亚洲海上世界中的植物、市场与政局所做的描绘。

托梅·皮雷斯身处的东南亚是个什么样的地方呢?跟八十多年前马欢的叙述相比,东南亚可以说没有太多改变。药用植物仍然是当地极为重要的贸易品项。皮雷斯身为药剂师,对这些植物也了如指掌。他写道,苏门答腊与爪哇有胡椒、小豆蔻、可食用的樟脑、安息香、阿勃勒与"药剂师用的沉香木"。东边的岛上则有黑色的安息香、两种樟脑、丁香、肉豆蔻、肉豆蔻干皮与白檀香木。

香料与药品从热带发源地同时往东西流传。从印度、东南亚出发前往中国的贸易已有千年的历史了。5 世纪的中医文献就曾论及香蕉、印度樱桃李与朱槿。[12] 7 世纪的佛教朝圣者玄奘也曾试图将印度植物和他抄写的佛经一道带回中国。之后的两个世纪,有好几位中国比丘特地涉险前往印度与东南亚,带回需要的植物。[13] 许多热带植物,例如香蕉、榕树与木槿花,都出现在一本古老的中文典籍《南方草木状》中。[14] 截至 11 世纪时,已经有一百种以上的热带植物会固定出现在中医的药方里。

热带植物与萃取物也同样循亚洲水路往西移动。巴格达的哈里发积极寻找有用的植物,将其带往中东地区。到了 9 世纪,以治疗法为主题的阿拉伯文书籍便时常建议使用多种热带材料。[15] 伊本·西拿的《医典》提到了肉桂、小豆蔻、肉豆蔻、荜澄茄、樟脑、取自百合科龙血树树脂的龙血竭、竹子上采来的竹黄,以及丁香,而这些材料全都来自东南亚。印度出产的有洗眼水、姜黄、胡椒、小茴香、槟榔、番红花、各种檀木、茉莉油、沉香、阿魏、罗望子、菱角和樱桃李。中国产的则有枣、大黄、中国姜与大高良姜。[16]

早在葡萄牙人入侵的数百年前,长距离香料贸易就已经为东南亚带来了改变。商人冒着经济上的风险,尝试在新的地点种植各种能带来利润的

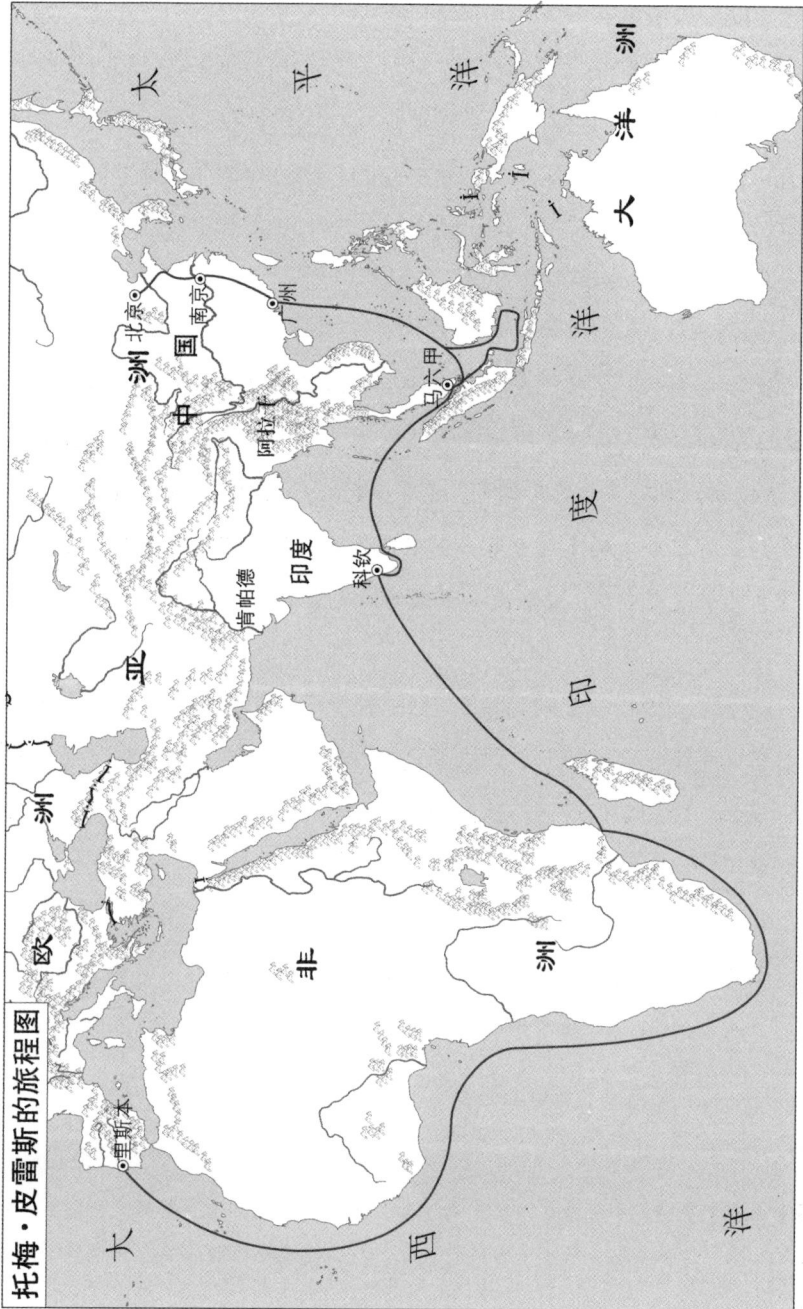

托梅·皮雷斯的旅程图

植物。胡椒种植就从印度移入了苏门答腊与马来半岛。[17] 爪哇也开始用印度来的种子种植杧果。由于香料生长所需的微气候❶条件仅局限在少数岛屿，甚至是单一岛屿上，许多在新地点培养实用植物的尝试都失败了。但也有一些岛屿成功种出了贸易需求稳定的"现金作物"，岛上居民甚至停止种植食物。像班达群岛（Banda Islands）这种香料群岛上的食物——尤其是稻米和鱼酱——都需仰赖进口。

这些岛上都有聚落；聚落没有国王，而是由（酋长）与长老管理……全部岛屿加起来人数铁定有两千五百人到三千人之多。居住在沿岸的是摩尔（Moorish）商人……深入乡间，还有少数未开化的人……几座岛屿每年生产大约五百巴哈尔的干肉豆蔻……以及六千或七千巴哈尔的肉豆蔻……班达诸岛几乎没有食物。食物是从附近的岛屿带来的。[18]

关于位于今日缅甸的阿拉干（Arakan）王国，皮雷斯仅略有耳闻，但他听到的多半是正确的。[19] 阿拉干是中南半岛典型的内陆大国，地点位于今日缅甸、泰国与柬埔寨。这几个国家的经济比较不依赖贸易，主要还是靠稻米生产与劳役维持。

国王是个异教徒，在内陆势力庞大。海岸边有良港……但贸易并不兴盛……阿拉干国内有许多骑士与大象。有产一些银……（以及）三或四种棉衣……王国里有大量的肉食、米饭，人们不愁食物。[20]

---

❶【译注】指特定局部地区不同于周遭地区的气候现象。这种局部气候现象范围不会超过数十平方千米。都市中的热岛效应、水体周边地区的气温下降都属于微气候的一种。

另一种东南亚王国则是以稻米灌溉种植为基础,若非位于河流边,就是落在三角洲上;皮雷斯对此的描述也同样准确。位于今日缅甸境内的勃固(Bago),就是这种类型的国家。

> 勃固是个异教徒王国。在我们曾经见识过、听闻过的地方里,勃固有着最肥沃的土地。物产比暹罗更丰富,几乎与爪哇不相上下……主要(商品)是稻米。每年有……十五到十六艘中国帆船、二十到三十艘……货船到来。这些船只带来大量的虫胶、安息香、麝香、宝石、红刚玉、银、奶油、食用油、盐、洋葱……这一类的食物。国王始终驻跸在内陆的勃固城内……去一趟要走一天一夜……[21]

但皮雷斯最了解的还是港口城市,也就是建设在条件良好的港湾,地点适合区域间转运的东南亚转口港。16 世纪时,马六甲就是最完美的例子。皮雷斯在《东方志》中描述了在被葡萄牙征服之前,马六甲广泛的贸易关系。

> 据说摩尔商人非常得国王母干撒(Xaquem Darxa)的欢心;他待这些商人如上宾,给他们地方住,盖他们的清真寺……他们也盖起了漂亮的房子。来自其他地方、来自苏门答腊的人,也到这里工作营生……(国王)希望亲自前往中国……也到了(中国)国王所在之处,和他交谈,自愿成为藩属……(母干撒的)名气变得很响亮,他得到来自亚丁、霍尔木兹、肯帕德与孟加拉等国国王的国书与礼物,国王们也从他们那里派了许多商人来马六甲居住。[22]

托梅对亚洲海洋体系中各个转口港间的直接交流非常了解。位于今日古吉拉特的肯帕德就是其中之一。“肯帕德商人以马六甲为其主要贸易据点……如果想要赚大钱、有所成就,马六甲就不能没有肯帕德,肯帕德也不能没有马六甲。"[23] 实际上，马六甲这类的港口并不生产其所需食物，而是仰赖进口。[24]

皮雷斯这本书就像一个世纪以前马欢的回忆录，远不只是在重述有哪些物产与市场。但书中却披露了两种非常不同的核心态度与成见，这也让皮雷斯在大亚洲世界被贴上"局外人"的标签。综观整篇叙事，皮雷斯都把世界区分为摩尔人以及基督徒——摩尔人即逊尼派穆斯林，无论身在何方，摩尔人都是"敌人"，而所有基督徒都是"盟友"。其他异教徒则是对抗摩尔人的潜在盟友，以及可能改信者。皮雷斯就像早期来到亚洲的其他葡萄牙人，将数百年来属于地中海的冲突"冠"在亚洲上。当地的历史、地方忠诚以及家族间的敌对关系很可能比"这些人是基督徒还是异教徒"来得重要太多，但葡萄牙人对此却从来都不晓得。葡萄牙整体的冒险事业都伴随着这种短视心态，而这种心态也将为托梅·皮雷斯带来悲惨的结局——我们很快就会看到。

举个例子。皮雷斯在回忆录伊始，曾经因为某位波斯什叶派穆斯林国王对抗西方的逊尼派穆斯林势力——可恨的摩尔人——而形容这位国王既伟大又高贵。

> 许多骑士与光鲜亮丽、打扮得体的人簇拥着这位教长派来的大使，他衣着华贵，用着金银制的器皿，显示出教长的崇高伟大。他表示，除非所有这个时代的摩尔人都成为阿里的追随者，不然他不会收手。[25]

皮雷斯视印度西部的印度裔贸易商为异教徒，认为他们很可能是堕落的基督徒，也是潜在的新信徒。

> 肯帕德的异教徒不仅是狂热的偶像崇拜者，还是个软弱的民族。他们之中有些人根据自己的信仰过着高尚的生活，是有道德、真诚的人，而且

饮食有度。他们一度是基督徒，相信圣母和三位一体，这毋庸置疑，是因为穆罕默德一党才让他们逐渐失去信仰。[26]

　　但持平而论，托梅·皮雷斯有时还挺欣赏自己观察到的这些异教民族。读起来，他对爪哇皮影戏的描述和马欢的说法惊人相似。

　　爪哇这块土地，可以说是哑剧与各种面具（之地），男男女女都深谙此道。他们有跳舞与故事作为娱乐。当地人举止优雅；他们有种钟乐——齐一合奏时听起来就像风琴。到了晚上，他们会弄出各种形状的影子，就像葡萄牙的圣宾尼陀服（beneditos）❶。[27]

　　托梅所不了解的是，亚洲世界虽然也有自己的宗教战争，但这里仍然是个有多种宗教、效忠对象多元的地方。就说亚伯拉罕·本·易尤吧，他和古吉拉特的印度教徒以及出身门格洛尔的穆斯林结为商业同盟。阿尔米许并非出于信仰原因拒绝哈里发的伊斯兰信仰，而是因为伊本·法德兰没有带来盖城堡的银子。马欢对自己造访过的信奉佛教与印度教的宫廷都抱持着敬意。

　　但皮雷斯的叙述中一再将力量与白种人连在一起。前面几章的回忆录中当然也有许多偏见。玄奘既不喜欢敌对的小乘佛教徒，也不喜欢不信佛的国王。伊本·巴图塔不会正眼看待那些小城镇，因为在那里，他找不到美食与干净的被褥。伊本·法德兰认为草原游牧民多半不爱干净，他个人也总盼望

❶【译注】皮雷斯此词究竟是指哪种服饰，其实并不清楚。根据《东方志》英译者阿尔曼多·科尔特撒奥（Armando Cortesao）的推测，这个词来自 sambenito 或 sanbenito（拉丁文为 saccus benedictus），是悔罪的人所穿的衣服。见 Tomé Pires, *The Suma Oriental of Tomé Pires, trans. Armando Cortesao* (London: Hakluyt Society, 1944), 177.

着巴格达的逸乐宫廷。马欢巴不得和未开化的岛屿离得远远的。但即便如此，都没有人用种族歧视的言辞来表达。皮雷斯称波斯人强大，因为他们是白人。[28] 等到要描述印度半岛上征战不休的诸王国时，皮雷斯则说，"最强大的人，都是其王国中肤色最白的人"。[29] 根据这种简单的论点，中国人就属于白人，理应对葡萄牙人有天生的好感。但中国人看事情的方法却与他完全不同。

公元 1517 年 8 月，托梅·皮雷斯和他领导的小编制外交船队抵达了中国海岸，但他们除了外交书信、给皇帝的礼物以及贸易商品之外，还在不经意间带了更多东西。他们带来的宗教与种族心态马上就要成为阻碍，而他们对待异教徒的方式不仅会让他们惹上麻烦，还会造成意想不到的结果——在十多年的时间里，船只被焚毁，口岸则被占领。对托梅·皮雷斯来说，中国人是理所当然的盟友。他在离开科钦以前完成了《东方志》，书里大大赞美了中国人：

> 中国国王是个拥有广土众民的异教徒。中国人都是白人，就和我们一样白……他们戴的圆形丝网帽，就像我们葡萄牙的黑色筛子。但他们更像是日耳曼人。他们的胡须有三十或四十撮毛发。他们还穿了制作精美的法国（式）方头鞋……女人长得就像西班牙女人……她们的妆厚到连塞维利亚当地都比不上。[30]

他也同样信心满满，认为很容易就能征服中国：

> 我们无须掠人之美，中国看来的确是个重要、高贵且非常富庶的国家；如果只是要把中国纳入我们的统治之下，马六甲总督其实不需要他所说的那么多军队，因为当地人并不强壮，很容易被制伏。根据经常前往中国的重要人士所说，他们确定，只消十艘印度总督用来攻占马六甲的船，就能拿下整个中国海岸。[31]

中国海师布防在珠江三角洲外的海湾，而葡萄牙船队和中国海师第一次的接触看来便前途多舛。港内的中国战舰认为葡萄牙人是海盗，于是对他们开火。葡萄牙人并未还击。葡萄牙舰队指挥官费尽千辛万苦，终于说服中国人相信他们是使节，不是海盗。[32] 舰队如果要继续沿三角洲航行，前往广州的话，就需得到广州当局的许可。官僚的拖延战术几乎马上就开始了。当葡萄牙船只因风暴而受损时，中方并未提供协助。几个月的时间过去了。一开始的乐观心态逐渐消退，葡萄牙人了解到自己对中国人并不重要，中国人对他们并不感兴趣。葡萄牙人显然没有注意到，各个使节团早在一千多年以前就已经来到中国了。而使节团得到接待与否，则视朝局而定。[33] ❶ 结果葡萄牙指挥官强迫中国地方官，让舰队在没有官方许可的情况下航行到广州。[34]

离开科钦十九个月后，托梅·皮雷斯抵达了广州。舰队鸣枪行礼，旗帜随风飘扬，这两件事都冒犯了当地方官员。皮雷斯着手谈判，终于让广州城的官员接受鸣枪只是一种致敬的形式，使节团则是要来跟中国朝廷建立友好外交关系。葡萄牙人下船时，"铳声如雷，人们盛装打扮，有七人陪同大使，和他一同前往使馆。他们被领往各自的下榻处，都是城里最好的一些房舍。"葡萄牙人完全没有遵守当地的外交习惯，也不礼貌。他们没有献上袍服，没有赠送恰当的礼物，没有举行宴会，更认为自己不受这种做法的拘束。

即便如此，情势一度还发展得不错。葡萄牙人在广州做起了生意，还

---

❶【原注】中国官员的拖延与忽略是特别针对葡萄牙人而来。朝廷的政策其实是鼓励贸易的，而且通商口岸在葡萄牙人等待时一直处于极为忙碌的状态。朝廷也不排外。大约在皮雷斯远来的二十多年前，曾经有五十六名高丽人在浙江省岸边，今杭州市南边的地方遭遇船难。船长的回忆录详细描述了斥候发现他们的经过。船长与船员被人经运河与陆路迅速带到国都，循适当渠道遣送回高丽。

送信回马六甲，称赞得到的接待与身处的环境。十四个月后，船队离开中国，抵达马六甲，"备极尊荣、满载财宝，事情难得如此两全"。[35]

但自船队起航前往马六甲后已经过了十五个月，皮雷斯和随员仍在等候前往中国首都北京的许可，这时葡萄牙舰队也已重返广州，准备护送他们回转马六甲。皮雷斯这时才了解到，让使节团干等——尤其是宫廷未请而自来的使节团——是中华帝国典型的做法。但葡萄牙舰队指挥官是个急性子的粗人，和中方硬碰硬，要求允许皮雷斯及七位随员动身离开前往北京。他的许多行为显然惹恼了中国地方官，比方说在珠江口盖了座石造堡垒，还在中国的土地上绞死了自己的一名船员。[36]

葡萄牙人似乎没有注意到中方有多么重视对海港的控制，也没有注意到贸易商与帝国官僚间几百年的紧张关系。过去在中国口岸曾有过贸易商掀起的叛乱，中国官员也曾用计引发当地人屠杀外国商人。鉴于没有特别的裁判权能在中国保护外国商人，许多外商都曾在中国衙门受审，并因违反中国法律而被定罪。

为了回应葡萄牙指挥官的粗鲁威胁与强硬做法，广州地方官于是放行，让皮雷斯与随员前往首都。皮雷斯一行人往北走，乘中国船只逆流而上，接着上岸前往南京，这一程走了将近1000英里。皇帝不愿意在南京接见葡萄牙人，令他们再往北走1000英里前去北京，公元1521年2月，出巡的皇帝返回北京，这时皮雷斯早已抵达，在此等待皇帝的接见。

但没过几天，情势便急转而下。被废黜的马六甲国王派遣大使带着国书抵达北京，信上细说葡萄牙人袭击、攻陷城市之事。国王在国书里还提醒朝廷——马六甲是中国藩属，马六甲国王因此诉请朝廷援助，对抗外来的敌人。北京与广州两地地方官的奏折也在同一时间被送进宫里，详陈对葡萄牙人的各种不满，其中还包括对葡萄牙人绑架汉人小孩、吃小孩的指控。等到皮雷斯的外交信件在北京被拆封、翻译出来以后，信上表明的却是葡萄牙人拒绝藩属地位，也不愿意归顺朝廷，而这封信也就等于拒绝了数百年来中国与外部势力间建立关系的模式。（还记得吗？阿拉伯语通译马欢的工作，正是协助缔结这种藩属协定。）朝廷为之震怒，这也让皮雷斯及其随员的处境更加危险。[37]

就在这个关键的时刻，皇帝驾崩了。新皇帝是个十四岁的少年，受到朝臣很大的影响。朝中的党派退回了皮雷斯的外交献礼，撤销其使节地位。朝廷里许多人都说皮雷斯和他的手下是骗子或海盗。朝廷将皮雷斯使团遣返广州，并指示将他们关进监狱，直到葡萄牙人让马六甲的正统国王复位才能放人。地方官召集兵丁，将城里能找到的所有葡萄牙商人全都押进大牢。中国海岸边防舰队或杀死或逮捕了乘商船抵达的所有葡萄牙人，还跟一群马六甲派来的战舰约期打了一仗。

广州当局坚持要皮雷斯写信给马六甲的葡萄牙人，要求他们将城池归还给正统国王。皮雷斯拒绝了，于是全员都被戴上了沉重的铁镣铐，其中一人因此而死。后来皮雷斯被除去了枷锁，但数个月后，中国海师与葡萄牙舰队打了一场海战，情势也每况愈下。其中一名犯人去信马六甲，"天黑以前，他们又给托梅·皮雷斯戴上了镣铐，单独领他出去，他光着脚、光着脑袋，在年轻人的哄闹声中被拉进广州府大狱"。官员们夺走了全部的现银和龟甲、衣物、胡椒等做买卖的商品，以及使团的外交赠礼。[38]

有好几名囚犯死于沉重的枷锁。1522 年 12 月 6 日，包括皮雷斯使团、广州城所有葡籍水手与商人在内等二十三名葡萄牙囚犯的判决出炉了。判决书的结尾是："大海盗心怀不轨，派小海贼来刺探我们的国土；务使其如盗贼般被处死示众。"❶隔年 9 月，囚犯被处死、分尸，尸首绑在城外

---

❶【译注】此句原文出自皮雷斯使团成员瓦斯科·卡尔沃（Vasco Calvo）与克里斯托旺·维埃拉（Cristóvāo Veeira）的狱中信件，并非明朝官方原始文件字句。

的柱子上。尸块之后都被人丢进粪堆。

从中方的观点来看，集体处罚所有葡萄牙人的做法是可预料的。中国曾经在不同的时代发生多起官方对整个群体的镇压行动，如佛教徒、道教徒、契丹人，以及越南的上层阶级。中国官员与朝廷认为，葡萄牙人不仅没有规矩，而且还不按照出使的惯例来行事。由于葡萄牙人占领的口岸是中国的藩属，他们也因此完全被当成海盗。更让朝廷人士生气的，则是葡萄牙人的主张——包括商人在内，所有的葡萄牙人不单代表某个和中国皇帝平起平坐的国王，而且当葡萄牙人在中国的时候，居然还处于国王的保护之下。亚洲世界中，从来没有其他群体曾经主张国王与商人间有这么紧密的连带关系。比方说亚伯拉罕·本·易尤，当他在马拉巴尔海岸做生意时，也不会宣称自己在埃及埃米尔的庇护之下。

不出几十年，葡萄牙掌控亚洲海上世界的宏图大计便宣告失败。计划中许多前提都有问题。亚洲世界有自己的历史、盟约、对手与忠诚对象，不仅与"摩尔人—基督徒—异教徒"的世界观毫无瓜葛，也和葡萄牙人"世界以我为中心"的种族优越感完全无关。事实也证明亚洲世界远比葡萄牙人料想的有弹性得多。形形色色的穆斯林持续在整个东南亚与印度洋地区从事贸易，无视于葡萄牙人的敌意。葡萄牙人也无法阻止或延缓整座苏门答腊岛与爪哇岛改信伊斯兰信仰的进程。[39] 马六甲的穆斯林对手亚齐（Atjeh）也和葡萄牙人对抗，使葡萄牙人的发展陷入停顿。

即便征服东南亚的远大计划在接下来八十多年中持续摆在台面上，[40]但东南亚口岸被葡萄牙人征服时，各个王国也并未因此垮台，只要王国中心稳固，葡萄牙人对港口的控制权可以说是微不足道——这才是现实。葡萄牙人经历了旷日持久的战争后，也被迫从斯里兰卡撤离。[41] 他们了解到，亚洲的大王国以农业税为立国基础。贸易虽然重要，但对大帝国来说很少是关键。（以巴布尔为例，他在征服印度的时候，可是打从骨子里了解这一点。）

　　葡萄牙人在印度西海岸古吉拉特地区的发展倒是较为成功。他们封锁了狭窄的肯帕德湾，迫使重大的转变发生。许多穆斯林商人离开了。留下来的北印度商人通常会向葡萄牙人交保护费。但葡萄牙人也知道自己无法摧毁古吉拉特的棉产业。无论是在东南亚还是非洲做生意，他们都得靠古吉拉特棉花作为主要贸易商品。[42] 葡萄牙人借由强制垄断以征收货运税的企图同样失败了。亚洲商人造出了更大、更快的船只，足以躲避葡萄牙舰队，仍然享有海上贸易最大的利润。[43] 纵观 16 世纪，载运到中东与中国贩售的胡椒与香料远比送到欧洲的多。亚洲商人也发展出新的转运港，用来取代被葡萄牙人占领的港口。

　　但是，我们也不能只把葡萄牙人的作为当成不自量力的失败，他们的行动对亚洲世界也有重要且意想不到的影响。短期来看，中国人以持续数十年的对外贸易禁令作为回应，迫使这类贸易转移到近海岛屿。[44] 长期变化更是影响深远，葡萄牙人的入侵在整个亚洲海上世界开启了大规模的军备竞争。从亚丁到东南亚，地方上的统治者纷纷在几十年间武装了自己的港口。

　　而贸易本身也带来重大的影响。即便贸易路线既险且长，葡萄牙的贸易仍然让东南亚产香料的岛屿头一次与欧洲直接联系在一起。新的联结将马鲁古群岛、马六甲、马拉巴尔海岸的葡属口岸、非洲贸易站以及葡萄牙连成一气。香料贸易更是让葡籍船长与官员深深影响了许多东南亚小王国的政局。阿瑜陀耶等大王国则失去了与马六甲的贸易，国势大减。[45] 船队一年一度从葡萄牙带着消息与训令而来。虽然对欧洲的香料贸易规模不及对亚洲贸易的四分之一，但截至 16 世纪 30 年代，有三分之一运往欧洲的香料是由葡萄牙人所运送。[46] 比起过去，热带香料更是大量出现在欧洲，也随之出现在 16 世纪的欧洲食谱上。但香料贸易所创造的财富却集中在少数人手中。利润全落在葡萄牙商船船长、船东与国王的口袋里。[47]

有些地方官靠着规避葡萄牙国王建立的专卖制度来获利。但对普通的葡萄牙士兵而言，在亚洲服役其实赚不到钱。征服马六甲之后不到十年，就有许多葡萄牙士兵与水手在随后的亚洲军备竞赛中逐渐转型为佣兵，成为许多地方宫廷中新式军事思想的来源。有些葡萄牙人则是离开公职，变成亚洲海上世界的私人贸易商。[48] 世界观与种族问题继续困扰着亚洲的葡萄牙人。葡萄牙人从来就无法有效招募受过教育的地方精英——除非这些精英改信基督教，而且葡萄牙人总是偏好葡萄牙血统的人，就连当地的混血儿也比之不及。

至于托梅·皮雷斯的下场又是如何呢？是否也跟着整个使团中的其他人一起被处死、分尸？或许没有。在他被关押的两年间，有两封来自牢房的信送到了马六甲。两封信都不是原件，现存的复本也已遭到审改。但托梅·皮雷斯似乎是被单独监禁在别的牢房里。其中一封信认为他也被处死了。但没有人能确认皮雷斯死亡的地点或日期。另一封信则是稍晚的描述，信里说皇帝下令"应该将他单独带到另一个城镇，他在那里住了很长一段时间，直到国王愿意和他谈话为止；但国王再也不让他回来，他就在那里过世了"。

还有一项辅证。皮雷斯入狱的二十年后，一位名叫费尔南·门德斯·平托（Fernao Mendes Pinto）的教士来到了今天江苏省北界，某个他称之为"Sampitay"的城镇。有个年轻女子向平托走来，说自己的名字叫伊内斯·德·莱里亚（Ines de Leiria），是托梅·皮雷斯的女儿。她讲述了皮雷斯被逐出广州，来到当地，与她母亲成婚（而且女方家境不错），以及皮雷斯几年前才过世的消息。她用葡萄牙语说了一些主祷文，而她的手臂上还刺了个十字架。有些近代学者称平托是个厚颜无耻的骗子，但其他学者则认为平托的说法貌似可信。或许，托梅·皮雷斯确实躲过了死劫，并在中国某个省城和有钱的妻子度过了余生。[49]

第十章

亚洲即世界

公元 500 年至 1500 年

公元 500 年至 1500 年的亚洲世界，是大帝国与大都会所属之地。东南亚有室利佛逝、蒲甘、吴哥、占婆与大越等王国。中国虽然经历了数代王朝更迭，但仍旧与整个亚洲紧密相连。印度也有帝国——以德里为根据地的贵霜帝国、德里苏丹国与莫卧儿帝国，印度南方还有朱罗王朝（Cholas）与毗奢耶那伽罗王朝。中东地区有阿拔斯王朝。中亚则有众所皆知的世界最大帝国——成吉思汗帝国，以及帖木儿帝国。这几个国度中的人口实际上比整个西欧的人口要多。

亚洲是个由鲜明的对比所构成的广大世界——从沙漠到高山，从季风雨林到干燥的平原。亚洲所拥有的文化与语言之多令人目不暇接，形形色色的地方宗教与各个佛教、伊斯兰教、印度教教派分布在整个浩瀚的地区。

但让大亚洲世界如此独特的，却是这个世界里的各种网络。官僚、学者、奴隶、思想、宗教与植物都沿着互相交错的路线移动着。延伸的家族纽带跨越了上万里的距离。从沉甸甸的再生青铜到薄如蝉翼的丝绸，贸易商也

为各种产品寻找着市场。❶

　　为了清楚认识这个世界，这里把各章独挑大梁的旅人走的路线都画在同一张地图上。图上的"交会点"则是曾有两名或以上的旅人造访过的城市。而这些交通路线和网络所连接的世界，是一个起自中国，横跨中亚，深入印度与中东、北非，以及部分撒哈拉以南非洲地区的世界。

帝国与都会

　　亚洲帝国有着运用若干手段以促进与其他王国间的交流、联系的倾向。它们的领土跨越了"天然"的生态边界，各个地区与社会还通过意想不到的方式结合在一起。南印度的朱罗王国打造了海军，征服了斯里兰卡、爪哇与苏门答腊等岛屿，在政治上将印度与中南亚联系在一起。成吉思汗同时统治着欧亚草原与中国的农业地带。行政上的延续性普遍促进了不同生态区之间的贸易：马的贸易从欧亚草原往印度平原发展，稻米贸易则是由中国南方发展到北方，而铁则由大马士革运抵阿富汗。大国还创造了中国货币 01 与迪拉姆银币等流通各地的通货，建立了让地方度量衡能够标准化的根据。这些国家还经常为了可靠的通信而组织邮驿体系：亚伯拉罕·本·易

❶【原注】本书所探讨的，仅仅是公元 500 年至 1500 年这一千年间，亚洲曾出现过的某些交流网络。实际的情形可不只如此。人们还可以从网络的角度来思考许许多多的朝圣路线，或是用同一种方式来分析能散播家族或氏族影响力的婚姻模式。宫廷画家彼此通信，观摩各自的画作，在一面从西班牙延伸到南印度的网络中四处移动，寻求赞助。在大半个亚洲，诸如占星学与生命灵数等预测未来的方式，大致上都很类似。许多医疗从业人员也组建了知识网络。对亚洲奴隶制度或海盗的分析也同样能得益于这种观察角度。

大亚洲世界的旅人行程图

尤从门格洛尔所寄出的信，不过一个多月就被送到开罗了。伊本·巴图塔发现，他的介绍信从遥远的印度西界送往德里，再从德里送回来的时间，不超过两个月。

德里、北京、巴格达、毗奢耶那伽罗——这些大都会虽然令人印象深刻（大小更是当时任何欧洲城市的好几倍大），但中型城市的重要性也不落人后。这些帝国基本上都是靠地方大族势力扩张而兴起，而这些地方大族则是从地区性的首府——中型城市——发迹的。帝国一旦衰落，多半都会分裂为地区性的继承国家。地区性的首府不但常常能生存下来，还能繁荣茁壮。中型城市也因此一直是消费需求、学识与赞助的长期来源，更有甚者，这些城市还培养出经略帝国所不可或缺的官僚人力。

城市无论大小，都需要基本的食物、布匹、燃料与建筑材料。城市里的上层阶级还会吸引更精美的亚洲贸易商品到来。中国城镇中的上流社会对象牙有着几乎永不餍足的需求——产自非洲或东南亚的象牙皆然，而这些象牙则变成宗教雕像、笔、扇子、盒子以及家具上的装饰。来自东南亚与印度的香木与灌木，则满足了他们对世上最为馥郁的香气所有的需要。中东地区、印度与东南亚人口中心对上好衣物与鲜艳色彩的需求，也推动了新植物染料的发现与交易。

城镇中心同时也是专门制造业的所在地，不仅创造了贸易机会，也创造了需要这些技艺的工作机会。城市生产书籍、工艺品、上好的织品、精密的乐器、珠宝以及科学仪器，整个亚洲世界都需要这些产品。大马士革发展出来的钢铁制造业技术高超，质量惊人，好到让贸易商将其产品带往亚洲世界的每一个角落。无论是印尼还是巴布尔所在的中亚地区，到处都是大马士革刀。中国生产的陶瓷器数量惊人，更从菲律宾到日本，再到非洲西海岸，销往整个亚洲世界。

宫廷与政治文化

亚洲的这几座城市与宫廷都是上层文化所在地，彼此间也有许多相似之处。在整个大亚洲世界里，君主都使用大致相似的象征，包括雨伞、遮阳伞、拂尘、鼓、号角，以及镶了珠宝的武器。诸如致赠荣袍的仪式也很类似。7世纪时，某位信奉佛教的中亚国王用仪式性的袍服向朝圣者玄奘致敬。两百年后，伊本·法德兰带着从巴格达哈里发处拿来的荣袍，然后在他倒霉的外交任务中将袍服送给了阿尔米许。四个世纪后，伊本·巴图塔从中亚各地的君主那里，以及基督教的君士坦丁堡、伊斯兰下撒哈拉非洲等地收到荣袍。又过了一百年，马欢记载了致赠丝质荣袍的外交仪式，对象则是中国舰队所到之处的统治者。到了16世纪的中亚地区，巴布尔也从自己族内大权在握的叔父处收到袍服。随后在获得喀布尔与德里的胜利后，他也把袍服赐给手下的将领。将帕安（paan）———一种嚼起来可口，用某种特殊叶子包裹槟榔果而制成的点心——献给贵客的仪式也很普遍。典礼的进行方式是：国王亲手为客人准备帕安，收下帕安的人则公开表示顺服，这样的仪式则展现了国王的气派。从中东一直到中国南方，君主都会为大使、手下的贵族、士兵、客人或是自己的家人送上帕安或袍服，或是同时提供两者。这两种仪式的功能则是在观礼人赞许的目光下，建立施与者与接受者之间的关系。

大帝国所创造的宫廷文化同样会成为整个地区以及地方族群的部分习俗。阿富汗人与中亚出身的印度征服者接受了波斯化的文化，其与当地风俗结合，变成大半个印度共同的上层文化。中国宫廷文化也逐渐流传出去，成为整个越南地区的精英文化。缅族文化也从宫廷扩散出去，牺牲的则是当地的民族多样性。

横跨大半个亚洲，宫廷文化中常见的奖赏与享乐方式也是政治文化的内涵之一。人们对于世俗逸乐与天堂至乐之间的关系，有着共同的接受与理解，而且两者并不冲突。本书的诸旅人里，有好几个人都来自宫廷圈，浸淫在典型的宫廷之乐中。巴布尔盖起一座座花园，为之命名，也极为享受这些建筑。他对自己经常使用酒精与哈希什一事相当坦荡，不仅详述其作用，还赞扬饮酒会上的同袍之情。伊本·巴图塔与巴布尔两人都有奴隶与侍妾，且男女都有。拥有上好的布料也是亚洲世界里的人们一生中最大的乐趣之一。巴布尔和伊本·巴图塔两人都对布匹知之甚详，对任何一种上等布料的产地也如数家珍。和国王一同打猎则是另一项各地皆然的宫廷享乐。狩猎既是团结贵族用的仪式，也是作战演练。在巴布尔的回忆录中，狩猎占了承平时期最多的篇幅。中亚地区"与国王同桌"的观念也传遍了中东与印度。贵族们会分享异国食物，谈天，有些贵族还写了食谱。音乐与舞蹈则是共同的娱乐。贵族生活的乐趣也包括赞助能写书、写诗、画画或写书法的读书人与艺术家。其他常见的娱乐同样也流传甚广。例如象棋，从西班牙到中国都有人在玩。在马欢的时代，前往中国的波斯大使就是个了不起的棋手，而且随时都能在北京找到对手来下棋。

佛教与伊斯兰信仰

大亚洲世界获益于两种主要的信仰：伊斯兰教与佛教。两者都将注意力集中在人类共同的需求上，也都以相对单纯的个人虔敬之心为根本来吸引信徒，而非以族群出身、地区、语言或性别为出发点。两者都要求信徒为了追求学问与训练而长途跋涉，也都建立了能促进、支持这些旅行的设施。佛教发展到高峰时，有一系列的寺院、招待所与朝拜的圣地绵延在整个中亚、阿富汗、印度、东南亚、中国、日本与高丽。伊斯兰赞助人后来也发展出了伊斯兰学校与招待所，从西班牙开始延伸，一路横跨非洲，穿越中东，深入中亚、印度以及东南亚和中国的特定城市。这些机构让信徒能在离家千万里处找到遮风避雨之地,与其他人一起祷告。而在这两种信仰中,无论是兴建招待所、为商人搭起市集,还是沿路种树供人乘凉,都是很有福报的举动。

这两种宗教都提供了法律体系,约束各自社群内的人际关系。而伊斯兰教法与佛教习俗(程度较小)都创造出了广大的社群,能够接纳异邦人,并排解纷争。伊斯兰教与佛教都提供了制度架构,让思想流通得特别广,得以受到讨论。7 世纪时,玄奘从中国穿越中亚抵达印度,一路上他辩论的主题都大抵相同。如果到了东南亚,他同样也能在这整个地方找到类似的论辩,以及能支持论述的经典。

七个世纪以后,从阿富汗到西班牙之间都有人在讨论、评说伊本·西拿的著作。

有一点很重要:无论是伊斯兰教还是佛教,都没有像基督教在欧洲那样占据主导地位。伊斯兰教与佛教不仅要争取新信徒,还要跟更为本土的大小信仰竞争。比方说,这两个大宗教都在跟各式各样的教派竞争——在印度是婆罗门教,在波斯则是琐罗亚斯德信仰,同时还要面对东南亚与中亚当地的生殖力崇拜和祖先崇拜,以及中国的儒教与道教。这种理念的复杂交错带来了派系间的战争、宗教迫害,人们每隔一段时间就号召建立正统信仰,地方上也会发生一种信仰体系压迫另一种信仰体系的情况。尽管如此,这些竞争仍然为"人类在社会中以及天地间的地位"这一论题创造了影响广泛且深远的探究与讨论。而在最有创见的答案中,有许多便来自各种信仰交会之处。

旅行与贸易

支持性的设施以及宫廷、行政措施的相似性,让人们相当轻松就能长距离移动，去追求地位与工作机会。伊本·巴图塔曾与来自西班牙、中亚与印度的法学家和宗教导师相遇，甚至还在造访麦加时遇见来自摩洛哥的父亲的友人。士兵的工作机会同样到处都是。巴布尔考虑过解散自己在中亚的部队，接着移居中国，找份在亲戚手下效力的工作；而这正是其家族网络与友谊纽带复合体系的一部分，绵延跨越了亚洲世界北半部的一大块地方。征服德里之后，巴布尔也给中亚、阿富汗与伊拉克的亲戚分送了战利品。

　　然而，商人的行脚最为关键。各个无远弗届的贸易社群遍布亚洲：斯里兰卡和东南亚有古吉拉特人，中亚地区到处都是亚美尼亚人，孟加拉有华裔居民，广州则有阿拉伯人。绝大多数的日常活动——如结婚、离婚、财产继承等——在社群内都有规范。犹太人无论是在哪个地方安定下来，都会遵循犹太律法和习俗。一旦犯了戒，就意味受着排挤以及严重的财务后果。在门格洛尔娶一个性奴的后果是什么，亚伯拉罕·本·易尤肯定心知肚明。从亚丁到广州的伊斯兰贸易商都根据伊斯兰教法行事，有自己的法庭、法官，以及证据规则（rules of evidence）❶。

　　商人做生意时很少受到居留国的干涉，而居留国一般只是制定相应的税捐与交易规则。严苛的限制之所以罕见，则有两个理由。多数的国王需要商业税，因为当时大部分的农业土地都掌握在贵族手里。此外，每一个口岸与大城市都有竞争者。亚丁与霍尔木兹即曾为了与印度的贸易而竞争。卡利卡特则是为了马拉巴尔海岸的香料贸易，而与科钦、门格洛尔、坎努尔以及其他数个港口一较高下。要是商人不满意，就会以个人为单位，或是以整个社群为单位迁移到另一个港口。就连葡萄牙人对这种过程也是束手无策。国家

---

❶【译注】指法律案件中，用来规定相关证据提呈给事实审理者（trier of fact，如陪审团或是无陪审团情况中的法官等负责就事实做出裁定的人）的方式、时机、目的，以及是否应提交证据的规则。

介入有限，就代表海盗会是海路沿线的沉疴病，一如陆路的强盗行为。几个世纪以来，诸如印度西部海岸的北半部、靠近日本的地方以及马六甲海峡，都是海盗的巢穴。

整体而论，商人与他们带来的新商品与新思想都得到了格外宽容的空间。中国朝廷经常抱持着抑商的看法，也因此严密控制口岸与国内的商人。[02]但这种态度并未遏止人们对象牙与香料的需求，或是铁、丝绸以及陶瓷的出口，也无法阻止人们对异国植物、思想与医药的强烈好奇心。劝告君主之书是亚洲世界各地常见的一种文类，内容都建议统治者从来自其他地方的消息与故事中寻找乐趣。下面的建言，就来自一份 11 世纪的波斯册子：

> 正如有人告诉你全世界的消息，以及各地君王的作为，你也有责任对自己的国家，对人民与侍卫之间普遍的情况有同等的了解。

这些劝告君主之书都赞扬旅行与商人，认为国王有接待、保护商人的义务。❶

贸易至关重要，而贸易的庞大与多元更是影响了大亚洲世界多数的人口。热带香料与药品往北来到了印度平原，西向进入中东地区，也往东抵达中国。这些药用植物并非城市里医生的"发现"，而是商人带来的。住在森林里的人用当地丰富的植物物种做实验，首先发现了这些香料与药品。大亚洲世界不只包括商人和宫廷，更是深入了东南亚的雨林、马拉巴尔海岸后方的山丘，以及斯里兰卡的珍珠海床。

---

❶【原注】意大利人马基亚维利（Machiavelli）所写的《君主论》（The Prince）是这种传统中最知名的一本书。在为效力的统治者写下建言时，作者对亚洲的劝告君主之书也略有所知。

　　贸易也有传播宗教的作用。佛教与伊斯兰教这两个宗教的仪式用具和经典，都从专门的制造中心出发，沿水路与商队路线抵达中亚、东南亚、中国。

　　大亚洲世界里有舶来品，有本地货，还有其他各色商品的贸易。在其中一端，有一头长颈鹿就这么从非洲被运到了中国朝廷。而在另一端，泰国海岸生产的鱼酱以及普通的中国铁锅，则是东南亚岛屿贸易中常见的利润商品。印度、中国与东南亚地区最普遍的食物——米——成了整个草原世界的高级食材。每一艘船、每一支商队都带着各式各样的商品，从奢侈品到普通货都有。

　　整个亚洲世界里形形色色的人群，都会用拿来买卖的东西，以及当地生产的商品来定义自己的身份——考虑贸易的重要性与持续性时，这一点或许最有影响力。草原地区是养马、养羊、养牛的完美环境。巴布尔观察到，印度的环境不利于马匹繁殖，而草原自然环境的优势造就了每年对印度上千匹马的贸易。马对印度的贵族来说，是关键的地位象征。随着马匹贩卖不断进行，草原民族得以购买捕捉马匹所需的铁、制作宫廷袍服用的精致衣料，以及打造武器用的钢材，而这一切也转而成为定义其文化的特色。

创新精神

　　整个大亚洲世界普遍有一种毫无止境甚至毫不停歇的创新精神。政治方面，政府会在官僚制度与税务上做试验。它们发展通货，为征服得来的人群制定新的法律地位。中东到中国之间的人写出了劝告君王之书。国王们殷切盼望外交使团返抵国门，让他们能深入了解最新的忠诚仪式或军事组织的创新。政府也推动重大经济发展计划，例如发展种稻所需的土地灌溉设施，以及连接各地区的道路建设。

而在战争方面，从埃及到中国的君主都知道以族群或地方忠诚为基础的军队有其极限。他们用奴隶军队、以宗教为基础的军队，还有以囚犯担任士兵等来做试验，而且卓有成效。成吉思汗更是打破了以部族为基础的效力方式，把来自各部族的人组织成新的混合单位。

科学上，至少在公元 1300 年以前，中东、印度与中国才是主要的发明重镇。上百种前所未见的热带植物来到了宫廷。有一些被收入了医药典籍，像伊本·西拿这样的医学作家都描述过这些植物，也经常应用之。其他的新奇植物则为国王的餐桌增添风采。君主与贵族时常试着在自己的花园里培育新品种的植物。巴布尔在自己的回忆录里夸口，说自己是第一个在喀布尔种出印度橙的人。人们也发明了全新的医疗技术，例如接种在中国地区的发展。

数学与天文学的发展更是惊人。各地都在使用从印度传来的数字体系。代数、包括圆锥曲线解法在内的各种几何学，甚至是原始形式的微积分都来自印度与中东。天文台更是好几个宫廷的特色建筑。

贸易在这一千年中同样充满变革。贸易商不但会把前景看好的作物带到新的环境，还会为作物栽培提供资金。犹太商人将甘蔗带出了印度，开始在尼罗河沿岸种植。杧果与胡椒种植也从印度传到了印尼，成为当地的经济作物。企业家先是开拓新的市场，接着参考古吉拉特印花棉衣、巴格达花砖、哈里发国银币、中国陶瓷、大马士革刀与中国丝绸等昂贵的进口货，在当地仿制廉价的复制品。

自我观察

亚洲世界的人不仅察觉到自己的存在，也对此有一定见解——这种自我意识在当时的欧洲并不普遍。尤其是在中国和中东地区，传记与自传的出现有如百花齐放。而在印度，是真的有上千本书来教人如何过生活，以及应该如何活成有道德的生命。诗人想着爱情里的伤痛与倏忽即逝的美。画家不仅描绘自己的世界，对异域风情也有特别的关注。人们能够从文字描述与绘画中知道被带到中国的那头长颈鹿。史书与地理书籍也数不胜数。

大亚洲世界活力惊人，足以承受日常生活中甚至是世纪规模的变化与分裂。当巴格达这座大城衰落了，贸易便转移到后继国家的都城：雷伊、巴尔赫、布哈拉与加兹尼。当阿拉伯商人成了穆斯林，他们就开始在贸易路线上沿路兴建清真寺，投入自己的新宗教。犹太人、亚美尼亚人、古吉拉特人、也门人、塔米尔人、阿拉伯人与中国人，不同的群体起起落落，轮流成为具主导力量的商人。若从整体的角度来看这一千年的亚洲世界，在这个时代即将画下句号时，无论是融合的程度、学问与有识之士的移动，还是创新的数量都比一开始来得更高且更多。

欧洲人的殖民征服行动

亚洲世界内有许多人注意到欧洲人——也就是人们所说的"戴帽子的人"——不仅和自己种族不同，抱持的看法也不同。亚洲与威尼斯、热那亚、布拉格当然有贸易联系，伊本·法德兰也曾观察到长久以来沿俄罗斯境内河流发展的贸易。但整体而言，欧洲与亚洲在知识讨论、宗教论辩、家族纽带、贸易伙伴关系、外交使团、宫廷行政事务、道德规范、诗作、音乐、流行风潮与艺术等各种交流密切的网络之间却没有什么交流。

欧洲人来到亚洲时，一方面声明自己是商人，一方面却又是国王的代表，直接对其统治者负责。这种做法前所未见，大出人们意料之外。亚洲世界里没有商人能代表国王。虽然亚伯拉罕·本·易尤来自开罗，但他绝对不会认为自己有忠于埃及统治者的必要，也不会自认是埃及统治者的代表。欧洲商人还拥兵自重。亚洲商人虽然也经常雇用护卫队来保护商旅或船只，但他们很少卷入战争。欧洲人将欧洲大陆与地中海地区实行百年之久的，将贸易与战争互相交织的观念带到亚洲。比方说，欧洲人就认为王室投入贸易活动、铸造大炮的做法，是一种直接有利于政治的行动。[03] 最后一点——欧洲人还随身带着一种"自己是'葡萄牙人'或'英格兰人'兼基督徒"的想法。伊斯兰教不同派别对信仰的诠释的确曾引发战争，伊斯兰教在扩张时也的确曾对佛教寺院发动攻击，但欧洲人对"基督徒"和"异教徒"的区分并不存在于亚洲世界。回想一下，亚伯拉罕·本·易尤的生意团体包括了当地的北印度人、古吉拉特人与穆斯林。欧洲人对亚洲世界完全就是外行人。欧洲人鲜少从不同种族、族群出身的当地贤达中招募人来担任重要职位。高官的位子永远会交到来自母国的人或白种人手上。欧洲人使用他们独有的奖励与授勋仪式，而没有采用能在亚洲看到的仪式，比如荣袍加身。

就实际面来看，这些欧洲人的态度，意味着征服行动都是由欧洲国王所推动，而非地方上的指挥官。没有任何欧洲人曾经在亚洲建立独立的王国（除了婆罗洲的拉者布鲁克❶）。这跟巴布尔的做法截然不同，他知道，为了让自己的军队与王国延续下去，他就必须和手下的指挥官以及自己的族人"分享"部分的征服土地。巴布尔的做法，才是整个亚洲的典型模式。

---

❶【译注】指詹姆士·布鲁克（James Brooke, 1803—1868），曾经的不列颠东印度公司军官。1841 年，布鲁克因为协助文莱苏丹镇压古晋叛乱有功，受封为砂拉越拉者（Raja of Sarawak），得到砂拉越王国统治权。"拉者"一词是南亚与东南亚对统治者的一种称呼。

就连官僚化的哈里发国、帝国政体的中国或是莫卧儿帝国瓦解时，也都是军事将领根据自己过去的征服所得，将帝国分割成各个继承国家。欧洲人成功结合了合伙贸易公司、对国王的忠诚心以及职业军官团的观念，从而避免其征服成果落入军事指挥官的手中。这一切并非一蹴可就。亚洲观察家还注意到欧洲军队抵达战场时倾向于集体行动，亚洲军队不仅不是如此，某些受贿的个别将领更是常常在战争前夕倒戈。当将领被杀时，欧洲军队也不会因此瓦解。亚洲人还观察到，条约永远是以欧洲国王或贸易公司之名缔结，从来不曾以指挥官的名义签订。

即便欧洲人拥有军事组织以及"'民族'忠诚心萌芽"等优势，但突显"欧洲人征服、殖民亚洲的过程之慢"仍然是件重要的事。英格兰直到 19 世纪才成为印度最大的势力。荷兰很早就在东南亚岛屿与斯里兰卡取得成功，但没能将其帝国延伸到岛屿以外的地方。俄罗斯到了 17 世纪才征服欧亚草原东部。欧洲人干预中东地区多半是 20 世纪的现象，而中国也从未遭受有如印度那般程度的殖民。

纵使有欧洲人的征服行动，这个广袤浩瀚、联系紧密且相互信赖的亚洲世界依然在殖民统治之下延续。即便处于欧洲人管辖之下，阿拉伯船只每年依旧载着古吉拉特制造的衣服航向非洲，载回黄金。华商搬迁到加尔各答新的不列颠口岸居住。数以千计的马匹一如往昔，从中亚高地被带往印度。总而言之，殖民势力削弱地方政治发展，将亚洲经济重新导向为殖民国服务的步调，并非一蹴而就。

注释

引子

01. 这本书大量运用了社会网络理论(social network theory), 包括类似 Everett M. Rogers and D. Lawrence Kincaid, *Communication Networks: Toward a New Paradigm for Research* (New York: Free Press, 1981) 等较为早期的著作, 以及 Mark Granovetter 谈 "强联结"（strong tie）与 "弱联结"（weak tie）的作品, 辅以近年对信任网络（networks of trust）、分隔理论（degrees of separation）与致密交流（dense connection）的研究。我在着眼于 "联系" 以及 "真实个人" 这两者的社会网络理论中寻求平衡, 把它们跟规模更大的趋势与发展结合在一起。我同样仔细研究了斯堪的纳维亚哲学家 Per Otnes 在 *Other-wise: Alterity, Materiality, Mediation* (Oslo: Scandinavian University Press, 1998) 一书中的看法。他发现最根本的人类单位并非个人本身, 而是某种物品所联系着的两个个人之间的关系。这似乎是种描述亚洲世界中许多网络与关系的精准方式。

第一章　寺院与王者：玄奘　公元 618 年至 632 年

01. Shaman Hwui Li, *The Life of Hiuen-Tsiang*, trans. Samuel Beal (London: Kegan Paul, Trench, Trübner and Co., 1911), 4-5. 有好几本谈玄奘的书都很有用。Sally Hovey Wriggins, *Xuanzang: A Buddhist Pilgrim on the Silk Road* (Boulder: Westview Press, 1996) 一书虽然与玄奘的传记步调一致, 但加上了一些有用的地图与插图。同一位作者的 *The Silk Road Journey with Xuanzang* (Boulder: Westview, 2004) 则是修订版的书, 加进了更多关于玄奘造访西印度与南印度的史料。Richard Bernstein 的 *Ultimate Journey: Re-*

tracing the Path of an Ancient Buddhist Monk Who Crossed Asia in Search of Enlightenment (New York: Alfred A. Knopf, 2001) 是本名副其实的书。伯恩斯坦于 20 世纪 90 年代中期开放西域时造访中国，还跟着玄奘的路线去走。他所遇到的人，以及他和这些人的对话，都为玄奘的这一程更添风情。

02. *Li, Life of Hiuen-Tsiang*, 6.

03. 见前引书，2.

04. 见前引书，6-7.

05. 这些核心教义与各种仪轨都可以在 Donald S. Lopez, ed., *Buddhism in Practice* (Princeton: Princeton University Press, 1995) 一书中找到。

06. Li, *Life of Hiuen-Tsiang*, 8-9.

07. Helmut Brinker, "Early Buddhist Art in China", 收录于 Lukas Nickel, ed., *Return of the Buddha: The Qingzhou Discoveries* (London: Royal Academy of Arts, 2002), 24.

08. Lucas Nickel, "Longxing Temple in Qingzhou and the Discovery of the Sculpture Hoard", 收录于 Lukas, *Return of the Buddha*, 34-43.

09. Su Bai, "Sculpture of the Northern Qi Dynasty and Its Stylistic Models", 收录于 Lukas, *Return of the Buddha*, 54-59.

10. Li, *Life of Hiuen-Tsiang*, 10.

11. 见前引书，15. 有关当时边区情况的新诠释，见 Jonathan K. Skaff, "Survival in the Frontier Zone: Comparative Perspectives on Identity and Political Alliance in China's Inner Asian Borderlands During the Sui-Tang Dynastic Transition", *Journal of World History* 15 (2) (March 2004): 117-153.

12. Li, *Life of Hiuen-Tsiang*, 19-20.

13. 见前引书，25.

14. 见前引书，29.

15. 见 Roderick Whitfield and Susan Neville Whitfield, *Cave Temples of Mogao* (Los Angeles, Calif.: Getty Conservation Institute and J. Paul Getty Museum, 2000) 以及 Roderick Whitfield, *Dunhuang, Caves of the Singing Sands: Buddhist Art from the Silk Road* (London: Textile & Art Publishers, 1995).

16. Li, *Life of Hiuen-Tsiang*, 30.

17. Patricia E. Karetzky, "Imperial Splendor in the Service of the Sacred: The Famen Tea Treasures", *T'ang Studies* 18 (19) (2000–2001): 68–69.

18. Li, *Life of Hiuen-Tsiang*, 41.

19. Xinru Liu, *Silk and Religion: An Exploration of Material Life and the Thought of People, AD 600–1200* (Delhi: Oxford University Press, 1996). 并见 Xinru Liu, "Silk, Robes, and Relations Between Early Chinese Dynasties and Nomads Beyond the Great Wall", 收录于 Stewart Gordon, ed., *Robes and Honor: The Medieval World of Investiture* (New York: Palgrave, 2001).

20. Najmieh Batmanglij, *Silk Road Cooking: A Vegetarian Journey* (Washington, DC: Mage Publishers, 2004), 18, 46, 153–168.

21. Li, *Life of Hiuen-Tsiang*, 44.

22. 见前引书，49.

23. 见前引书，53.

24. 见前引书，57.

25. 当时在亚洲的几个地方，有琐罗亚斯德教、耆那教（Jainism）与基督教聂斯脱利教派等主张普世共通的宗教彼此竞争着。但没有哪一个宗教能达到佛教那种在各地得到供养、发展寺院的成就。

26. Li, *Life of Hiuen-Tsiang*, 90.

27. 见前引书，93.

28. 见前引书，94.

29. 见前引书，104.

30. 那烂陀寺遗迹位于今印度比哈尔邦。

31. Li, *Life of Hiuen-Tsiang*, 169.

32. 见前引书，209.

33. 见 O.W. Wolters, *Early Indonesian Commerce: A Study of the Origins of Srivajaya* (Ithaca, New York: Cornell University Press, 1967).

34. Li, *Life of Hiuen-Tsiang*, 174.

35. Tansen Sen, *Buddhism, Diplomacy, and Trade: The Realignment of Sino-Indian Relations, 600–1400* (Honolulu: Association for Asian Studies and University of Hawaii Press, 2003), 10–30.

36. 在玄奘之后的三百年中，有上百名僧侣和学生从日本渡海到中国学习佛教。日本受到唐朝影响的头一百年里，中国的流行风尚、语言以及文学作品风靡了日本官廷，刚刚兴起的日本王室也打算建立儒家模式的政府。后来日本进入了一个较为内化的时期。地方大族利用佛教寺院避税，也通过佛教思想来并吞地方派系。Donald M.Shively and William H. McCulloch, eds., *The Cambridge History of Japan, vol.2*, Heinan Japan（Cambridge: Cambridge University Press, 1999）一书的第五章到第八章对这一段时期有不错的概括介绍。

37. 有关玄奘身后三个世纪间丝路上的人物故事，见 Susan Neville Whitfield, *Life Along the Silk Road*（London: John Murray, 1999）.

38. 至于玄奘的后半生，可以参阅 Li Rongxi, *A Biography of the Tripitika Master of the Great Ci' en Monastery of the Great Tang Dynasty*, trans. Sramana Huli and Shi Yancong（Berkeley, California: Numata Center of Buddhist Translation and Research, 1995）.

第二章　哈里发的大队人马：伊本·法德兰格　公元 921 年至 922 年

01. James E. McKeithen, "The Risalah of Ibn Fadlan: An Annotated Translation with Introduction"（Dissertation Abstracts International (40 [10A], 5437, 1979), 25 (UMI No. AAG8008223)）. Richard N. Frye, *Ibn Fadlan's Journey to Russia: A Tenth Century Traveler from Baghdad to the Volga River*（Princeton: Marcus Weiner Publishers, 2005）则是晚近伊本·法德兰回忆录的一份翻译。

02. McKeithen, "Risalah of Ibn Fadlan", 26.

03. Robert G. Hoyland, *Seeing Islam as Others Saw It: A Survey and Evaluation of Christian, Jewish and Zoroastrian Writings on Early Islam*（Princeton: Darwin Press, 1997）, 555–556.

04. Marshall G. S. Hodgson, *The Venture of Islam: Conscience and History in World Civilization*, vol.1（Chicago: The University of Chicago Press, 1974）, 172–175, 185–186, 210–213.

05. Fred M. Donner, *The Early Islamic Conquests* (Princeton: Princeton

University Press, 1981), 54-61. Donner 并不同意 Hodgson 对穆罕默德时阿拉伯基础部落势力结构与亲族关系重要性的看法。 而在 Frank H. Stewart, *Honor*（Chicago: University of Chicago Press, 1994），99-129 页中可以找到对 Donner 一次有趣的人类学比较讨论。Hugh Kennedy 则主张早期伊斯兰军队的部族结构不仅始终大部分保持完整，也是伊斯兰早期惨烈内战的基础。见 Hugh Kennedy, *The Armies of the Caliphs: Military and Society in the Early Islamic State*（London: Routledge, 2001），60-70.

06. Donner, *Early Islamic Conquests*, 69-73.

07. Phillip K. Hitti, *Capital Cities of Arab Islam*（Minneapolis: University of Minnesota Press, 1973），85-95.

08. Xinru Liu, *Silk and Religion: An Exploration of Material Life and the Thought of People*, AD 600-1200（Delhi: Oxford University Press, 1996），138-140.

09. 比方说，S. Maqbul Ahmad, trans., *Arab Classical Accounts of India and China*（Rddhi, India: Indian Institute of Advanced Study, 1979）一书里就能找到 9 世纪时两份阿拉伯资料的翻译，讲的是前往中国的海上路线。

10. Tarif Khaldi, *Classical Arab Islam: Culture and Heritage of the Golden Age*（Princeton: Darwin Press, 1985），35-50. 并见 Hodgson, Venture of Islam, 197-198.

11. Khalid Y. Blankinship, *The End of the Jihad State* (Albany, New York: State University of New York Press, 1994) 一书清楚呈现了内战后向外征服的节奏变化。

12. Hodgson, *Venture of Islam*, 18-21.

13. F. Daftary, "Sectarian and National Movements in Iran, Khurasan, and Transoxania"，收录于 M. S. Asimov and C. E. Bosworth, eds., *History of Civilizations of Central Asia*, vol. 4 (Delhi: Motilal Banarsidas, 1999), 57.

14. McKeithen, "Risalah of Ibn Fadlan", 2.

15. 从赐给哈里发手下高阶军事将领的袍服，就能看出这几件荣袍的某些含义。见 Muhammad M. Hassan, *Social Life under the Abbasids*(London: Longman,1979), 60.

16. McKeithen, "Risalah of Ibn Fadlan", 29.

17. 见前引书，32. 并见 Frye, Ibn Fadlan's Journey, 84-85.

18. McKeithen, "Risalah of Ibn Fadlan", 35.

19. Frye, *Ibn Fadlan's Journey*, 37.

20. McKeithen, "Risalah of Ibn Fadlan", 41.

21. 戈尔甘的地点就在今天位于土库曼斯坦北部的库尼亚－乌尔根奇。

22. McKeithen, "Risalah of Ibn Fadlan", 46.

23. 见前引书, 48.

24. Donner, *Early Islamic Conquests*, chaps. 3-5.

25. Dennis Sinor, ed., *Cambridge History of Inner Asia* (Cambridge: Cambridge University Press,1990), 275-276.

26. Thomas Noonan, "The Khazar Qaghanate" 收录于 Anatoly M. Khazanov and André Wink, eds., *Nomads in a Sedentary World* (Richmond, U.K.: Curzon, 2001), 78-89.

27. McKeithen, "Risalah of Ibn Fadlan", 52.

28. Thomas Barfield, "Steppe Empires, China, and the Silk Route: Nomads as a Force in International Trade and Politics" 收录于 Khazanov and Wink, Nomads in a Sedentary World, 234-246.

29. McKeithen, "Risalah of Ibn Fadlan" ,63-64.

30. 见前引书, 58-61.

31. 见前引书, 69-70.

32. 见前引书, 72-73.

33. 见前引书, 90-91.

34. 见前引书, 89-90.

35. 见前引书, 110.

36. Sinor, *Cambridge History of Inner Asia*, 263-267.

37. McKeithen, "Risalah of Ibn Fadlan", 119.

38. 见前引书, 120.

39. 见前引书, 126.

第三章　哲人医生：伊本·西拿　公元 1002 年至 1036 年

01. William E. Gohlman, *The Life of Ibn Sina: A Critical Edition and Annotated Translation* (Albany, New York: State University of New York Press, 1974), 61.

02. Lenn E. Goodman, *Avicenna* (London: Routledge, 1992), 14. 以 及 George Sarton, *Introduction to the History of Science* (Baltimore: Williams and Wilkins Co., 1927), 537–543. 并参见 Franz Rosenthal, *The Classical Heritage in Islam*, trans., Emile and Jenny Marmorstein (London: Routledge and Keegan Paul, 1975), 5–9.

03. Sarton, *History of Science*, 549–550. 并参见 Donald R. Hill, "Mechanical Engineering in the Medieval Near East", *Scientific American* 264 (5) (May 1991): 100–105.

04. Sarton, *History of Science*, 598–604, 621–622.

05. Bernard Lewis, *Islam from the Prophet Muhammad to the Capture of Constantinople* (London: Macmillan Press Ltd., 1974), vol. 2, 70–71.

06. Jonathan M. Bloom, *Paper Before Print: The History and Impact of Paper on the Islamic World* (New Haven: Yale University Press, 2001), 47–50.

07. 福斯塔特（阿拉伯语"军营"的意思）是 7 世纪时攻入的穆斯林军队所建的武装阵地。当地后来发展为大都市，也是 10 世纪法蒂玛王朝（Fatimid dynasty）成立以前的埃及首都。公元 1168 年，福斯塔特被焚毁。只有靠河一带包含好几个科普特教会（Coptic churches）以及犹太会堂的地方得到重建。从 13 世纪起，大半的福斯塔特旧城区便成为北方的开罗市发展时的垃圾场。

08. 转引自 *Bloom, Paper Before Print*, 49.

09. Gohlman, *Life of Ibn Sina*, 17–19.

10. 见前引书，19.

11. Yann Richard, *Shi'ite Islam: Polity, Ideology, and Creed* (Oxford: Blackwell, 1995), chaps. 1–3. 并参见 Farhad Daftary, *The Ismalis: Their History and Doctrines* (Cambridge: Cambridge University Press, 1990), chaps. 2–3.

12. Heinz Hahn, *The Fatamids and Their Tradition of Learning* (London: I.B. Taurus, 1997), chaps. 2 and 5. 并参见 Farhad Daftary, *A Short History of the*

Ismalis: Traditions of a Muslim Community (Edinburgh: Edinburgh University Press, 1998), 41-43.

13. Gohlman, *Life of Ibn Sina*, 21-23.

14. Dimitri Guhas, *Avicenna and the Aristotelian Tradition: An Introduction to Reading Avicenna's Philosophical Works* (Leiden, Holland: E. J. Brill, 1998), 149-158.

15. Gohlman, *Life of Ibn Sina*, 33. 迪拉姆（亦拼作 dirhem）是种历史悠久的钱币。这个单词源于古希腊的德拉克马（drachma）钱币，通行于 5 世纪与 6 世纪的拜占庭帝国。到了公元 8 世纪，穆斯林哈里发国的首都巴格达也开始铸造这种钱币。公元 1000 年时，许多信奉伊斯兰教的大城市都曾铸造迪拉姆。这种钱币的背面有统治者的名字，而铸造钱币则是展现王权的重要措施。迪拉姆至今仍是摩洛哥、卡塔尔、约旦、利比亚与阿拉伯联合酋长国的货币。

16. 见前引书，25-26.

17. 见前引书，37.

18. 见前引书，25.

19. Goodman, *Avicenna*, 49-61. 并参见 Robert Wisnovsky, "Towards a History of Avicenna's Distinction Between Immanent and Transcendent Causes", 收录于 David C. Reisman, ed., *Before and After Avicenna* (Leiden, Holland: Brill, 2003), 49-51.

20. Goodman, *Avicenna*, 91-93.

21. Gohlman, *Life of Ibn Sina*, 91-113.

22. Avicenna, *The Cannon of Medicine*, adapted by Laleh Bakhtiar (Chicago: Great Books of the Islamic World, 1999), 9-44.

23. 见前引书，157.

24. Al-Kindi, *The Medical Formulary of Aqrabadhin of Al-Kindi*, trans. Martin Levey (Madison: University of Wisconsin Press, 1966).

25. Gohlman, *Life of Ibn Sina*, 41-43.

26. Goodman, *Avicenna*, 18-23.

27. Gohlman, *Life of Ibn Sina*, 43.

28. 见前引书，53.

29. 见前引书，51.

30. Charles Burnett, *The Introduction of Arabic Learning into England* (London: The British Library, 1996), 59–80.

31. 转引自前引书，44–45.

32. Jules L. Janssens, *An Annotated Bibliography on Ibn Sina (1970–1989)* (Leuven, Belgium: Leu ven University Press, 1991) 以及 Jules L. Janssens, *An Annotated Bibliography on Ibn Sina: First Supplement (1990–1994)* (Louvain-la-Neuve, France: Fédération Internationale des Instituts d'études Médiévales, 1999).

第四章　银两与船货：印坦沉船格　约公元 1000 年

01. "The Archaeological Excavation of the Tenth Century Intan Shipwreck", *British Archaeological Reports International Series*, 1047 (Oxford: Archaoepress, 2002).

02. "Fund am Schwarzen Felsen（在黑石所在地的发现）," *5Der Spiegel* 13 (2004), 166–175.

03. Flecker, "Intan Shipwreck", 126–149. Pierre-Yves Manguin, "Trading Ships of the South China Sea: Shipping Techniques and Their Role in the History of the Development of Asian Trade Networks", *Journal of the Economic and Social History of the Orient* 36 (1993): 256–265, 是对考古资料的仔细分析，最后也得出了同样的结论。并见 Anthony Reid, *Charting the Shape of Early Modern Southeast Asia* (Chiang Mai, Thailand: Silkworm Books, 1999), 65–59.

04. Flecker, "Intan Shipwreck", 18–26.

05. Gerald R. Tibbetts, *A Study of the Arabic Texts Containing Material on South-East Asia* (Leiden, Holland: Brill, 1979), 39.

06. 中国南方完全不产铜。这把中国镜子里的铜很有可能来自日本。当时，刀剑与铜是日本出口到亚洲多数地区的主要商品。见 Bennett Bronson, "Patterns in the Early Southeast Asian Metals Trade", 收录于 Ian Glover, Pornchai Suchitta, and John Villiers, eds., *Early Metallurgy, Trade, and Urban*

Centers in Thailand and Southeast Asia (Bangkok: White Lotus, 1992), 71–72.
9 世纪的阿拉伯文献中还特别提到，铜是人们在对中国的贸易活动中最想得到
的商品。见 S. Maqbul Ahmad, trans., Arab Classical Accounts of India and
China (Rddhi, India: Indian Institute of Advanced Study,1979).

07. Victor Lieberman, Strange Parallels: Southeast Asia in Global Context, c.
800–1830 (Cambridge: Cambridge University Press, 2003) 一书中探讨了这些
大陆王国的兴衰模式。

08. Kenneth R. Hall, "Eleventh Century Commercial Developments in Angkor and
Champa," Journal of Southeast Asian Studies 10 (2) (September 1979): 420–
434.

09. Kenneth R. Hall, Maritime Trade and State Development in Early Southeast
Asia (Honolulu: University of Hawaii Press, 1985), 108–110.

10. Flecker, "Intan Shipwreck", 54–60. 并参见 Ranabir Chakravarti, "Seafarings,
Ships, and Ship Owners: India and the Indian Ocean (AD 700–1500)", 收
录 于 Ruth Barnes and David Parkin, eds., Ships and the Development of
Maritime Technology on the Indian Ocean (London: Routledge Curzon, 2002),
36–48.

11. Flecker, "Intan Shipwreck", 31.

12. R. A. L. H. Gunawardana, "Cosmopolitan Buddhism on the Move: South India
and Sri Lanka in the Early Expansion of Theravada in Southeast Asia", 收
录于 J. Klokke and Karel R. van Kooij, eds., Fruits of Inspiration: Studies in
Honour of Prof. J. G. de Marijke (Groningen, Holland: Egbert Forsten, 2001),
135–155. Tansen Sen, Buddhism, Diplomacy, and Trade: The Realignment of
Sino-Indian Relations, 600–1400 (Honolulu: Association for Asian Studies
and University of Hawaii Press, 2003) 是对该时代的中国、印度与东南亚地区
间相互联系的权威新研究。

13. Kenneth R. Hall, "State and Statecraft in Early Srivijaya", 收录于 Kenneth R.
Hall and John K. Whitmore, eds., Explorations in Early Southeast Asian
History: The Origins of Southeast Asian Statecraft (Ann Arbor, MI: Center
for South and Southeast Asian Studies, 1976), 92–93.

14. Charles Higham, The Archaeology of Mainland Southeast Asia from 10,000 BC

to the Fall of Angkor (Cambridge: Cambridge University Press, 1989), 320–350. 并参见 Nidhi Aeusrivongse, "The Devaraja Cult and Khmer Kingship at Angkor", 收录于 Hall and Whitmore, *Explorations*,107–148. Ann R.Kinney, *Worshiping Siva and Buddha: The Temple Art of East Java* (Honolulu: University of Hawaii Press, 2003) 对当时印度教、佛教与地方传统交融混合有不错的诠释。

15. 见 Keith Taylor, "The Rise of Dai Viet and the Establishment of Thang-Long", 收录于 Hall and Whitmore, *Explorations*, 171–181.

16. Flecker, "Intan Shipwreck", 36–41. 最近的研究认为婆罗浮屠极有可能是个金刚乘的塔庙。见 Jeffery Roger Sundberg, "The Wilderness Monks of Abyayagirivihara and the Origins of Sino-Javanese Esoteric Buddhism," *Bijdragen tot de Taal-, Land-, en Volkenkunde*, 160 (1) (2004): 95–123.

17. Flecker, "Intan Shipwreck", 53–54.

18. Bronson, "Patterns in the Early Southeast Asian Metals Trade", 65.

19. Flecker, "Intan Shipwreck", 83. 有关爪哇与巴里地区使用银币的情形，见 Jan W. Christie, "Asian Sea Trade Between the Tenth and Thirteenth Centuries and Its Impact on the States of Java and Bali", 收录于 Himansahu P. Ray, ed., *Archaeology of Seafaring: The Indian Ocean in the Ancient Period* (Delhi: Pragati Publications, 1999), 237–238. 有数量庞大的金与银同时出现在爪哇东部各地的碑文记载中，时间与船难发生时间大致相同。见 Antoinette M. Barrett Jones, "Early Tenth Century Java from the Inscriptions", *Verhandelingen van het Koninklijk Instituut voor Taal-, Land-, en Volkenkunde* 107 (Dordrecht, Holland: Foris Publications, 1984): 32–34.

20. 中国铸铁工序的发展，见 Bronson, "Patterns in the Early Southeast Asian Metals Trade", 71.

21. 见前引书，89–90.

22. Flecker, "Intan Shipwreck", 78–79.

23. Alastair Lamb, "Takupa: The Probable Site of a Pre-Malaccan Entrepot in the Malay Peninsula", 收录于 John Bastin and Roelof Roolvink, eds., *Malayan and Indonesian Studies* (Oxford: Oxford University Press, 1964), 81–82. 并参见 Peter Francis, Jr., *Beads and the Bead Trade in Southeast Asia: A*

Preliminary Report on Research into the Bead Trade of Southeast Asia as a Segment of the Indian Ocean Bead Trade (Lake Placid, NY: Center for Bead Research, 1989), 以及 Peter Francis, Jr., *Asia's Maritime Bead Trade from ca. 300 BC to the Present* (Honolulu: University of Hawaii Press, 2002). 在东南亚，人们长久以来将玻璃珠用在治疗、仪式穿着上，甚至作为通货，或是囤积以展示个人力量。见 Heidi Munan, *Beads of Borneo* (Kuala Lumpur: Editions Didier Millet, 2004).

24. Himanshu P. Ray, *The Winds of Change: Buddhism and the Maritime Links of Early South Asia* (Delhi: Oxford University Press, 1994), 92–93, 118–119.

25. Flecker, "Intan Shipwreck", 101–103. 并参见 Angela Schotenhammer, "The Maritime Trade of Quanzhou (Zaitun) from the Ninth Through the Thirteenth Century", 收录于 Ray, *Winds of Change*, 271–290. 以及 John S. Guy, *Oriental Trade Ceramics in South-East Asia, Ninth to Sixteenth Centuries* (Singapore: Oxford University Press, 1986), 11–12.

26. Christie, "Asian Sea Trade", 225–226.

27. Ruth Barnes, *Indian Block-Printed Cotton Fabrics in the Kelsey Museum* (Ann Arbor: University of Michigan Press, 1993). 并参见 Ruth Barnes, *Indian Block-Printed Textiles in Egypt: The Newberry Collection in the Ashmolean Museum* (Oxford: Oxford University Press, 1997).

28. Ruth Barnes, "Indian Trade Textiles: Sources and Transmission of Designs", "社群与商品：11 至 15 世纪的印度西部与印度洋"（Communities and Commodities: Western India and the Indian Ocean, 11th–15th Centuries）会议论文，密歇根州安娜堡凯尔赛考古博物馆（Kelsey Museum of Archaeology），2002 年 11 月 7 日至 10 日。

29. Taylor, "Rise of Dai Viet", 169. 早在印坦沉船的五百多年以前，海盗就已经是个麻烦了。公元 414 年，中国的佛教朝圣者法显如是形容爪哇附近的地方："海中多有抄贼，遇辄无全。" 见 Fa-Hien, *A Record of Buddhistic Kingdoms being an Account by the Chinese Monk of His Travels in India and Ceylon (AD 399–414) in Search of the Buddhist Books of Discipline*, trans. James Legge (New York: Paragon Reprint Corp., 1965), 112.

30. Tilman Frasch, "A Buddhist Network in the Bay of Bengal: Relations

Between Bodhgaya, Burma, and Sri Lanka, c. 300–1300”，收 录 于 Claude
Guilllot, Denys Lombard and Roderich Ptak, eds., *From the Mediterranean
to the China Sea: Miscellaneous Notes* (Wiesbaden, Germany: Harrassowitz
Verlag, 1998), 69–92.

31. Jones, “Early Tenth Century Java”, 23–27. 南印度人在东南亚从事贸易的证
    据，来自一些南亚的碑文。见 Meera Abraham, *Two Medieval Merchant Guilds
    of South India* (New Delhi, India: Manohar, 1988), 33–39.

32. Flecker, “Intan Shipwreck”, 90.

33. Kenneth Hall, “Local and International Trade and Traders in the Strait
    of Melaka Regions: 600–1500”, *Journal of the Economic and Social History
    of the Orient* 47 (2) (2004): 224. 对商人可能出身（而不是种族或宗教）的
    讨论，见该书 238 页。并参见 Anthony Reid, *Southeast Asia in the Age of
    Commerce*, 1450–1680 (New Haven: Yale University Press, 1993), 65–66.

34. Jan W. Christie, “Trade and Settlement in Early Java: Integrating the
    Epigraphic and Archaeological Data”，收录于 Villiers, *Early Metallurgy*,
    181–195.

35. Flecker, “Intan Shipwreck”, 101–103. 早期的阿拉伯商人已经知道香在中国
    是重要的贸易商品。见 Ahmad, *Arab Classical Accounts*, 46.

36. Flecker, “Intan Shipwreck”, 96.

37. 见 Sen, *Buddhism, Diplomacy, and Trade.*

第五章　胡椒好伙伴：亚伯拉罕·本·易尤　公元 1120 年至 1160 年

01. 反过来说也是一样的。船到得早，船上的香料就能喊出好价钱。见 Shlomo
    Goitein, “Portrait of a Medieval Indian Trader: Three Letters from the
    Cairo Geniza”, *Bulletin of the School of Oriental and African Studies* 50
    (3) (1987): 461–462. 关于印度洋季风贸易的概况，可见 Michael Pearson, *The
    Indian Ocean* (London: Routledge, 2003), 13–26.

02. Ibn Battuta, *The Travels of Ibn Battuta, AD 1325–1354*, trans. H. A. R. Gibb
    (New Delhi: Hakluyt Society, 1994), 808–809.

03. Anthony Reid, *Southeast Asia in the Age of Commerce* (New Haven: Yale University Press, 1993), vol. 1, 86–88.

04. Maxime Rodinson, A. J. Arberry and Charles Perry, *Medieval Arab Cookery* (Devon, United Kingdom: Prospect Books, 2001). 并参见 David Waines, *In a Caliph's Kitchen* (London: Riad El-Rayyes Books, 1989). 从 1995 年前后开始，就不断有欧洲中世纪的食谱稳定出版，光是原文为英文的食谱，至今便有超过两千份。但除了胡椒以外，其他像姜、小豆蔻、肉豆蔻、丁香、肉桂与荜澄茄等热带香料却很少出现在 14 世纪以前的英格兰。见 Constance B. Hieatt, "Making Sense of Medieval Culinary Records: Much Done, But Much to Do"，收录于 Martha Carlin and Joel T. Rosenthal, eds., *Food and Eating in Medieval Europe* (London: Hambledon Press, 1998), 101–116. 并参见 *The forme of cury, a roll of ancient English cookery*. Compiled, about AD1390, by the Master-Cooks of King Richard II, presented afterwards to Queen Elizabeth by Edward Lord Stafford and now in the possession of Gustavus Brander, Esq. 这份文件现在可以在 www.gutenberg.org 在线阅读。

05. Himansahu P. Ray, *Archaeology of Seafaring: The Indian Ocean in the Ancient Period* (Delhi: Pragati Publications, 1999), 55.

06. Shlomo Goitein, *Letters of Medieval Jewish Traders* (Princeton: Princeton University Press, 1973), 3–4.

07. Amitav Ghosh, *In an Antique Land* (New York: Vintage Books, 1994), 80–98.

08. Goitein, *Letters of Medieval Jewish Traders*, 192.

09. 从突尼西亚前往开罗寻找做生意的机会，是条犹太商人常走的路。见 NormanStillman, "Eleventh Century Merchant House of Awkal (a Geniza Study)", *Journal of the Economic and Social History of the Orient* 16 (1) (1973): 17.

10. Goitein 找不到 10 世纪时操阿拉伯语的犹太人在地中海北岸的欧洲城市里工作的例子。Goitein, *Letters of Medieval Jewish Traders*, 8.

11. Shlomo Goitein, "Portrait of a Medieval Indian Trader", 449–450. 并参见 Shlomo Goitein, *Studies in Islamic History and Institutions* (Leiden, Holland: E. J. Brill, 1966), 344.

12. 见 Stillman, "Eleventh Century Merchant House", 17.

13. 参见公元1130年时，一封论及某位出身的黎波里的故去商人所拥有的庄园的信，这封信就是个例子。Goitein, *Letters of Medieval Jewish Traders*, 182–183.

14. 见前引书，183. 差不多同一时间，马德蒙也向三位来自门格洛尔的北印度裔印度商人提议建立合伙关系。见 Shlomo Goitien, "From Aden to India: Specimens of the Correspondence of India Traders of the Twelfth Century", *Journal of the Economic and Social History of the Orient* 23 (1980): 53.

15. Goitein, *Letters of Medieval Jewish Traders*, 185.

16. 见 S. M. Stern, "Ramisht of Siraf, a Merchant Millionaire of the Twelfth Century", *Journal of the Royal Asiatic Society* 2 (1967): 10–14.

17. Shlomo Goitein, *A Mediterranean Society: The Jewish Community of the Arab World as Portrayed in the Documents of the Cairo Geniza*, 2 vols. (Berkeley: University of California Press, 1967), vol. 1, 203.

18. 见前引书, vol. 1, 164–166, 182. 并参见 Stillman, "Eleventh Century Merchant House", 23.

19. Goitein, *Letters of Medieval Jewish Traders*, 184. 见 Goitein, *Mediterranean Society*, 200–201.

20. 其他商人有时候不是带现金，而是带丝绸去马拉巴尔叫卖。Goitein, Letters of Medieval Jewish Traders, 190. 见 Yedida K. Stillman, "New Data on Islamic Textiles from the Cairo Geniza", 收录于 David Waines, ed., *Patterns of Everyday Life* (Aldershot, England: Ashgate, 2002), 199.

21. Ghosh, *Antique Land*, 178.

22. Goitein, *Letters of Medieval Jewish Traders*, 195–196.

23. 见前引书, 185.

24. Ghosh, *Antique Land*, p. 267.

25. Goitein, *Letters of Medieval Jewish Traders*, 243.

26. Goitein, "From Aden to India", 52. 并参见 Ghosh, *Antique Land*, 275–276.

27. Goitein, *Letters of Medieval Jewish Traders*, 193.

28. 见 Meera Abraham, *Two Medieval Merchant Guilds of South India* (New Delhi: Manohar, 1988), 33–39.

29. Goitein, *Letters of Medieval Jewish Traders*, 64–65.

30. Ghosh, *Antique Land*, 267-268. 关于福斯塔特犹太社群穿戴丝绸与其他贵重织品的情况，见 Stillman, "New Data on Islamic Textiles", 195-206.

31. Goitein, "From Aden to India", 52.

32. Goitein, Mediterranean Society, vol. 2, 32-133.

33. Goitein, *Letters of Medieval Jewish Traders*, 194. 打造或再造金属器是犹太人经常从事的手工业。见前引书，17-18, 188-189. 马德蒙曾将印度铁料在亚丁当地不错的行情写信告诉亚伯拉罕·本·易尤。Goitein, "From Aden to India", 52-53.

34. Goitein, *Mediterranean Society*, vol. 2, 20. 并参见 Goitein, *Letters of Medieval Jewish Traders*, 202.

35. L. A. Krishna Iyer, *Social History of Kerala*, vol. 2 (Madras, India: Book Center Publications,1970), 56-57. 虽然有间接的铭文证据显示母系制度是9世纪或10世纪初时奈尔人的常态，但这种母系制度的起源并没有留下文字资料。见 A. Sreedhara Menon, *Social and Cultural History of Kerala* (New Delhi: Sterling Publishers, 1979), 83-87. Lieutenants Ward and Conner, *Memoir of the Survey of the Travencore and Cochin States* (Trivandarum, India: Government of Kerala, 1863), vol. 1, 130-131 页也曾提到贫困的奈尔人。

36. E. Kathleen Gough, "The Nayars and the Definition of Marriage", 收录于 Patricia Uberoi, ed., *Family, Kinship, and Marriage in India* (Delhi: Oxford University Press, 1993), 242-243. 见 Shlomo Goitein, "Slaves and Slavegirls in the Cairo Geniza Records", *Arabica* 9 (1) (1962): 13-18.

37. 长时间分隔两地有时也会演变成离婚。见 Goitein, *Letters of Medieval Jewish Traders*, 224-225.

38. Aftab Husain Kola , "Navayaths of India—an Arabian L a ke in an Ind-ian Ocean", *Milli Gazette*, Oct. 17, 2002; retrieved Aug. 3, 2005, at www.milligazette.com/Archives/01072002/0107200296.htm. 对于在东南亚做生意的商人来说，结个露水姻缘是种常见的情形。这种妻子通常是贸易中的伙伴。见 Anthony Reid, *Charting the Shape of Early Modern Southeast Asia* (Chiang Mai, Thailand: Silkworm Books, 1999), 159-160.

39. 其他商人同样饱受煎熬。见 Goitein, *Letters of Medieval Jewish Traders*, 325-326.

40. 见前引书，206. 更早以前的废书库文献还曾论及 *11 世纪 60 年代* 诺曼人（Normans）对西西里毁灭性的征服行动。见前引书，167–168, 322–323.

41. 见前引书，204.

42. 见前引书，205.

43. Ghosh, *Antique Land*, 314.

44. 见前引书，317.

45. Shlomo Goitein, *From the Land of Sheba: Tales of the Jews of Yemen* (New York: Schocken Books, 1973, rev. ed.), 6–7, 25–26.

46. Ghosh, *Antique Land*, 348–349.

47. Goitein, *Mediterranean Society*, vol. 1, 59–61.

第六章　贵胄云集：伊本·巴图塔　公元 1325 年至 1356 年

01. 哈克卢特协会（Hakluyt Society）出版过伊本·巴图塔这本长篇回忆录唯一的英文全译本：Ibn Battuta, *The Travels of Ibn Battuta, AD1325–1354*, 5 vols., trans. H.A.R. Gibb (Cambridge: Hakluyt Society [new series, 110, 117, 141, 178, 190], 1958–2000). 我用的是 1993 年前四册的再版版本。这里的引文引自 Battuta, *Travels*, vol. 3, 660–661.

02. 见前引书，662.

03. 见前引书，595–596.

04. 见前引书，vol. 1, 8.

05. 见前引书，12.

06. 见前引书，16.

07. 见前引书，15.

08. 见前引书，17–18.

09. 见前引书，42.

10. 见前引书，61.

11. 见前引书，60.

12. 见前引书，63–64.

13. 见前引书，98.

14. Marshall G.S. Hodgson, *The Venture of Islam: Conscience and History in World Civilization*, vol. 2 (Chicago: University of Chicago Press, 1974), 47. 并参见 André Wink, *Al-Hind: The Making of the Indo-Islamic World*, vol. 1 (Leiden, Holland: E. J. Brill, 1990), 43.

15. 见 Shlomo Goitein, *A Mediterranean Society: The Jewish Community of the Arab World as Portrayed in the Documents of the Cairo Geniza*, vol. 1 (Berkeley: University of California Press, 1967), 53, 65.

16. Battuta, *Travels*, vol. 1, 85.

17. 见前引书，132.

18. 见前引书，64.

19. 见前引书，170—171.

20. 见前引书，188.

21. 见前引书，155, 182—183, 176, 204, 210—223, 355—357.

22. 见前引书，vol. 2, 319—320.

23. 见前引书，282—283.

24. 见前引书，342.

25. 见前引书，345.

26. 见前引书，342.

27. 见前引书，376, 402—403, 446.

28. J. Spencer Trimingham, *The Sufi Orders in Islam* (Oxford: Oxford University Press, 1971), 1—30. 关于伊本·巴图塔在世时的印度苏非教团，见 Richard Maxwell Eaton, *Sufis of Bijapur, 1300—1700: Social Roles of Sufis in Medieval India* (Princeton: Princeton University Press, 1978), 13—45.

29. Battuta, Travels, vol. 2, 387. 并参见 Anthony Reid, *Southeast Asia in the Age of Commerce, 1450—1680*, vol. 1 (New Haven: Yale University Press, 1988), 42.

30. Battuta, *Travels*, vol. 2, 370. 并参见 436, 441, 463, 487.

31. 见前引书，375—376.

32. 见前引书，461.

33. 见前引书，vol. 3, 747.

34. Hodgson, *Venture of Islam*, 336—339, 349—351.

35. Battuta, Travels, vol. 3, 760.

36. 见前引书，vol. 4, 808.

37. 见前引书，807.

38. 见前引书，822-846.

39. 见前引书，865.

40. 见前引书，920.

41. 见前引书，921.

第七章　宝船之约：马欢　公元 1413 年至 1431 年

01. Ma Huan, *Ying-Yai Sheng-Lan: The Overall Survey of the Ocean's Shores*, trans. J.V. G. Mills (Cambridge: Cambridge University Press, 1970), 27-31.

02. 见前引书，31-32. 这些船舰的外观、船帆数量与吨位激起了不小的学术论辩。我倾向采用 Joseph Needham, *Science and Civilization in China, Civil Engineering, and Nautics*, vol. 4 (Cambridge: Cambridge University Press, 1971), pt. 3, 460-507 页的说法。

03. Ma Huan, *Ying-Yai*, 69.

04. Dru C. Gladney, *Muslim Chinese:Ethnic Nvationalism in the people's Republic* (Cambridge: Harvard University Press, 1991), 36-39.

05. Ma Huan, *Ying-Yai*, 178.

06. Anthony Reid, "Flows and Seepages in the Long-Term Chinese Interaction with Southeast Asia", 收录于 Anthony Reid, ed., *Sojourners and Settlers: Histories of Southeast Asia and the Chinese* (Honolulu: University of Hawaii Press, 1996), 17-20.

07. Ibn Battuta, *The Travels of Ibn Battuta, AD 1325-1354*, vol. 4, trans. H. A. R. Gibb (New Delhi: Hakluyt Society, 1993, reprint), 813-814.

08. 见前引书，15-26. 关于伊本·巴图塔对中国的描述，接受的人虽然不多，但仍然可以参考里面约略提及的中国大帆船，见 894-895 页。

09. Gilles Beguin and Dominique Morel, *The Forbidden City: Center of Imperial China* (New York: Harry Abrams, 1999), 18.

10. Geoff Wade, "The Zeng He Voyages: A Reassessment", *Journal of the Malaysian Branch of the Royal Asiatic Society* 78 (2005): 37–58.

11. Ma Huan, *Ying-Yai*, 73.

12. Ma Huan, *Ying-Yai*, 79–80.

13. 见前引书，81.

14. 见前引书，85.

15. 见前引书，81.

16. 见前引书，82.

17. 见前引书，83.

18. 见前引书，69–70.

19. 见前引书，87.

20. 见前引书，88.

21. 见前引书，89.

22. 见前引书，89–90.

23. Ma Huan, *Ying-Yai*, 92.

24. 见前引书，97.

25. Victor H. Maier, *Painting and Performance: Chinese Picture Recitation and Its Indian Genesis* (Honolulu: University of Hawaii Press, 1986).

26. Ma Huan, Ying-Yai, 99–100.

27. Kenneth R. Hall, "Multi-Dimensional Networking in the FifteenthCentury Indian Ocean Realm: Communities for Exchange in Southeast Asian Perspective", 亚洲研究学会（Association for Asian Studies）会议论文，伊利诺伊州芝加哥，2005 年 4 月。

28. Ma Huan, Ying-Yai, 103.

29. 见 Ronald Inden, Jonathan Walters, and Daud Ali, *Querying the Medieval: Texts and the History of Practices in South Asia* (Oxford: Oxford University Press, 2000), 99–165.

30. Ma Huan, *Ying-Yai*, 108.

31. 见前引书，110.

32. 见前引书，121.

33. 见前引书，111.

34. 见前引书，129.

35. 见前引书。

36. 见前引书，135.

37. 见前引书，140–141.

38. 见前引书，143.

39. 见前引书，138.

40. 见前引书，174.

41. 见前引书，149.

42. 见 Rananbir Chakravarti, "Seafarings, Ships, and Ship Owners: India and the Indian Ocean (AD 700–1500)", 收录于 David Parkin and Ruth Barnes, eds., *Ships and the Development of Maritime Technology in the Indian Ocean* (London: Routledge Curzon, 2002), 46–47.

43. Ma Huan, *Ying-Yai*, 149.

44. 见前引书，154–156.

45. 见前引书，168–169.

46. Timothy Brook, *The Confusions of Pleasure: Commerce and Culture in Ming China* (Berkeley: University of California Press, 1998), 79–86.

47. Hafiz Abru, *A Persian embassy to China: being an extract from Zubdatu't Tawarikh of Hafiz Abru*, trans. K. M. Maitra (New York: Paragon Book Reprint Corp., 1970), 118.

48. 见 Wade, "Zeng He Voyages", 37–58.

49. Ma Huan, *Ying-Yai*, 180.

第八章　血与盐：巴布尔　公元 1494 年至 1526 年

01. Babur, *Babur-Nama* [Memoirs of Babur], trans. Annette Susannah Beveridge (New Delhi: Low Price Publications, 1989, reprint), 174–178.

02. Edward McEwen, Robert L. Miller, and Christopher A. Bergman, "Early Bow Design and Construction", *Scientific American* 264 (6) (June 1991): 79–82.

03. 古代欧亚草原军队的骑兵战术不仅与当时不同，也与早期所向披靡的伊斯兰军队不同。穆斯林士兵骑马上阵，但多半步行作战。持弓步兵是这种军队里非常重要的一部分。 见 Hugh Kennedy, *The Armies of the Caliphs: Military and Society in the Early Islamic State* (London: Routledge, 2001), 8–11.

04. 当时的观察家讲述了成吉思汗的故事，收录于 Ata-Malik Juvaini, *Chengis Khan: The History of the World Conqueror*, trans. J. A. Boyle (Seattle: University of Washington Press, 1997).

05. Ibn Battuta, *The Travels of Ibn Battuta, AD 1325–1354*, vol. 3, trans. H. A. R. Gibb (New Delhi: Hakluyt Society, 1993, reprint), 574.

06. 见 Marshall G.S. Hodgson, *The Venture of Islam: Conscience and History in World Civilization*, vol. 2 (Chicago: University of Chicago Press, 1974), 287–291. 并参见 Svat Soucek, *A History of Inner Asia* (Cambridge: Cambridge University Press, 2000), 114–116.

07. Babur, *Babur-Nama*, 29–32, 40–44, 51–56.

08. 见前引书, 131.

09. 见前引书.

10. 见前引书, 133.

11. 见前引书.

12. 见前引书.

13. 见前引书, 135.

14. 见前引书, 139.

15. 见前引书, 140.

16. 巴布尔用"他桌上少了盐"来形容某位老人，这位长者的身份地位在自己的一生当中大大地衰落，见 *Babur-Nama*, 277.

17. Babur, *Babur-Nama*, 58, 66.

18. 见前引书, 152.

19. 见前引书, 130, 248, 251, 321, 324, 383.

20. 见前引书, 128.

21. 见前引书, 146.

22. 见前引书, 124–125. 并参见 397, 404, 417.

23. 见前引书, 194.

24. 见前引书，153.

25. 见前引书，157.

26. 见前引书.

27. 见前引书，159-160.

28. 见前引书，175-178.

29. 见前引书，199.

30. 见前引书，227.

31. 见前引书，202.

32. 见前引书，207.

33. 见前引书，202.

34. 见前引书，223.

35. 见前引书，208, 215-217. 多年后，巴布尔对自己某座花园的描述，可见414页.

36. 见前引书，120.

37. 见前引书，121.

38. 见前引书，386.

39. 见前引书，272.

40. 见前引书，271. 有关巴布尔品评某个大贵族帐中形形色色的诗人与乐师的内容，见286-292页.

41. 见前引书，276.

42. 见前引书，278.

43. 见前引书，284.

44. 见前引书，338.

45. 见前引书，258.

46. 见前引书，395-396.

47. 见前引书，377.

48. 见前引书，229.

49. 见前引书，385.

50. 见前引书，522.

51. 见前引书。

52. 见前引书，522-523.

第九章　药命误会：托梅·皮雷斯　公元 1511 年至 1521 年

01. Tomé Pires, *The Suma Oriental of Tomé Pires*, trans. Armando Cortesao (London: Hakluyt Society, 1944), xxvii.

02. 见前引书，xxi-xxii.

03. Michael Pearson, *The Portuguese in India* (Cambridge: Cambridge University Press, 1987), 6-9.

04. 见 Christopher Bell, *Portugal and the Quest for the Indies* (London: Constable, 1974).

05. Pires, *Suma Oriental*, xxiii-xxiv.

06. 关于 15 世纪早期印度洋贸易的概述，可以参见 Duarte Barbarosa, *Livro*, vol. 2 (London: Hakluyt Society, 1921), 76 页对卡利卡特的描述。

07. Michael Pearson, *The Indian Ocean* (London: Routledge, 2003), 68-69.

08. K. S. Mathews, "Navigation in the Arabian Sea During the Sixteenth Century: A Comparative Study of Indigenous and Portuguese Navigation", 收录于 *Ship-Building and Navigation in the Indian Ocean Region: AD 1400-1900* (New Delhi: Munshiram Manoharlal, 1997), 26-38.

09. Pearson, *Indian Ocean*, 33-34.

10. George W. Winius, "Early Portuguese Travel and Influence at the Corner of Asia", 收录于 *Studies on Portuguese Asia, 1495-1689* (Aldershot, England: Ashgate, 2001), 215-216.

11. Pires, *Suma Oriental*, xxv.

12. Joseph Needham, *Science and Civilization in China*, vol. 6 (Cambridge: Cambridge University Press, 1986), pt. 1, 451-459.

13. 见前引书，266.

14. 见前引书，452-456.

15. Aqrabadhin, *The Medical Formulary, or Aqrabadhin of Al-Kindi*, trans. Martin Levey (Madison: University of Wisconsin Press, 1966).

16. Avicenna, *The Canon of Medicine*, adapted by Laleh Bakhtiar (Chicago: Great Books of the Islamic World, 1999).

17. Pires, *Suma Oriental*, 138.

18. 见前引书，206.

19. 目前已有大量的理论用来归纳整理前殖民时期的东南亚国家的类型，比方说，可以参见 Jan Wisseman Christie, "Negara, Mandala, and Despotic State: Images of Early Java"，收录于 David G. Marr and A. C. Milner, eds., *Southeast Asia in the 9th to 14th Centuries* (Singapore: Institute of Southeast Asian Studies, 1986), 65–94. 本章的分类方式，则是根据 Freek Colombijn, "The Volatile State in Southeast Asia: Evidence from Sumatra, 1600–1800", *Journal of Asian Studies* 62 (2) (May 2003): 499–500 中对学术文献的通盘考察。

20. Pires, *Suma Oriental*, 95–96.

21. 见前引书，97–98. 本章使用的分类法或许夸大了以稻米种植与以贸易为基础的王国之间的差别。这些王国很可能利用贸易得来的利润改良其灌溉设施，同时通过贸易买来额外的稻米。参见 Denys Lombard, *Le Carrefour javanais: Essai d' histoire global* (Paris: Éditions de l' École des Hautes Études en Sciences Sociales, 1990), vols. 1–3.

22. Pires, *Suma Oriental*, 243–245. 即使是以转口港为本的王国，也需要在贸易与农业间取得平衡。见 Jorge M. dos Santos Alves, "The Foreign Traders' Management in the Sultanates of the Straits of Malacca"，收录于 Claude Guillot, Denys Lombard, and Roderich Ptak, eds., *From the Mediterranean to the China Sea: Miscellaneous Notes* (Wiesbaden, Germany: Harrassowitz Verlag, 1998), 131–142.

23. Pires, *Suma Oriental*, 45.

24. Pearson, *Indian Ocean*, 86.

25. Pires, *Suma Oriental*, 29.

26. 见前引书，39. 皮雷斯同样把南印度的毗奢耶那伽罗描写为异教王国，但也是可能的盟友。见 Maria A. L. Cruz, "Notes on Portuguese Relations with Vijayanagara, 1500–1565"，收录于 Sanjay Subrahmanyam, ed., *Saints and Sinners: The Successors of Vasco Da Gama* (Oxford: Oxford University Press, 1995), 13–39.

27. Pires, *Suma Oriental*, 177.

28. 见前引书，23.

29. 见前引书，52.

30. 见前引书，116.

31. 见前引书，123.

32. 朝廷在 15 世纪中叶强烈反对贸易的政策不到数十年就改变了。到了皮雷斯远道而来的时代，贸易不仅恢复如常，还得到官场中人相当程度的支持。见 "Zhang Han's Essay on Merchants"，收录于 Patricia B. Ebrey, ed., *Chinese Civilization: A Sourcebook* (New York: Free Press, 1981), 216–218.

33. 见 Timothy Brook, *The Confusions of Pleasure: Commerce and Culture in Ming China* (Berkeley: University of California Press, 1998), 38–51.

34. Pires, *Suma Oriental*, xxxi–xxxii.

35. 见前引书，xxxiv.

36. 见前引书，xxxvii.

37. 见前引书，xxxviii–xxxix.

38. 见前引书，xl–xli.

39. Anthony Reid, *Charting the Shape of Early Modern Southeast Asia* (Chiang Mai, Thailand: Silkworm Books, 1999), chap. 2.

40. C. R. Boxer, "Portuguese and Spanish Projects for the Conquest of Southeast Asia, 1580–1600"，收录于 *Portuguese Conquest and Commerce in Southeast Asia, 1500–1750* (London: Variourum Reprints, 1985), chap. 3.

41. 见 Jorge M. Flores, "The Straits of Ceylon, 1524–1539: The Portuguese-Mappilla Struggle over a Strategic Area"，收录于 Subrahmanyam, *Saints and Sinners*, 57–74.

42. Pearson, *Indian Ocean*, 131, 134–135.

43. 见 Michael N. Pearson, *Merchants and Rulers in Gujarat: The Response to the Portuguese in the Sixteenth Century* (Berkeley: University of California Press, 1976).

44. Brook, *Confusions of Pleasure*, 111–114.

45. Reid, *Charting the Shape*, 85–90.

46. Pearson, *Indian Ocean*, 82–83.

47. Pearson, *Portuguese in India*, 37.

48. Winius, "Portugal's 'Shadow Empire' in the Bay of Bengal"，chap. 9,

收录于 *Studies on Portuguese Asia*，以及　"Private Trading in Portuguese Asia: A Substantial Will-O'-the-Wisp"，chap. 19，收录于 *Studies on Portuguese Asia*.

49. Pires, *Suma Oriental*, xlviii.

第十章　亚洲即世界　公元 500 年至 1500 年

01. 中国古代的钱币是用铜、黄铜或铁铸成，中间有孔。钱币会系在绳上，每一串钱币数量都是固定的。

02. Sulayman Al-Tajir, "An Account of China and India"，收 录 于 *Arab Classical Accounts of India and China*, trans. S. Maqbul Ahmad (Rddhi, India: Indian Institute of Advanced Study, 1979), 46-47, 49-50.

03. 由于史料零碎与术语的转变，火药与火器从发明地中国传入亚洲与欧洲的过程仍旧扑朔迷离。针对这个主题，Iqtidar Alam Khan, *Gunpowder and Firearms: Warfare in Medieval India* (Oxford: Oxford University Press, 2004), 3-11 页有份简短而精彩的介绍。 在 Carlo M. Cipolla, *Guns and Sails in the Early Phase of European Expansion, 1400-1700* (London: Collins, 1965) 一书的论述中，有关"枪"的部分已经得到后续研究的证明。学者们似乎一致同意：葡萄牙人抵达亚洲的时候，他们的大炮比起遭遇的敌人所拥有的任何火炮都来得更轻，发射速度更快（因为是从后膛装填），也更准确。

延伸阅读

第一章

Samuel Beal 翻译的 *The Life of Hiuen-Tsiang* (London: Kegan Paul, Trench, Trübner and Co.,1911) 是玄奘传记的标准英文译本。此书出版后曾多次再版，也有新译本问世。

关于玄奘余生，可见 Li Rongxi, *A Biography of the Tripitika Master of the Great Ci'en Monastery of the Great Tang Dynasty*, trans. Sramana Huli and Shi Yancong (Berkeley: Numata Center of Buddhist Translation and Research, 1995) 一书中丰富的资料。

关于玄奘朝圣之行更完整的探讨，见 Sally H. Wriggins, *The Silk Road Journey with Xuanzang* (Boulder: Westview Press, 2004). 书中的地图、插图与书目格外实用。

Luce Boulnois, *Silk Road: Monks, Warriors, and Merchants on the Silk Road* (Odyssey Books: Hong Kong, 2004), 包含一系列的短文，讨论自古以来许多时代的丝路历史。对于想去丝路旅行的人来说，此书能权充

旅游指南。

Richard C. Foltz, *Religions of the Silk Road: Overland Trade and Cultural Exchange from Antiquity to the Fifteenth Century* (New York: St. Martin's Press, 1999) 探讨了玄奘所观察到的复杂交流，以及这些交流对接下来一千年所造成的影响。

Tansen Sen, *Buddhism, Diplomacy, and Trade: The Realignment of Sino-Indian Relations, 600–1400* (Honolulu: University of Hawaii Press, 2003) 是对玄奘之后数百年间朝圣行、贸易与外交等交流所做的杰出全新研究。

第二章

Richard N. Frye, *Ibn Fadlan's Journey to Russia: A Tenth Century Traveler from Baghdad to the Volga River* (Princeton: Marcus Weiner Publishers, 2005) 是伊本·法德兰的回忆录近期的翻译。这本书的导论与注解非常实用。

Michael Crichton's *Eaters of the Dead* (New York: Alfred A. Knopf, 1976) 头几章便是以伊本·法德兰的回忆录为根据所写。此书剩余的篇章大半是以《贝奥武夫》（*Beowulf*）为本所写，充满幻想。

如果想对哈里发时代巴格达当地奢华的菜肴有些了解，最近有本已经经过翻译的食谱。见 Charles Perry, *A Baghdad Cookery Book* (Devon, United Kingdom: Prospect Books, 2005).

Hugh Kennedy 就哈里发国所做的研究既出色又易读。军事方面有 *The Armies of the Caliphs: Military and Society in the Early Islamic State* (London: Routledge, 2001). 而 *When Baghdad Ruled the Muslim World: The Rise and Fall of Islam's Greatest Dynasty* (Boulder: Da Capo Press, 2005) 则主要着重于宫廷。伊本·法德兰同时代整个中亚贸易的大脉络，可见 Xinru Liu, *Silk and Religion: An Exploration of Material Life and the Thought of People, AD 600–1200* (Delhi: Oxford University Press, 1996).

Thomas Noonan 的论文 "The Khazar Qaghanate," 收录于 Anatoly M. Khazanov and André Wink, eds., *Nomads in a Sedentary World* (Richmond, United Kingdom: Curzon, 2001)，探讨了有关可萨人的已知知识。

第三章

William E. Gohlman, *The Life of Ibn Sina: A Critical Edition and Annotated Translation* (Albany: State University of New York Press, 1974) 是伊本·西拿自传的英文翻译定本。脚注非常有用。

伊本·西拿极吸引人的治疗法，在 Avicenna, *The Canon of Medicine*, adapted by Laleh Bakhtiar (Chicago: Great Books of the Islamic World, 1999) 中有部分翻译。

关于纸张对发展中的伊斯兰知识世界带来的影响，Jonathan M. Bloom, *Paper Before Print: The History and Impact of Paper on the Islamic World* (New Haven: Yale University Press, 2001) 一书不可不读，插图非常精美。

Lenn E. Goodman, *Avicenna* (London: Routledge, 1992) 是本写得极好的伊本·西拿传记。对于想深入了解伊本·西拿哲学的人，Dimitri Guhas, *Avicenna and the Aristotelian Tradition: An Introduction to Reading Avicenna's Philosophical Works* (Leiden, Holland: E. J. Brill, 1998) 是本很好的导论。

伽色尼的马哈茂德既是艺术赞助人也是征服者，伊本·西拿想躲的就是他。直到今天为止，马哈茂德的生平仍充满争议，Clifford E. Bosworth, *The Ghaznavids* (Edinburgh: University Press, 1963) 对此有所讨论。

Jules L. Janssens, *An Annotated Bibliography on Ibn Sina (1970–1989)* (Leuven, Belgium: Leuven University Press, 1991), 以及 Jules L. Janssens, *An Annotated Bibliography on Ibn Sina: First Supplement (1990–1994)* (Louvain-la-Neuve, France: Fédération Internationale des Instituts d'Études Médiévales, 1999) 网罗了近期对伊本·西拿的著作与影响等方面的研究。

第四章

海底考古的细节以及印坦沉船的发现，在 Michael Flecker, "The Archaeological Excavation of the Tenth Century Intan Shipwreck", *British Archaeological Reports International Series, 1047* (Oxford: Archaoepress, 2002) 中有彻底的探讨。

对于印坦沉船所在的时代环境背景，Lynda N. Shaffer, *Maritime*

Southeast Asia to 1500 (Armonk, New York: M. E. Sharpe, 1996) 是最近的一份介绍。

沉船在经济方面的背景，可以在 Kenneth R. Hall 的论文中找到，收录在 Nicholas Tarling, ed., *The Cambridge History of Southeast Asia*, vol. 1 (Cambridge: Cambridge University Press, 1992).

Fiona Kerlogue, *Art of Southeast Asia* (London: Thames and Hudson, 2004) 描绘了好几种有着精美的门的佛教纪念性建筑——印坦沉船载的门，或许就是里面的某一种。

Heidi Munan, *Beads of Borneo* (Kuala Lumpur: Editions Didier Millet, 2005) 探讨了婆罗洲玻璃珠的贸易与用途，是一本了不起的插图历史兼人类学研究。书中有一流的彩色照片。许多老串珠上都有类似沉船上找到的那种"有眼"的珠子。

第五章

亚伯拉罕·本·易尤及其家奴生意伙伴——尤其是后者——是 Amitav Ghosh, *In an Antique Land* (New York: Vintage Books, 1994) 这本好读、有趣的历史书兼人种志的主题。

关于印度洋贸易模式，有一本大师级的集大成之作。见 K. N. Chaudhuri, *Trade and Civilization in the Indian Ocean: An Economic History from the Rise of Islam to 1750* (Cambridge:Cambridge University Press, 1985).

关于与亚伯拉罕·本·易尤同时代的地中海地区犹太社群与商人的资料，可见 Shlomo Goitein, *A Mediterranean Society: The Jewish Community of the Arab World as Portrayed in the Documents of the Cairo Geniza* (Berkeley: University of California Press, 1967).

把亚伯拉罕的家人掳走的，是西西里的罗杰麾下的军队。关于西西里的罗杰，可见 John J. Norwich, *The Normans in Sicily* (London: Penguin Books, 1990).

关于 12 世纪的伊斯兰世界，有一份知名的回忆录，是图德拉的本雅明（Benjamin of Tudela）的回忆录；他曾前往西班牙、北非与中东旅行。见 *The Itinerary of Benjamin of Tudela: Travels in the Middle Ages*, introductions by Michael A. Signer, 1983, Marcus Nathan Adler, 1907, A. Asher, 1840 (Malibu, CA: C. Simon, 1983).

第六章

哈克卢特协会出版过伊本·巴图塔这本长篇回忆录唯一的英文全译本。见 H. A. R. Gibb, trans., *The Travels of Ibn Battuta, AD 1325–1354*, 5 vols. (Cambridge: Hakluyt Society [new series, 110, 117, 141, 178, 190], 1958–2000). 这份翻译曾多次重印，但全部都删去了伊本·巴图塔前往中国的旅程。

若要了解伊本·巴图塔旅行以前半个世纪的中亚与中东地区，是如何因成吉思汗及其子孙的征服行动而改变，可见 David Morgan, *The Mongols*

(New York: Basil Blackwell, 1986).

伊本·巴图塔曾造访东非海岸，关于当地的穆斯林贸易文化，可见 Mark Horton and John Middleton, *The Swahili* (Malden, MA: Blackwell Publishers, 1988).

马可·波罗游记很适合拿来跟伊本·巴图塔游记比较。这么多版本里，我喜欢收录了 14 世纪插画的版本。见 *The Travels of Marco Polo* (New York: Orion Press, 1975). 有关德里宫廷的政局与建筑背景，见 Catherine B. Asher and Cynthia Talbot, *India Before Europe* (Cambridge: Cambridge University Press, 2006).

伊本·巴图塔曾经见识过黑死病，但多数关于黑死病的研究都局限于对欧洲的影响。Stuart J. Borsch, *The Black Death in Egypt and England: A Comparative Study* (Austin: University of Texas Press, 2005) 一书中的比较观点更有意思。

第七章

Ma Huan, *Ying-Yai Sheng-Lan: The Overall Survey of the Ocean's Shores*, trans. J. V. G. Mills (Cambridge: Cambridge University Press, 1970) 是马欢回忆录的英文译本。

关于马欢身处时代的中国概况，见 Patricia B. Ebrey, *The Cambridge Illustrated History of China* (Cambridge: Cambridge University Press, 1996).

Timothy Brook, *The Confusions of Pleasure: Commerce and Culture in Ming China* (Berkeley:University of California Press, 1998) 一书对马欢时代的中国文化有更仔细且深入的介绍。

Victor H. Maier, *Painting and Performance: Chinese Picture Recitation and Its Indian Genesis* (Honolulu: University of Hawaii Press, 1986) 这本著作将爪哇岛上的图画说书表演与更广泛的泛亚洲传统联系在一起。

关于中国远洋船只建造最具说服力的讨论，见 Joseph Needham, *Science and Civilization in China, Civil Engineering and Nautics*, vol. 4, pt. 3 (Cambridge: Cambridge University Press, 1971).

关于马欢曾造访的亚丁，Roxani Margariti, *Aden and the Indian Ocean Trade: 150 Years in the Life of a Medieval Arabian Port* (Chapel Hill: University of North Carolina Press, 2007) 一书曾论及亚丁后来的历史发展与市镇形态。

对于印度西岸沿岸船只与文化的有趣研究，见 Edward Simpson, *Muslim Society and the Western Indian Ocean: The Seafarers of Kachchh* (London and New York: Routledge, 2006)，其研究能上溯至马欢的时代。这本书甚至值得通过馆际方式借阅。

第八章

Annette Susannah Beveridge 以 *Babur-Nama*［Memoirs of Babur］为

题，将巴布尔的回忆录译为标准英文。本书曾数次再版。我用的版本是 New Delhi: Low Price Publications, 1989. Beveridge 的注解助益良多。

关于反曲弓的物理学研究，见 Edward McEwen, Robert L. Miller, and Christopher A. Bergman, "Early Bow Design and Construction", *Scientific American* 264 (6) (June 1991): 79–82.

Lee Lawrence, "History's Curve", *Aramco World*, September–October 2003 是一篇讲反曲弓，以及现代工匠尝试重现反曲弓的图解文章，可以在 www.Saudiaramcoworld.com/index 在线阅读。

关于成吉思汗及其传人的资料，见 David Morgan, *The Mongols* (New York: Basil Blackwell, 1986).

关于巴布尔入侵时的印度情势，见 Catherine B. Asher and Cynthia Talbot, *India Before Europe* (Cambridge: Cambridge University Press, 2006).

巴布尔的后人在印度打造了帝国，相关的完整分析见 John Richards, The Mughal Empire, *The New Cambridge History of India*, vol. 1, pt. 5 (Cambridge: Cambridge University Press, 1993).

第九章

托梅·皮雷斯的回忆录已译为 Tomé Pires, *The Suma Oriental of Tomé Pires*, trans. Armando Cortesao (London: Hakluyt Society, 1944).

若要了解托梅·皮雷斯时代的印度洋地区，有两本平易近人的书，分别是 Michael Pearson, *Merchants and Rulers in Gujarat: The Response to the Portuguese in the Sixteenth Century* (Berkeley: University of California Press, 1976)，以及 *The Indian Ocean* (London: Routledge, 2003)。

关于托梅·皮雷斯时代东南亚的整体概况，见 Anthony Reid, *Charting the Shape of Early Modern Southeast Asia* (Chiang Mai, Thailand: Silkworm Books, 1999)。

Patricia B. Ebrey, ed., *Chinese Civilization: A Sourcebook* (New York: Free Press, 1981) 一书中可以找到有关中国官员对贸易的态度的有用资料。

关于进口到中国的热带药品，目前没有比 Joseph Needham, *Science and Civilization in China*, vol. 6, pt. 1 (Cambridge: Cambridge University Press, 1986) 更好的探讨。

第十章

针对了解亚洲"大架构"的取径，我推荐下面几本书：

Andre Gunder Frank, *Reorient: Global Economy in the Asian Age* (Berkeley: University of California Press, 1998).

Christopher Chase-Dunn and Thomas D. Hall, *Rise and Demise: Comparing World Systems* (Boulder: Westview Press, 1997).

Thomas D. Hall, ed., *A World-Systems Reader: New Perspectives on Gender, Urbanism, Culture, Indigenous People, and Ecology* (London:

Rowman and Littlefield, 2000).

Victor B. Lieberman, *Strange Parallels: Southeast Asia in Global Context, c. 800–1830* (Cambridge and New York: Cambridge University Press, 2003).

但是，本书有别于这些"世界体系"类的探讨方式，而是以社会网络理论为主要根据，包括像 Everett M. Rogers and D. Lawrence Kincaid, *Communication Networks: Toward a New Paradigm for Research* (New York: Free Press, 1981) 这种比较早期的著作，以及 Mark Granovetter 谈"强联结"与"弱联结"的作品，辅以近年对信任网络、分隔理论与致密交流的研究。